Allein gegen die Seelenfänger

Lea Saskia Laasner

Allein gegen die Seelenfänger

Meine Kindheit in der Psychosekte

Aufgezeichnet von
Hugo Stamm

Weltbild

Besuchen Sie uns im Internet:
www.weltbild.de

Im vorliegenden Buch handelt es sich um eine wahre Geschichte.
Die Namen wurden jedoch aus rechtlichen Gründen geändert.

Genehmigte Lizenzausgabe für Verlagsgruppe Weltbild GmbH,
Steinerne Furt, 86167 Augsburg

Umschlaggestaltung: Johannes Frick, Augsburg
Umschlagmotiv: Autorenfoto (© Hugo Stamm);
Hintergrundmotiv (© Corbis)
Gesamtherstellung: Bagel Roto-Offset GmbH & Co. KG,
Gewerbegebiet Sachsen-Anhalt Süd, Kirchweg,
06721 Schleinitz
Printed in Germany
ISBN 3-8289-8008-2

2009 2008 2007 2006
Die letzte Jahreszahl gibt die aktuelle Lizenzausgabe an.

Für Jan

Flucht

Ich erwachte mit einem beklemmenden Gefühl und schwerem Kopf. Jeden Morgen hoffte ich, dass alles nur ein Albtraum sei. Dass ich mit einem erleichterten Seufzer feststellen würde, dass all die Ängste und Schmerzen lediglich Gefühlsfetzen aus einer fernen Welt waren. Unerklärlich und unergründlich. Doch dann grinste mich unerbittlich die hässliche Fratze wieder an, die mein Schicksal war.

Es hatte mich angesprungen, damals, als ich gerade dreizehn Jahre war. Ich kann mich nicht erinnern, etwas verbrochen zu haben und nun bestraft werden zu müssen. Ich war ein ganz normales Mädchen, das in einer unauffälligen Familie in einem gewöhnlichen Dorf in der Schweiz aufwuchs. Voller Hoffnungen, Träume und Sehnsüchte. Wie wohl alle Mädchen in diesem Alter, die auf die Sonnenseite des Lebens gefallen waren. Nichts deutete darauf hin, dass ich dereinst auf die Schattenseite gestoßen würde. Ich trug weder ein besonderes Mal auf der Stirn noch war meine Seele besonders schwarz.

Esoteriker würden in meinem Fall wohl sagen, ich sei karmisch belastet und habe in einem früheren Leben schwere Schuld auf mich geladen. Du hast gehurt, gestohlen, betrogen, gefoltert oder gemordet, wäre vielleicht ihre Diagnose. Die Menschen in meiner Umgebung glaubten an solche Konzepte. Ich hingegen zweifelte. Wie kann ich mich für etwas aus einem früheren Leben verantwortlich fühlen, an das ich mich nicht mal erinnere?

Heute, elf Jahre später, weiß ich, dass das Schicksal keine

Rücksicht nimmt. Auf niemanden. Es fällt dich an wie Krebs. Einfach so. Ohne Vorwarnung und Begründung.

Neben mir lag Benno und atmete tief. Die Decke über seinem schweren Körper hob und senkte sich im Rhythmus seines Atems. Dieser Mann war Teil meines Schicksals. Oder war er mein Schicksal? Wenigstens sieht man bei älteren Männern im Liegen das Doppelkinn nicht so, registrierte ich sachlich.

Ich drehte mich noch einmal um, wollte weiterschlafen. Der Schlaf war mein einziger Verbündeter, wenn er nicht gerade einen Pakt mit einem Albtraum einging. Er legte sich wie ein sanfter Schleier über meine Seele und deckte den Schmerz zu. Wie oft hatte ich mir gewünscht, dass die Nacht endlos wäre. Dass sie alles auslöschen würde, was mich an dieses Leben erinnerte. Ich sehnte mich danach, eines Morgens aufzuwachen und erleichtert festzustellen, dass ich alles vergessen hatte, was in den vergangenen neun Jahren geschehen war. Ich, irgendeine junge Frau, voller Zuversicht und Lebensfreude.

Irgendetwas trieb mich aus dem Bett. Im Bad stand bereits Janet, unser Medium, vor dem Spiegel. Muss das sein, seufzte ich innerlich. Sie war besser in den Tag gestartet als ich. Ich spürte ihre Tagesform immer sofort. Ein Blick in ihr Gesicht reichte. Oft war sie fürchterlich griesgrämig. Dann zeichneten sich deutlich Krähenfüße um ihre Augen ab und sie wirkte zehn Jahre älter. Sie hasste jede einzelne Falte in ihrem Gesicht.

Wenn sie schlecht drauf war, war für mich der Tag meist gelaufen. Ihre Dominanz erdrückte jeden. Zu meiner Überraschung war sie an diesem Morgen aber sehr gut gelaunt. Offenbar war sie noch beseelt vom Vorabend, als unser Geistwesen Ramtha durch sie gesprochen hatte. Die Botschaft, dass wir mit unserem geistigen Aufstieg im Fahrplan lägen, hatte sie offensichtlich beschwingt.

Wenn Janet in Form war, drängten ihre Gedanken ungefiltert und mit aller Wucht nach außen. »Es könnte alles so wunderbar sein, wenn du endlich erkennen würdest, dass du dein Glück, ja deine Erfüllung an der Seite von Benno findest. Du kannst nur wachsen, wenn du dich noch mehr öffnest, dich Benno völlig anvertraust, dich ihm hingibst. Er weiß am besten, was für dich gut ist, was dir hilft, geistig zu wachsen. Du weißt ja, dass er alles für dich tut, um dich zu fördern und dich glücklich zu machen. Dann findest du auch wieder deine Bestimmung in unserer Familie«, verkündete sie. »Warum kannst du dich nicht an seine Seite stellen? Spürst du denn nicht, dass du superprivilegiert bist? Die Frauen in unserer Großfamilie würden alles geben, um deine Position einnehmen zu dürfen.«

Bitte, bitte nicht, stöhnte ich in mich hinein. Nicht schon wieder. Nicht vor dem Frühstück. Ihre geistigen Belehrungen schlugen mir auf den Magen. Immer wenn sie in die Rolle des Mediums schlüpfte und sich berufen fühlte, meine Seele mit ihren übersinnlichen wie irdischen Weisheiten zu massieren, hätte ich sie am liebsten geschüttelt. Sie blühte dann förmlich auf. Sie war nicht mehr Janet mit den Krähenfüßen und dem kritischen Blick auf ihre Figur. Als Medium Janet schwebte sie in höheren Sphären. Dann entwarf sie fantastische Entwürfe der idealen Welt. Sie liebte es, in die staunenden und dankbaren Augen der Familienmitglieder zu schauen. Und sie vergaß den Ärger mit mir.

Als ich sie jetzt so im Spiegel betrachtete, tat sie mir fast leid. Sie redete sich warm und schwärmte mir von den Vorzügen meiner jugendlichen Unschuld im spirituellen wie irdischen Sinne vor. Ich hörte ihr kaum zu. Eigentlich war ich sehr gewissenhaft und glaubte an unser Projekt, doch ich hatte ihre Belehrungen gründlich satt. Ihre Argumente kannte ich mittlerweile auswendig.

Zu allem Elend war ich eines ihrer Lieblingsopfer. Während die meisten Mitglieder unserer spirituellen Großfamilie danach lechzten, persönliche Unterweisungen von Janet zu erhalten, beglückte sie mich viel intensiver damit, als mir lieb war.

Janet und ich hatten eine spezielle Beziehung. Es gab Momente, in denen sie mich wohl am liebsten erdrosselt oder auf den Mond geschossen hätte. Und umgekehrt. Ich war aber viel zu eingeschüchtert, um mich auch nur annähernd gegen sie zu wehren. Ihre suggestiven Moralpredigten verfehlten ihre Wirkung selten. Neun Jahre lang war ich ihrem Einfluss und ihren Manipulationen ausgesetzt. Der zerstörerische Prozess begann, als ich dreizehn war. Während andere auch mal in Deckung gehen konnten, stand ich stets im Brennpunkt. Dabei stehe ich eigentlich nicht sonderlich gern im Mittelpunkt und beobachte das Geschehen lieber aus der Distanz.

Der Grund für mein Verhängnis lag darin, dass ich jung und attraktiv war. Und schon bald in der Gunst jenes Mannes stand, der der Lebenspartner unseres Mediums war.

Rückblickend muss ich zugeben, dass Janet nicht zu beneiden war. Sie hatte es nicht leicht. Mit mir nicht, mit Benno nicht und vor allem mit sich selbst. Gleichzeitig Mensch und Medium zu sein, funktioniert nicht. Niemand kann ungestraft in zwei Welten leben und zwei Seelen in seiner Brust bedienen. Vor allem, wenn man so eitel und fahrig ist wie Janet. Doch damals war mir das alles noch nicht klar. Damals war ich viel zu jung und gefangen in unserem System.

Janet hatte wirklich ein Geschenk an mir. Als Medium musste sie mich spirituell fördern, aber auch dafür sorgen, dass ich meine weiblichen Qualitäten entwickelte. So wollte es Benno. Und genau davor hatte sie Angst: dass ich eine schöne, selbstbewusste Frau werden könnte. Eine Frau, die ihr den Rang abläuft und sie in den Schatten stellt. Nicht im spirituellen Sinn, sondern im weltlichen. Und oft schien ihr das Hemd näher als die Erleuchtung. Vor allem dann, wenn die Eifersucht sie rasend machte.

Eigentlich müsste sie mich hassen, dachte ich, als ich ihr Gesicht im Spiegel betrachtete. Vielleicht tut sie es auch. Nicht als Medium, aber als Frau. Als spirituelle Führerin bedachte sie mich mit einer überbordenden Liebe, die mich fast erdrückte, doch als selbstverliebte, ältere Frau hätte sie mich wahrscheinlich erwürgen können.

Ich trat ungeduldig von einem Bein auf das andere. Janet zupfte von Zeit zu Zeit an einer Haarsträhne oder strich sich über die Wangen. Wenn sie mir eine besonders wichtige Erkenntnis mitteilte, drehte sie sich um und bearbeitete mich wie ein Dirigent sein Orchester. Sie behauptete zwar von sich, hellsichtig, hellfühlig und hellhörig zu sein, doch meine stillen Flüche blieben ihr stets verborgen.

Manchmal empfand ich mich als gemein. Sie gab sich schließlich eine Heidenmühe. Doch ich konnte meine Gefühle nicht unterdrücken und Verständnis für sie aufbringen. Ich hatte sie schließlich nicht gebeten, unser Medium zu ein.

Dass sie nun schon am frühen Morgen glaubte, ihr schweres Amt ausüben zu müssen, nervte mich ungemein. Und ausgerechnet heute. Hoffentlich ist das kein schlechtes Omen, überlegte ich. In Gedanken war ich schon weit weg. Meine Unruhe machte ihre Belehrungen zur Tortur. Jetzt nur nicht aufbrausen, sonst findet sie immer neue Gründe, mich mit ihren geistige Ergüssen zu traktieren, redete ich mir zu. Wie kann man nur pausenlos den gleichen Quark erzählen. Sie müsste doch allmählich erkennen, dass wir von den hochtrabenden Idealen noch so gut wie gar nichts verwirklicht haben.

Janet streute auffallend viele Komplimente ein, die mir früher, als mich ihre Worte noch beeindruckten, geschmeichelt haben. Doch Janet wollte nicht wahrhaben oder nicht wahrnehmen, dass ich kein Kind mehr war. Ich war nicht mehr die gefügige Jugendliche, die ehrfürchtig zu ihr und Benno aufblickte. Ich hatte zu viel erlebt in unserem Häuschen, in dem die Führungscrew wohnte. Vor allem im Schlafzimmer. Die hehren Ideale verdampften, wenn sich Bennos irdische Bedürfnisse regten. Dann sah ich in menschliche Abgründe, die unseren spirituellen Zielen Hohn lachten.

Das kümmerte Janet nicht. Sie entwarf in unserem kleinen Bad Visionen, die allein sie begeisterten. »Du hast dir durch deine besondere Entwicklung in unserem spirituellen Projekt einen kindlichen Aspekt bewahrt, der göttlich ist«, erklärte sie mit leuchtenden Augen. »Ein Teil deiner Unschuld ist in der geheimnisvollen Beziehung zu Benno auf wundersame Weise erhalten geblieben.«

Janet glaubte, den Schlüssel für mein Verhalten gefunden zu haben. »Du wirst erleben, dass alles wieder gut wird. So wie früher.« Als ich noch die strebsame, vorbildliche kleine Lea war, fügte ich in Gedanken an, die unserem geistigen Führer stets zu Diensten war.

Janet, Sucherin der ewigen Jugend, versuchte unter Aufbietung sämtlicher Überzeugungskraft, mich wieder auf den rechten Pfad zu bringen. Dabei interessierte es sie nicht, welche Bedürfnisse ich eigentlich hatte. Niemand fragte mich nach meinen Wünschen und Sehnsüchten. Benno schon gar nicht, obwohl er vorgab, alles für mein irdisches wie übersinnliches Wohl zu tun. Und die anderen, etwa drei Dutzend gewöhnlichen Mitglieder waren ebenfalls im Hamsterrad gefangen und damit beschäftigt, den unerfüllbaren Ansprüchen von Janet und Benno zu genügen. Das galt auch für meine Eltern, die in ihrer Verblendung nicht wahrnahmen, wie sehr ich in all den Jahren drangsaliert und psychisch manipuliert wurde.

Jahrelang hatte ich nicht gewusst, was gespielt wurde. Jahrelang hatte ich mich bemüht, den Ansprüchen gerecht zu werden. Ich tat alles mit Hingabe, für ein bisschen Anerkennung und Liebe. Und merkte nicht, welchen Preis ich dafür bezahlte. Als Belohnung gab es spirituelle Erkenntnisse als Dauerberieselung.

Für dieses »große Geschenk« war ich allen Mitgliedern unserer Großfamilie dankbar. Vor allem Benno und Janet. Sie hatten mich aufgenommen in ihr spirituelles Projekt der Auserwählten. Sie hatten mir den Weg in die höheren Sphären gewiesen, die Unsterblichkeit verhießen. Ich gehörte als Jugendliche zur Führungscrew. Und ich drückte meine Dankbarkeit mit Anpassung und Gehorsam aus. Das war ich ihnen schuldig. Zumindest glaubte ich das lange Zeit.

Ich brauchte Jahre, bis ich halbwegs kapierte, was gespielt wurde. Und nochmals Jahre, bis ich begriff, was dies für meine Seele bedeutete. Und weitere Jahre, bis ich es wagte, meinen Gefühlen zu vertrauen.

Janet schaffte es auf ihre unnachahmlich theatralische Weise, unser Bad in die höheren Sphären zu verlegen. So bildete es zusammen mit dem spartanisch eingerichteten Schlafzimmer, das ich mit Benno teilte, das Refugium unserer Führergruppe auf der Maya-Ranch im zentralamerikanischen Kleinstaat Belize. Oft zwängten sich ein Dutzend Mitglieder in den engen Raum. Benno thronte meist nackt auf unserem Doppelbett, umgeben von den andächtig lauschenden Männern und Frauen, die verteilt auf der Bettkante und auf dem Boden saßen. Außer einem Teppich und einem Kasten gab es praktisch nichts im Zimmer. Schließlich mussten wir uns von allen Bindungen befreien.

Janet referierte weiter über meine jugendliche Unschuld. »Du verkörperst in idealer Weise die Verbindung zwischen dieser Unschuld und der Erfahrenheit und Weisheit der Erwachsenen«, schwärmte sie. »Du musst uns Erwachsenen helfen, das Kind in uns wieder zu entdecken. Uns vorleben, wie man spontan ist, lacht, tanzt, singt.«

Mir wurde heiß. Noch ein Wort und ich würde die Beherrschung verlieren. Ich konnte es nicht mehr hören, dieses salbungsvolle Gerede über höhere Bestimmungen.

Am liebsten hätte ich mir die Ohren zugehalten und wäre nach draußen gerannt. Nein, das bin ich nicht, schrie es in mir. Das hat nichts mit mir zu tun.

Plötzlich begann sich etwas aufzubäumen in mir. Mit einer Kraft, wie ich sie schon lange nicht mehr gespürt hatte. Ich wusste: Jetzt oder nie. Die Entscheidung, dass es so nicht weitergehen konnte. Ich musste fliehen.

Mir war, als explodierte die Energie, die ich jahrelang unterdrückt hatte. Die Lähmung, weil ich oft depressiv war und über Selbstmord nachdachte, war wie weggeblasen. Ich war hellwach. Ich schaute in den Spiegel und entdeckte eine ungewohnte Entschlossenheit in meinem Gesicht. Janets Worte erreichten mich schon nicht mehr. Mein Körper spannte sich. Ich war elektrisiert und malte mir in Gedanken bereits die Flucht aus. Ich nickte mechanisch, um bei Janet keinen Argwohn zu wecken. Bring es hinter dich, dachte ich, ich will hier raus.

Ich weiß nicht mehr, wie lange Janet an diesem Morgen noch versuchte, mich mit Worten einzuwickeln. Jedenfalls ergriff ich die erste Gelegenheit, um mich aus ihrer geistigen Umklammerung zu lösen und einen ruhigen Ort aufzusuchen. Ich musste meine Aufregung zügeln, um klare Gedanken fassen zu können. Doch ich konnte mich nur schwer konzentrieren. Tausend Dinge schossen mir durch den Kopf. Und alle kreisten um das eine Wort: Freiheit!

Ich sah mich bereits Hand in Hand mit Eddie durch die Gassen von Belize City schlendern. Dann umarmte ich ihn in Gedanken und ließ ihn nicht mehr los. Ich hielt ihn fest und genoss seine Nähe. Und spürte seine Wärme. Meine Knie begannen zu zittern. Dann weinte ich. Tränen eines neun Jahre währenden Albtraums. Ich konnte mich nicht mehr auf den Beinen halten. Eddie hielt mich fest und legte mich sanft auf eine Wiese. Langsam, langsam, mahnte ich mich, noch bist du hier gefangen.

Eddie ist ein einheimischer Polizist, der uns gelegentlich auf der Ranch besuchte. Er verliebte sich in mich, was Benno nicht verborgen blieb. Ich versank bald in den dunklen Augen des hübschen Mannes, der auf mich so natürlich wirkte und immer fröhlich war. Heimlich warfen wir uns verliebte Blicke zu. Er spürte, dass wir eine seltsame Truppe waren und ich mich nicht wohl fühlte. Deshalb signalisierte er mir, dass er mir gern helfen würde. Er konnte aber nicht einschätzen, wie dramatisch die Situation für mich war.

Ich war wie in Trance. Woher kam plötzlich diese Kraft? Zwei Stunden zuvor war ich noch apathisch, gelähmt vor Ohnmacht gewesen. Und nun brodelte es in mir, dass ich mich zusammenreißen musste, um nicht kopflos wegzurennen. Ich hätte es laut hinausschreien können: Es ist vorbei. Aus. Ihr habt ausgespielt. Ich unterziehe mich nicht mehr euren kranken Ritualen. Ich werde bald frei sein, frei, frei, frei.

Als ich mich etwas beruhigt hatte, ging ich hinüber zum Hauptquartier unserer Ranch. Heiner saß vertieft über seiner Einkaufsliste. Ich verdeckte mit meinem Körper Sibylles Handy, das im Ladegerät steckte, und ließ es in meiner Hosentasche verschwinden. Das Herz schlug mir bis zum Hals. Heiner schaute mich verwundert an. »Was suchst denn du um diese Zeit hier«, fragte er. »Benno vermisst eine Mail. Ich schaue nach, ob ich sie hier liegen gelassen habe«, log ich und schob suchend einige Papiere zur Seite. Meine Antwort schien ihn zu befriedigen, er wandte sich wieder seiner Liste zu.

Vorsichtig huschte ich aus dem Haus. Ruhig bleiben, redete ich mir zu. Die Sonne blendete mich. Ich liebte die tropische Atmosphäre, die üppige Vegetation, und sog normalerweise die intensiven Gerüche tief in mich ein. Doch heute waren meine Sinne nach innen gerichtet. Ich spürte nur noch die Aufregung, die mir den Schweiß aus allen Poren trieb.

Demonstrativ schaute ich mich um, als würde ich jemanden suchen. Glücklicherweise entdeckte ich niemanden. Unbemerkt erreichte ich das nahe Wäldchen und kauerte mich hinter einen Baum. Ein Blick auf das Display zeigte, dass der Empfang gut war. Mit zittrigen Fingern wählte ich Eddies Handynummer.

»Ich bin's, Lea. Morgen fährt Benno weg. Ich will flüchten. Kannst du mich irgendwo unterbringen?«, überfiel ich Eddie. Ungeduldig wartete ich auf seine Antwort. Stille. Er schien zu überlegen. Bitte, bitte, flehte ich in Gedanken und hielt sein langes Schweigen kaum aus.

Eddie schien überrumpelt. Ich hatte ihn auch nicht vorwarnen können. Er konnte sich wohl nur schwer vorstellen, dass ich Hals über Kopf die Maya-Ranch, die Gruppe, meine Eltern und Benno verlassen wollte. Und auch sonst alles, was mir vertraut war. Meine geliebten Pferde, Zorro, den drolligen Waschbär. Und natürlich meinen Bruder Kai.

Die Ranch war mein Lebensraum. Hier hatten wir uns sieben Jahre lang eingesetzt, um das irdische und übersinnliche Paradies zu erschaffen. Die ideale Welt sollte es werden. Ein Gegenprojekt zur materialistischen Welt »dort draußen«. Wir strebten mit unserer Großfamilie eine perfekte Synthese von spiritueller Entwicklung und ökologischer Lebensweise an. Dafür schufteten wir sieben Tage pro Woche. »Arbeit macht frei«, raunten wir uns in sträflicher Dummheit zu. Wir glaubten an unser spirituelles Experiment, an unseren hehren Auftrag, uns und die Menschheit ins höhere Licht zu führen.

In der tropischen Idylle bauten wir eine Arche für uns und unsere Tiere, um ungestört unser Projekt vorantreiben zu können. Wir stampften alles aus dem Boden, was wir zum Leben brauchten. Im Einklang mit der Natur. Und mit Hilfe vieler deutscher Firmen, die uns in dem Glauben unterstützten, wir seien ein Hilfswerk. Auch belizische Behörden und Politiker halfen uns, bis hinauf zum Premierminister. Sie alle haben wir getäuscht im Wahn, die Menschheit retten zu müssen.

Endlich kam die erlösende Antwort: »Ich werde eine Lösung finden.« »Danke«, hauchte ich ins Handy. »Du bist meine Rettung.« Ich konnte vor Nervosität kaum sprechen. »Kannst du mich morgen Mittag um zwölf Uhr am Ende der Landebahn unserer Ranch abholen?«

»Ich werde da sein«, sagte Eddie. Ich hätte gern länger mit ihm gesprochen, doch das Risiko, erwischt zu werden, war zu groß. Ich beendete das Gespräch.

Mir lief es heiß und kalt den Rücken hinunter. Mit der Erleichterung schienen mich die Kräfte zu verlassen. Was sollte aus mir werden, würde mir die Flucht gelingen?

Ich ging zurück zum Hauptquartier, die Luft war rein. Heiner brütete immer noch über seiner Einkaufsliste. Versuchte er wieder einmal, ein paar Posten zu streichen, um die Kosten weiter zu senken? Er schaute kurz auf, als ich eintrat. Ohne seine Frage abzuwarten, sagte ich: »Ich muss Benno die verschwundene Mail noch einmal ausdrucken.« Damit gab sich Heiner zufrieden. Erleichtert stellte ich fest, dass er das Fehlen des Handys nicht bemerkt hatte. Während ich die Mail aus dem Drucker nahm, beugte ich mich über die Ladestation und legte das Telefon zurück.

Ich war 14 Jahre alt, als wir die riesige Ranch gekauft haben. Der reale Aufbau der Ranch war für mich weit mehr Motivation als die Suche nach der spirituellen Erlösung. Unser Besitz erstreckte sich über fast fünfundzwanzig Quadratkilometer und zog sich über sanfte Hügel, die mit tropischen Wäldern und Weiden überzogen waren. Wir bebauten eine Orangenplantage und züchteten heimische Pflanzen. Auf Wiesen weideten 600 Rinder. Wir züchteten Pferde, für die ich zuständig war. Wenn ich mit Kai, meinem Bruder, und unserem einheimischen Vorarbeiter ausritt, um die Herden zu kontrollieren, deckten sich meine Vorstellungen weitgehend mit der Realität. Wir machten an einem Bach, der über Felsen sprudelte, Rast oder legten uns am Ufer eines unserer Seen ins Gras und bestaunten die riesigen Wolken. Doch mit der Zeit verlor ich den Blick für die Schönheit der Landschaft. Ich rutschte immer tiefer in ein schwarzes Loch.

Meine Liebe galt den Tieren. Bei den Pferden wusste ich, woran ich war. Sie knüpften ihre Zuneigung nicht an Bedingungen. Sie wuchsen mir ans Herz, und oft suchte ich stummen Trost bei ihnen. Ich half Fohlen auf die Welt, zog einen jungen Waschbären auf, pflegte eine Wildkatze und gab einem Rehkitz die Flasche. Sie halfen mir oft über düstere Stimmungen hinweg, die Schatten auf meiner Seele vermochten sie aber nicht zu vertreiben.

Ich setzte meine ganze Hoffnung in Eddie. Verliebtheit und

Verzweiflung gaben mir nun den Mut, den Sprung ins Ungewisse zu wagen. Eigentlich verrückt. Ich kannte Eddie ja kaum. Heimlich warfen wir uns Blicke zu. Denn ich stand permanent unter Beobachtung. Seine dunklen Augen hatten etwas Magisches. Seine unkomplizierte Art war anziehend. Und er strahlte Lebensfreude aus.

Was für ein Kontrast zu unserer Gruppe. Wir taten nichts ohne Absicht. Alles, wirklich alles hatte eine spirituelle Bedeutung. Ich hatte Eddie bei seinem ersten Besuch wie einen Außerirdischen angestarrt. Er strotzte vor Selbstvertrauen. Wir hingegen waren stets kontrolliert, damit wir kein übersinnliches Signal übersahen und keinen Impuls verpassten. Wir lachten zwar auch und gaben uns extrem fröhlich. Doch es war ein künstliches, bemühtes Lachen, eine gewollte Fröhlichkeit.

Bei Eddie hingegen spürte ich sofort, dass er mit sich und der Welt im Einklang war. Er war ungemein attraktiv. Dass er Polizist war, erhöhte mein Vertrauen. Anfänglich war ich skeptisch. Was bedeutet es schon bei einem feurigen Belizer, wenn er mir schöne Augen macht, fragte ich mich, wenn meine Fantasie davonzugaloppieren drohte. Mit der Zeit verstand ich, dass es mehr als ein unverbindliches Flirten war. Das zeigte mir sein Blick. Er nahm viel Mühe auf sich, um mich gelegentlich zu sehen. Seine Sensibilität zeigte sich auch darin, dass er Rücksicht auf mich nahm und mich nicht mit forschem Verhalten in eine schwierige Situation brachte.

Und dann waren da noch die paar Mails, die wir uns später heimlich geschrieben hatten. Eddie hatte mir seine Adresse zugesteckt. Es gelang mir einige Male, ihm kurze Botschaften zu übermitteln. In seinen Antworten erklärte er mir, dass er mich liebe. Trotzdem bewahrte ich anfänglich eine gewisse Zurückhaltung. Mir war bewusst, dass ich nun auf einen Mann angewiesen war, den ich kaum kannte. Aber instinktiv meinte ich mich auf ihn verlassen zu können.

Ich packte einige wenige Kleidungsstücke in eine Tasche und

einen Rucksack. Viel besaß ich ohnehin nicht, denn persönlicher Besitz galt in unserer Großfamilie als Ausdruck materieller Bindung. Es fiel mir nicht schwer, mich von den restlichen Klamotten zu trennen. Ich wollte alles hinter mir lassen.

Das Gepäck versteckte ich im Kleiderschrank. Für einen Moment fragte ich mich, was hier wohl los wäre, wenn meine Vorbereitungen entdeckt würden.

Ich hatte bereits einen Vorgeschmack davon erhalten. Etwa vor drei Monaten. Damals hatte ich es gewagt, vorsichtig kundzutun, dass ich die Gruppe verlassen möchte.

Benno war sofort alarmiert. Ihm war nicht entgangen, dass ich mich verändert hatte und immer verschlossener wurde. Obwohl ich ihm nach wie vor Zuneigung vorspielte, schien er zu ahnen, dass er mich anwiderte. Doch vollends die Fassung verlor er, als er entdeckte, dass ich mich in einen einheimischen Angestellten verliebt hatte. Er, der sonst so souveräne Benno, geriet außer sich.

Als unser geistiger Führer gab er sich stets alle Mühe, selbstsicher und überlegen zu wirken. Ich glaubte sogar über Jahre hinweg, dass er beliebig in unseren Gedanken lesen könne. Instinktiv traf er unsere Schwachstellen und setzte uns nach wenigen Zügen schachmatt. Wenn das Chaos in unserer Gruppe ausbrach, er verlor nie den Überblick. Dann waren alle Augen ehrfürchtig auf ihn gerichtet, und wir warteten auf seine erlösenden Worte. Selbst die schlimmsten Stürme waren für ihn bloß spirituelle Prüfungen.

Heute ist mir klar, was ihn zur schieren Verzweiflung trieb. Ich hatte es gewagt, ihm die Macht über mich zu entziehen. Und gleichzeitig kündigte ich ihm die Liebe. Das war ungeheuerlich. Ein Supergau. Ausgelöst ausgerechnet von der jungen Frau, die er am ausgiebigsten konditioniert hatte.

Damals sah Benno rot. Bedrohlich richtete er sich vor mir auf und zog seine geladene Pistole aus dem Hosenbund. Ich war wie gelähmt. Langsam hob er die Pistole an. »Ich erschieße mich, wenn du mich verlässt«, sagte er mit bebender Stimme und steckte den Lauf seiner Beretta in den Mund. Seine Augen flackerten.

Ich starrte ihn entgeistert an. Mir war bewusst, dass er zu extremen Reaktionen neigte. Letztlich war er ein Grenzgänger, und ich traute ihm alles zu. Allerdings hatte ich nicht damit gerechnet, dass er sich eine solche Blöße geben würde.

Eine kleine Bewegung und die Katastrophe ist perfekt, schoss es mir durch den Kopf. Ich wäre schuld an seinem Tod. Verantwortlich für das Schicksal unserer Großfamilie, die sich für die gesamte Menschheit verantwortlich fühlt.

Ich hielt den Druck nicht mehr aus und fiel innerlich zusammen. Benno spürte meine Angst, er sah sie in meinen Augen. Ich wollte ihn beruhigen, doch ich brachte kein Wort hervor. Mein flehender Blick verfehlte dennoch seine Wirkung nicht. Zögerlich nahm Benno die Pistole aus dem Mund. Mit weicher Stimme und einem verzweifelten Gesichtsausdruck bat er mich, ihn nicht zu verlassen. Unter Tränen versprach er, mir sein Leben und all seine Liebe zu schenken. Er sei bereit, alles, was er habe, in meine Hände zu legen. Seine ganze Erfahrung und all sein übersinnliches Wissen, alles.

Ich blieb stumm, nickte. Er hatte es wieder einmal geschafft. Langsam erholte ich mich etwas von dem Schock. Ich fühlte mich ohnmächtig, restlos ausgeliefert. Benno war 25 Jahre älter als ich und er kannte mich bis in den letzten Winkel meiner Persönlichkeit. Virtuos verstand er auf der Klaviatur zu spielen, die uns zu hilflosen und willfährigen Wesen machte. Darin war er ein wahrer Meister. Er fand immer die richtige Strategie, um uns zu überrumpeln und einzuschüchtern. Auch diesmal hatte er gespürt, dass es mehr brauchte, um mich zu disziplinieren.

Das Schlimmste für mich war, dass Benno wie ein angeschossenes Wild reagierte: panisch. Er kannte nun meine geheimen Wünsche, meine Sehnsucht nach Freiheit. Sein Misstrauen machte mir das Leben erst recht zur Hölle.

Ich tat alles, um mich aus seiner Umklammerung zu befreien. Es gab nur ein Mittel dafür: Ich musste ihm Gefühle vortäuschen. Davon konnte er im Zustand der akuten Eifersucht nicht genug bekommen. Ich hatte längst gelernt, ihm zu dienen, überall und jederzeit. Es war eine Tortur.

Die Erinnerung an jene dramatische Szene holte mich wieder ein, als ich die Flucht vorbereitete. Ich musste also auf der Hut sein. Das machte mir auch eine andere Szene deutlich. Dominik hatte mich neulich beim Abendessen gefragt, ob ich ihm die Haare schneiden würde. Er war einer der jungen deutschen Zivildienstleistenden, die bei uns auf der Ranch Frondienst verrichteten. Normalerweise kümmerte sich meine Mutter um solche Dinge, aber sie war vorübergehend in Deutschland. Um Bennos Eifersucht nicht unnötig herauszufordern, warnte ich ihn vor.

Er schaute mich prüfend an und als es soweit war, wollte er mich nicht gehen lassen. Ob ich wirklich Dominik die Haare schneiden müsse oder nur einen Vorwand suche, um mich heimlich mit einem einheimischen Mann zu treffen, fragte er mich. Bitte nicht schon wieder, stöhnte ich innerlich auf, ließ mir aber nichts anmerken. Ich hasste es, für alles Rechenschaft ablegen und Notlügen erfinden zu müssen.

Da Dominik nicht zu unserer Gruppe gehörte, ließ er mich schließlich gehen. Er wollte nicht, dass der Zivi Einblick in unser Gruppenleben erhielt.

Nachdem ich Dominik die Haare geschnitten hatte, kehrte ich sofort zu Benno zurück. Je näher ich dem Haus kam, desto größer wurde meine Anspannung. Das Schlafzimmer war verdunkelt. Benno saß auf dem Bett, neben ihm lag Janet. Es herrschte eine düstere Stimmung. Benno blickte mich finster an.

»Lea, du musst jetzt durch die Hölle«, eröffnete er mir. Mir schnürte es den Hals zu. Ich rang mit der Fassung und redete mir selber beruhigend zu: »Nur nicht die Nerven verlieren. Du musst da irgendwie durch.« Benno sagte: »Janet hat dir eine wichtige Botschaft mitzuteilen!«

Feigling, dachte ich. Immer schickst du unser Medium vor. Dann kannst du dich zurückziehen, die Situation beobachten und im rechten Moment zuschlagen. Doch diesmal wird dir dies nicht gelingen.

Janet holte weit aus und ein Wortschwall prasselte auf mich nieder. Wie immer waren ihre moralischen Belehrungen mit übersinnlichen Argumenten gespickt. Ihre Worte erreichten mich nicht. Das abgehobene Geschwätz vom geistigen Wachstum und meiner wichtigen Funktion verdeutlichte mir erneut, dass ich aus dieser Scheinwelt ausbrechen und so schnell als möglich flüchten musste. Benno starrte vor sich hin und hob von Zeit zu Zeit seinen gequälten Blick. Auf die Art prüfte er, ob Janets Worte bei mir Wirkung zeigten.

Janet kam endlich zur Sache. »Es geht um Benno und dich. Du musst dir bewusst werden, dass ihr in einer ganz speziellen Beziehung lebt. Eure Verbindung ist etwas Besonderes. Nicht nur für euch, sondern für die ganze Familie und unser spirituelles Experiment. Benno ist der Hüter des Experimentes und du die Trägerin der Magie. Eure Beziehung weist uns allen den Pfad zu den höheren Ebenen«, verkündete Janet.

Sie war in ihrem Element. Mit pathetischen Worten beschwor sie mich, zu Benno zu halten und meine Aufgabe in Demut zu erfüllen. Ich hörte ihr scheinbar geduldig zu, doch innerlich kochte ich. Nur nicht widersprechen oder aufbegehren, sonst dreht Benno wieder vollends durch, redete ich mir zu.

Ich wusste, wie ich in die Situation eingreifen konnte. Es kostete mich viel Überwindung, aber ich ging langsam auf Benno zu und schaute ihm dabei tief in die Augen. Mein demütiger Blick wirkte überzeugend. Seine Miene hellte sich leicht auf. Während ich sein Gesicht streichelte, spürte ich, wie seine Anspannung nachließ. Trotzdem war ich überrascht, wie schnell sich Benno zufrieden gab. Er hatte sich offensichtlich sehr nach der erlösenden Geste gesehnt.

Die groteske Szene machte mir bewusst, wie stark Benno

emotional von mir abhängig war. Unser geistiger Führer, der von sich behauptete, sich weitgehend von den irdischen Bindungen gelöst zu haben, hatte panische Angst, mich zu verlieren. Plötzlich zitterte der Mann, der mein Vater hätte sein können, vor mir. Dabei hatte ich ihn jahrelang als geistige und spirituelle Autorität verehrt. Und nun bettelte er um meine Liebe. Nein, er wollte sie erzwingen. Ausgerechnet der große spirituelle Leader, für den das Loslassen alles war, reagierte hilflos. Seine Schwäche machte mir Mut.

Das gab mir die Energie, die Versöhnungsszene erfolgreich zu Ende zu spielen. Bald war unser kleines Schlafzimmer von einer Atmosphäre der Erleichterung und Harmonie erfüllt. Unser Medium war sichtlich aufgekratzt. Sie glaubte, mich mit ihren mahnenden Worten zu Benno zurückgeführt und ihm einen großen Dienst erwiesen zu haben.

Ich ahnte, dass die Sache für Benno noch nicht abgeschlossen war. Er verlangte den Beweis im Bett. Ich hätte es wissen müssen. Oft genug hatte ich erlebt, dass erst der Orgasmus die letzten Reste eines Konflikts oder seiner Eifersucht hinwegspülen konnte. Ich sollte bis tief in mich hinein erfahren, wem ich gehörte, wem ich zu gehören hatte. Und er wollte erleben, dass ich mich ihm bedingungslos hingab.

Benno hauchte mir ins Ohr, unsere Vereinigung sei ein Zeichen unserer seelischen Verschmelzung. Ich kannte dieses Argument. Er hatte es am Anfang unserer Beziehung immer wieder bemüht. »Sex ist die intensivste Weise, wie zwei Wesen miteinander eins werden können«, sagte er damals. Der Liebesschwur musste als übersinnliche Begründung für die »höhere Notwendigkeit« herhalten, warum er mit einem dreizehnjährigen Mädchen schlief.

Ich ließ es über mich ergehen und spielte mit, so gut es ging. Ich kannte Benno und wusste genau, wie ich mich verhalten musste, ohne seinen Argwohn zu wecken. Er bemühte sich redlich, einfühlsam zu sein. Trotzdem flüchtete ich in Gedanken. Ich hatte gelernt, die Rolle der Geliebten zu spielen und ihm Gefühle vorzutäuschen. So überließ ich ihm meinen Körper.

Trotz meiner Routine achtete ich besonders darauf, aufmerksam und konzentriert zu wirken. Wenn er sich in seiner Männlichkeit verletzt fühlte, musste ich ihm Leidenschaft demonstrieren. Er hatte mir oft genug vorgeworfen, ich sei trotz meiner Jugend nicht sehr leidenschaftlich. Heute durfte ich mir keine Unachtsamkeit leisten.

Mir war klar, dass ich vor allem den Abgang überzeugend spielen musste. Ich wartete nicht allzu lange und legte mich akustisch ins Zeug. Ich spürte bald, dass meine Rechnung aufgegangen war. Im Geist war ich schon weit weg, als ich Benno mechanisch streichelte.

Am nächsten Tag ging ich nach dem Aufstehen sofort zu meinen Pferden. Zum letzten Mal nahm ich den Weg, den ich so geliebt hatte. Er führte vorbei an den Schlafhäuschen, die wegen ihrer spitzen Form und der steilen, fast bis zum Boden reichenden Dächer wie große As in der Landschaft standen. Der Weg mündete in unseren Kräuterheilpfad. Der Duft der jungen Gewürze und Kräuter, die unser knorriger Maya Felice liebevoll hegte, bildete einen angenehmen Kontrast zur schwülen Tropenluft.

Henry lenkte mit einem durchdringenden Grunzlaut meine Aufmerksamkeit auf sich. Henry war ein junger Rehbock, der mich immer schon von weitem entdeckte. Zusammen mit Lisa, dem kleinen Rehkitz, kam er angerannt und begrüßte mich stürmisch. Ich hatte die beiden aufgezogen, Lisa sogar mit der Flasche aufgepäppelt. Sie hofften, von mir einen Leckerbissen zu erhalten. Ich schaute wehmütig auf die beiden und kraulte Henry zwischen den Hörnern. Es wird der letzte Besuch sein, dachte ich. Als ahnte er den Abschied, konnte der kleine Rehbock nicht genug Zuwendung bekommen.

Ich riss mich von den beiden herzigen Geschöpfen los und ging an unserem Gemüsegarten vorbei zum Stall. Die Pferde erwarteten mich bereits und standen am Weidegatter. Auch die Kinder, die mir am Wochenende halfen, die Pferde zu striegeln, hatten sich schon eingefunden. Ich neckte sie wie üblich, bevor wir uns an die Arbeit machten.

Ich bereitete das Futter vor, während die Pferde in den Stall drängten. Wenn ich sie in all den Jahren nicht gehabt hätte! Mittlerweile waren es um die fünfzig Wallache, Hengste und Stuten. Sie waren meine Ersatzfamilie, ihnen konnte ich Liebe geben, ohne enttäuscht zu werden. Wann immer ich sie von der Weide holte, um sie zu füttern und zu striegeln, zeigten sie mir ihre Zuneigung.

Obwohl ich sie vermutlich das letzte Mal versorgte, überfiel mich keine allzu große Wehmut. Ich war gedanklich zu sehr mit der bevorstehenden Flucht beschäftigt.

Wie unter Zwang schaute ich immer wieder auf die Uhr. Krampfhaft versuchte ich, meine Arbeit ordentlich zu erledigen und ja nicht aufzufallen. Ich hatte das Gefühl, dass mir mein Fluchtplan auf der Stirn geschrieben stand. Ich striegelte die Pferde. Jedes hatte zwar einen besonderen Platz in meinem Herzen, doch ich brachte die Energie nicht auf, mich von jedem einzeln zu verabschieden. Als ich meinen Liebling Braveheart striegelte, wurde mir doch schwer ums Herz. Ich hatte den jungen Hengst mit viel Liebe und Geduld aufgezogen und streichelte zum Abschied seine Nüstern. Der Wildfang, der sonst recht scheu war, ließ sich von mir ausgiebig kraulen.

Die Flucht ging ich in Gedanken immer wieder durch. Habe ich nichts vergessen? Alle Gefahren berücksichtigt? Was mache ich, wenn Eddie mich sitzen lässt?

Meine Flucht würde auf der Ranch wie eine Bombe einschlagen und das Experiment gefährden, davon war ich überzeugt. Die Geliebte unseres geistigen Führers, die Hoffnungsträgerin der Familie schleicht sich einfach davon! Ich wagte nicht, mir vorzustellen, wie Benno und Janet reagieren würden. Und meine Eltern? An sie dachte ich kaum. Wir hatten schließlich lernen müssen, Bindungen zu überwinden. Auch zu Familienmitgliedern.

Meine Flucht würde wenigstens Einzelnen die Augen öffnen, so hoffte ich. Ich war sicher, dass mein Vater darunter leiden und sich Vorwürfe machen würde. Ob ich mit meiner Tat aber meine Mutter würde aufrütteln können, bezweifelte ich. Sie hatte sich zu tief in diese Scheinwelt verstrickt und sich zu sehr dem übersinnlichen Projekt verschrieben.

Dann flog mir ein Gedanke zu, der mir gut tat: Sie werden Angst haben. Angst vor mir. Vor allem Benno. Ich bin sonst alles andere als schadenfroh, aber ich gebe zu, ein gewisses Gefühl der Rache wirkte wohltuend. Jahrelang hatte ich die Psychotorturen erduldet, Bennos dicken Körper auf mir ertragen, die Isolation vom Rest der Welt. Ich hatte gelitten, psychisch und körperlich, war einsam in der Großfamilie. Und nun fühlte ich mich stark bei dem Gedanken, dass der allmächtige und unerschütterliche Benno ein bisschen der Angst ausgesetzt wäre, mit der ich so lange leben musste. Ich hoffte sogar, dass die Angst in Panik umschlagen würde. Vielleicht würde er sofort aus Belize fliehen, überlegte ich. Mit dem nächsten Flugzeug nach Deutschland. Vielleicht wäre es ihm auch zu riskant, in seine Heimat zu gehen. Vielleicht würde er in einem südamerikanischen Land untertauchen. Halt, halt, ermahnte ich mich. Ich bin ja schon zufrieden, wenn er sich vor mir, seiner »kleinen Lea«, fürchtet. Und sich Gedanken machen muss, ob er auf der Ranch noch sicher ist. Ob vielleicht schon bald ein polizeilicher Stoßtrupp auftauchen und eine Razzia durchführen wird. Und ihn in Handschellen abführt.

Machte ich mir falsche Hoffnungen? Ich war mir zumindest sicher, dass seine Fantasie solche Szenarien produzieren würde. Ich stellte mir Benno vor ohne seinen spirituellen Habitus. Ohne die vorgetäuschte mystische Aura. Nackt und ungeschützt. Er gab ein trostloses Bild ab. Vor mir stand ein ungelenker, korpulenter Mann ohne Ausstrahlung und Charme.

Ein einsamer Führer, der sich wie ein Blinder durch einen Wald tastet und aus dem Stolpern nicht herauskommt.

Es muss gegen halb elf gewesen sein, als ich zum kleinen Haus zurückkam, in dem ich die letzten Jahre verbracht hatte. Benno stand auf der Veranda, vertieft in ein Gespräch mit Jochen, seinem besten Freund in unserer Großfamilie.

Ich begrüßte Benno überschwänglich und nahm ihn in die Arme. Dankbar schaute er mir in die Augen. Er war erstaunlich gelassen und wirkte ungewöhnlich sentimental. Gut so, dachte ich und gab ihm einen Kuss auf die Stirn.

Und nun bist du schön artig und gehst als stolzer Pilot und glücklicher Liebhaber zum Hangar, befahl ich ihm in Gedanken. Ein Blick auf die Uhr zeigte mir, dass er eigentlich schon hätte starten müssen. Vermutlich hatte er auf mich gewartet, um sich von mir zu verabschieden. Mein Puls schnellte hoch. Ich hätte ihn am liebsten gefragt, wann er aufbrechen wolle, doch ich zügelte mich.

Als er endlich schwerfälligen Schrittes zu seinem geliebten Flugzeug marschierte, lief ein ganzer Film vor meinem inneren Auge ab. Ich atmete erleichtert auf. Eine weitere Hürde meiner Flucht schien genommen. Ich zählte die Sekunden, um meine Unruhe zu bändigen. Dann erklang das erlösende Geräusch. Der Motor der Cessna heulte auf. Das Flugzeug raste über die Startbahn und hob ab. Ich schaute Benno triumphierend nach. Bye-bye, auf Nimmerwiedersehen. Hoffentlich die letzte Spur von dir, rief ich ihm in Gedanken nach, als seine Maschine am Horizont verschwand.

Ich lag gut im Zeitplan und ging ins Haus, um nach Zorro zu sehen. Der kleine Waschbär war mein Baby, das ich mit der Flasche aufzog. Der Abschied von ihm war am schmerzvollsten. Doch die kleine pelzige Kreatur schien meine Flucht zu ahnen und mir im letzten Moment einen Strich durch die Rechnung machen zu wollen. Ich war schließlich seine Mutter, und wenn er nicht gerade schlief, hing er mir am Rockzipfel.

Als ich ins Haus kam, ließ das Zimmermädchen für Janet das Badewasser ein. Für unser Medium ein heiliges Ritual. Zorro tobte sich in ihrem Zimmer aus und hüpfte wild umher. Sie musste über seine Streiche lachen.

Plötzlich rief Janet: »Lea, schau mal, was Zorro wieder anstellt.« Unbemerkt hatte sich der kleine Gauner ins Bad geschlichen und planschte wild in der frisch gefüllten Badewanne.

Janets Stimmung schlug schlagartig um. Ihr platzte der Kragen, und sie war sauer auf mich. Ausgerechnet jetzt! Ich wurde nervös, denn ich hätte mich langsam aufmachen müssen. Doch Janet sprach pausenlos auf mich ein. Zum letzten Mal kannst du dich aufplustern und mich wie ein kleines Mädchen abkanzeln, stöhnte ich innerlich.

Janet ließ das verschmutzte Badewasser aus und beruhigte sich allmählich. Ihre Worte wurden versöhnlicher. Sie lud mich zum Frühstück ein. Ausgerechnet jetzt. Ich stimmte widerwillig zu. Angespannt ging ich mit ihr und Zorro im Schlepptau zum Küchengebäude. Unser Küchenchef Norbert hatte das Frühstück bereits vorbereitet. Er kannte die Gewohnheiten unseres Mediums.

Nachdem ich ein paarmal an meinem Kaffee genippt hatte, behauptete ich, auf die Toilette zu müssen, und stand schnell auf. Zorro war zum Glück müde nach den wilden Spielen und hatte sich verkrochen.

Als ich außer Sichtweite war, rannte ich in mein Zimmer. Ich riss die Schranktür auf, packte Tasche und Rucksack und schaute vorsichtig aus dem Fenster. Niemand war zu sehen. Ich hastete in Richtung Wäldchen. Als ich Schritte auf dem Kiesweg hörte, hielt ich intuitiv inne. Es war Carmen, die einen Wäschekorb ins Haus trug. Mein Herz schlug bis zum Hals. Hätte sie den Kopf in meine Richtung gedreht, wäre meine Flucht beendet gewesen. Vor Aufregung fing ich an zu stolpern. Die Tasche war doch ziemlich schwer.

Ich mobilisierte alle Kräfte und rannte weiter zur Landebahn. Von Zeit zu Zeit blickte ich mich ängstlich um. Hatte Janet mein Verschwinden bereits bemerkt? Wurde schon Alarm geschlagen?

Als ich das Rollfeld erreicht hatte, schaute ich angestrengt zum Ende der Landebahn. Ich entdeckte ein Auto, das hin und her fuhr. Hoffentlich ist es Eddie, dachte ich. Obwohl ich schon außer Atem war, gönnte ich mir keine Pause. Ich wagte auch nicht mehr, zurückzuschauen. Als sei mir unser Geistwesen Ramtha im Nacken, hetzte ich weiter. Nach einer Weile stoppte das Auto. Der Fahrer hatte mich entdeckt. Es musste Eddie sein! Ein Glücksgefühl durchströmte mich. Ein überwältigendes Gefühl der Freude, ja Euphorie überfiel mich. Ich war frei! Ich glaubte zu träumen. Als hätte ich die Schwerkraft überwunden, so leicht fühlte ich mich trotz meines Gepäcks. Der Albtraum war vorbei. Auch wenn Janet inzwischen meine Flucht entdeckt haben sollte, konnte mir nichts mehr passieren. Eddie war schließlich Polizist und würde nicht zulassen, dass sie mich gewaltsam auf die Ranch zurückholten.

Als ich den Zaun am Ende der Landebahn erreicht hatte, eilte mir Eddie entgegen. Ich warf das Gepäck über den Zaun und kletterte darüber. Schnell stiegen wir ins Auto, Eddie begrüßte mich mit einem Kuss und fuhr los.

Ich konnte es kaum fassen. Mein Fluchtplan war aufgegangen. Ich hatte es geschafft! Benno war in der Luft und hatte keine Ahnung, was hier unten auf der Erde passierte. Er hätte wohl seine Maschine nach unten gezogen und sie mit Vollgas in den Boden gerammt. Dass ich in die Arme eines Belizers geflüchtet bin, wird ihn zur Weißglut treiben, dachte ich. In die Arme eines schwarzen Einheimischen, über die er immer herablassend gesprochen hatte. Sie seien niederfrequent, hatte er behauptet. Das hieß: Sie haben niedrige Schwingungen, sind geistig und spirituell zurückgeblieben. Aber sie sind lieb, offen und hilfsbereit, fügte ich nun in Gedanken hinzu. Eddie drückte fest meine Hand.

Kaum waren wir losgefahren, zuckte ich zusammen. Ein Auto unserer Ranch kam uns entgegen. Kai, mein Bruder, saß am Steuer. Ich duckte mich und sah gerade noch, dass er in ein Gespräch mit seinem Mitfahrer vertieft war. Das war knapp, atmete ich auf. Ich bedauerte nun doch, dass ich mich nicht von ihm hatte verabschieden können. Doch ich wusste, dass er mich auch nicht verstanden hätte. Wahrscheinlich hätte er mich aus lauter Loyalität der Gruppe und Benno gegenüber verpfiffen.

Glückliche Familie

Alles hatte damit begonnen, dass meine Mutter Lisa spirituelle Interessen entwickelte. Ich war noch ein Kind, wuchs in einem Dorf in der Schweiz auf und erlebte dank meiner Eltern eine schöne, harmonische Kindheit. Viel dazu beigetragen hat auch mein Bruder Kai, der ein Jahr älter ist als ich und mit dem ich mich sehr verstand. Der damals ländliche Ort war für uns ein überschaubarer Flecken. Wir kannten alle Leute in der näheren und weiteren Umgebung. Unser Doppeleinfamilienhaus stand im Zentrum, unweit der kleinen Bäckerei. Unser direkter Nachbar war Bauer Heiri, der Schafe züchtete und im Sommer als Hirte arbeitete. Wir nannten ihn nur beim Vornamen. Der große Treffpunkt war der Spielplatz des Kindergartens in unserer Nähe, hier traf sich die halbe Dorfjugend. Wir waren stolz auf unser Dorf, in dem der soziale Zusammenhalt funktionierte.

Mein Bruder und ich waren überzeugt, die besten Eltern zu haben. Wir galten aber auch als eine vorbildliche Familie. Andres, mein Vater, war ein angesehener Architekt. Er hatte sein eigenes Büro im Dorf, nur wenige Schritte von unserem großzügigen Zuhause entfernt. Meine Mutter kümmerte sich liebevoll um uns. Ihre kreative Ader war für uns ein Geschenk, sie bastelte viel mit uns. Zu unserem Haushalt gehörten auch drei Katzen, mehrere Schildkröten, Enten und Hühner, die unseren Garten bevölkerten.

Und da waren natürlich noch die Eltern meiner Mutter, mit denen wir Wand an Wand wohnten. Wir gingen bei ihnen ein und aus, als gäbe es keine Mauer zwischen unseren Häusern.

Bei uns fühlten sich auch die Nachbarskinder wohl, in unserem Haus war immer etwas los. Meine Mutter duldete die Rasselbande klaglos. Ein beliebtes Refugium war der große Wintergarten, den unser Vater nach ökologischen Prinzipien gebaut hatte. Die großen Fenster sorgten für viel Licht, der gekachelte Boden und das viele Holz in der Stube für eine gemütliche Atmosphäre. Wir lebten in einem Musterhaus, das mein Vater entworfen hatte und das im Magazin »Schöner Wohnen« vorgestellt worden war.

Kai habe ich von klein auf angehimmelt, er war eigentlich immer mein Held. Wir haben selten gezankt. 1991, als ich elf war, ergänzten zwei Cousins unsere Familie, da ihre Mutter alleinerziehend war und sich auf den Beruf konzentrieren musste. Reto und Ben waren wie Brüder für mich. Wir bildeten rasch ein unzertrennliches Kleeblatt. Unsere Abenteuerlust war kaum zu bremsen. Nichts kündigte an, dass unsere Familienidylle einst abrupt gestört werden könnte.

Meine Mutter war die starke Person in unserer Familie. Sie sprühte vor Energie und wusste genau, was sie wollte. Ich erlebte sie fast nur als fröhliche Person, die überall beliebt war und als vorbildliche, liebevolle Mutter galt. Sie ließ Kai und mir viel Freiraum und unterstützte uns immer in unserer Entwicklung.

Ihr Temperament stand im Kontrast zur ruhigen Wesensart unseres Vaters. Er war sanft, zurückhaltend, oft etwas unentschieden. Auch lehnte er sich gern an sie an, die das Heft fest in der Hand hielt. Sie ergänzten sich gut, die Rollenteilung klappte lange Zeit. Allerdings beanspruchte sie immer mehr Raum und beklagte sich mit der Zeit darüber, dass er sich nicht stärker einbrachte.

Lange lief alles sehr harmonisch. Als ich etwa acht Jahre alt war, begannen sich die Dinge zu ändern. Meine Mutter beschäftigte sich zunehmend mit Spiritualität. Das Familienleben schien sie nicht mehr auszufüllen, sie suchte nach einer neuen Aufgabe und einem neuen Lebensinhalt. Ihr Interesse an Esoterik wurde, soweit ich mich erinnere, bei einem Yogakurs geweckt. Sie konzentrierte sich immer mehr auf die Suche nach dem Sinn des Lebens. Das führte zu Spannungen mit meinem Vater. Er spürte, dass sie unzufrieden war und ihr Heil in höheren Sphären suchte.

Im Frühjahr 1992 spitzte sich die Situation zu. Mein Vater konnte es meiner Mutter nicht mehr recht machen.

Als ich eines Tages von der Schule nach Hause kam, saßen zu meiner Überraschung mein Vater und meine Tante im Wohnzimmer. Ich spürte sofort, dass etwas nicht stimmte. »Wo ist Mama?«, fragte ich aufgeregt. »Sie fühlt sich nicht wohl«, antwortete mein Vater, »sie liegt im Yogazimmer.« »Darf ich zu ihr?« Die Tante nickte. Sie riet mir aber, mich ruhig zu verhalten. Ich war verunsichert.

Meine Mutter lag auf einer Matte. Ich legte mich zu ihr und schaute sie sorgenvoll an. Mir kamen die Tränen. »Was hast du?« Sie deutete auf ihren Bauch, der stark gebläht war. Sie erklärte mir die Symptome, kannte den Grund der heftigen Schmerzen aber nicht. Jedenfalls konnte sie nicht essen. Trotzdem wollte sie keinen Arzt aufsuchen. Seit sie sich mit esoterischen Fragen beschäftigte, misstraute sie den Medizinern und wollte sich selbst heilen. Sie glaubte, dass Medikamente Gift seien und die Selbstheilungskräfte schwächen würden. Der Schulmedizin warf sie vor, nicht den Patienten zu heilen, sondern nur den Körper zu reparieren.

Wir hatten inzwischen akzeptiert, dass sie nur ihren eigenen Heilkräften und alternativen Heilmethoden vertraute. Es wäre nutzlos gewesen, sie zu drängen, einen Arzt zu konsultieren. So litt ich mit ihr und hoffte, die Schmerzen würden bald abklingen.

Am anderen Tag trieb sie ein spiritueller Impuls in den Wald. Meine Mutter glaubte, dass dort die Schwingungen intensiver seien und die Erdkräfte die Heilung fördern würden.

Andres und ich brachten Lisa an eine schöne Stelle in der Nähe eines Bachs. Ich war sehr betrübt und hatte Angst um meine Mutter. Sie krümmte sich vor Schmerzen. Die Situation schien ernst zu sein. Seit Tagen hatte sie nicht gegessen. Wir legten eine Yogamatte auf den moosbewachsenen Boden, meine Mutter kuschelte sich in ihren Schlafsack. Zum Glück herrschte mildes Frühlingswetter.

Es tat mir weh, meine kranke Mutter allein im Wald zurückzulassen. Was macht sie, wenn sich die Situation zuspitzt? Hat sie dann noch die Kraft für den Heimweg? Lisa versicherte uns, dass dies der richtige Ort für sie sei, um neue Energien zu schöpfen. Hier fühle sie sich geborgen. Wir legten ihr eine Flasche Wasser neben die Matte und hofften, dass sie zumindest etwas Flüssigkeit zu sich nehmen würde. Doch sie meinte, sie vertrage auch kein Wasser. Ich weinte, als ich mich von ihr verabschiedete. Auch ihr kamen die Tränen.

Wir hofften, dass sie die richtige Entscheidung getroffen hatte. Uns blieb nichts anderes übrig, als sie dabei zu unterstützen. Meine Mutter konnte sehr stur sein und sie setzte ihren Willen stets durch. Ich war so mitgenommen, dass ich unmöglich in die Schule gehen konnte. Ich befürchtete, meine Mutter könnte sterben.

Als ich Lisa am nächsten Tag im Wald besuchte, ging es ihr kaum besser. Sie hatte immer noch Bauchkrämpfe, doch sie wirkte etwas zuversichtlicher. Mit dünner Stimme erzählte sie mir von ihren Wahrnehmungen und Erfahrungen. Ihre Schilderungen berührten mich. Ramtha, ein aufgestiegener Meister, der nur noch in geistiger Form existiere, sei ständig anwesend, sagte sie mir. Er habe ihr das besondere Licht gezeigt, das sie nun überall in der Natur entdecke. Lisa hatte ein paar Bücher über den Herrn der Winde, wie sich Ramtha bezeichnete, gelesen und war glücklich, ihn hier draußen erleben zu dürfen.

Sie hatte meinem Bruder Kai und mir früher schon von Ramtha erzählt. Und vom amerikanischen Medium Judy Z. Knight, das die Fähigkeit habe, Kontakt zu dem Geistwesen aufzunehmen. Das Medium stelle seinen Körper zur Verfügung und nehme Strapazen in Kauf, um uns Menschen die Weisheiten Ramthas zu vermitteln, der vor 35000 Jahren auf der Erde gelebt habe. Sein Ziel sei es, uns spirituell anzuleiten, damit wir den Aufstieg ins Licht und in die höheren Sphären schaffen würden.

Ramtha prophezeite eine baldige Wendezeit, hatte uns Lisa erklärt. Einen von Katastrophen begleiteten Umbruch, vergleichbar mit der biblischen Apokalypse. Nun war mir klar, weshalb unsere Vorratskammer prall gefüllt war. Und weshalb Andres Gold gekauft hatte. Ramtha hatte prophezeit, Geld werde bald an Wert verlieren.

Als Lisa mir das erste Mal von der Wendezeit berichtete, war ich zunächst verängstigt. Bald aber betrachtete ich die Welt mit anderen Augen, und ich war auch ein wenig stolz. War unsere Familie doch in das geheime Wissen der kommenden Veränderungen eingeweiht? Ich fühlte mich irgendwie auserwählt. Je länger ich darüber nachdachte, desto mehr faszinierte mich der Gedanke an die Wendezeit. Ich konnte kaum mehr an etwas anderes denken und malte mir aus, was auf die Menschheit zukommen würde.

Ich besuchte Lisa fast jeden Tag. Ihr Kraftort im Wald lag etwa zehn Minuten von unserem Haus entfernt. Der Weg führte an einer schönen Wiese vorbei, die übersäht war mit Blumen, die in allen Farben blühten.

Lisa hatte viele Zeichen der anstehenden großen Veränderung erlebt, wie sie mir beim nächsten Besuch mitteilte. Obwohl sie sehr schwach war, schien sie von den geistigen Erlebnissen überwältigt zu sein. Für sie bestand kein Zweifel, dass sie dem von Ramtha prophezeiten übersinnlichen Licht sehr nah gekommen war. Ja, sie glaubte, selbst ein Teil der geheimnisvollen Energie geworden zu sein und den Aufstieg in die kosmische Dimension zu schaffen. Es klang so, als würde sie sich bald verabschieden. Für immer.

Ich war zutiefst betrübt, denn ich befürchtete, meine Mutter nie wieder zu sehen. Tag um Tag verging, Lisa kam nicht heim. Ich fand mich allmählich mit der Vorstellung ab, dass sie in dieses mysteriöse Licht eingehen würde. Der Gedanke löste eine lähmende Leere in mir aus. Andres versuchte in der Gegenwart von uns Kindern seine Angst und Trauer zu verstecken und für uns da zu sein.

Als ich acht Tage später in meiner Hängematte im Wohnzimmer lag und gedankenverloren aus dem Fenster schaute, traute ich meinen Augen nicht. Lisa kam auf schwachen Beinen durch den Garten auf das Haus zu. Ich rannte ihr entgegen. Sie war wieder da! Alle Ängste, wie ein Leben ohne meine Mutter sein würde, waren verflogen.

Lisa und ich fielen uns um den Hals. Ich weinte vor Freude. Dann bemerkte ich, dass sie sich kaum aufrecht halten konnte. Sie konnte noch nicht einmal sprechen. Sie brauchte Stift und Papier, um sich mitzuteilen. Deshalb kann ich mich auch genau an meine erste Frage erinnern: »Lisa, kannst du wieder trinken und essen?« Als ich ihre Antwort las, jauchzte ich auf. »Ich will es probieren«, stand da. Ihre zittrige Handschrift zeigte mir auch, wie schwach sie war. Doch sie strahlte eine solche Wärme und Herzlichkeit aus, dass ich Mut schöpfte. Sie brauche viel Ruhe, schrieb sie und dass die Bauchschmerzen zwar noch nicht ganz abgeklungen seien, es ihr aber besser gehe.

Als Andres am Abend an mein Bett kam, um mir eine gute Nacht zu wünschen, wirkte er sehr erleichtert. Er sei so dankbar, dass Lisa wieder bei uns sei, sagte er. Deshalb müssten wir akzeptieren, dass sie sich nun viel zurückziehen werde, um zu meditieren. Ich war immer noch so bewegt von ihrer unerwarteten Heimkehr, dass mir alles lieber war als die dauernde Angst um sie.

Unser Alltag pendelte sich mit der Zeit wieder ein. Lisa meditierte zwar oft, aber nicht den ganzen Tag. Wenn sie sich in ihr Yogazimmer zurückzog, verhielten wir uns ruhig. Sie konnte ein halbe Ewigkeit in der gleichen Stellung verharren. Dennoch kümmerte sie sich um uns und um den Haushalt.

Die Spannungen zwischen Andres und Lisa nahmen jedoch zu. Sie zog sich immer mehr von ihm zurück und richtete sich in ihrer übersinnlichen Welt ein. Andres war verletzt. Es schmerzte ihn auch, dass Lisa ihn nicht mehr als Mann begehrte. Ich spürte den Konflikt und hatte Angst, dass sie sich scheiden lassen könnten. Deshalb fragte ich meine Mutter, weshalb Andres traurig sei und ob sie sich trennen werden. Doch sie beruhigte mich. Sie würden sich immer noch lieben, sagte sie mir, wenn auch auf eine andere Weise als früher. Sie konzentriere ihre Kräfte nun vor allem auf ihre spirituelle Entwicklung. Weltliche Belange würden sie nicht mehr sonderlich interessieren, weil diese sie von den übersinnlichen Zielen ablenkten.

Ich sprach auch mit Andres darüber. Mein Vater litt darunter, dass für Lisa der geistige Aufstieg wichtiger geworden war als die Familie, wie er mir sagte. Er versuche zwar, ihren neuen Lebensweg zu akzeptieren, doch Lisas radikale Haltung tue ihm weh.

Das war typisch Andres. Immer hat er alles akzeptiert. Ich kann mich nicht erinnern, dass er einmal aufbegehrt hätte oder aufgebraust wäre. Er nahm immer Rücksicht auf Lisa und stellte die eigenen Bedürfnisse zurück.

Eines Tages kam Lisa heim und zeigte uns begeistert einen Prospekt. Es war eine Einladung zu einem spirituellen Festival in Zürich, auf dem Botschaften von dem geheimnisvollen Geistwesen Ramtha vermittelt werden sollten. Lisa war aus dem Häuschen. Ihr Geistwesen nimmt ganz in unserer Nähe Kontakt mit einem Medium auf! Ihre Begeisterung steckte uns an, ich war selbst ganz aufgeregt. Dieses Wunder wollte ich auch erleben. Ich studierte den Prospekt immer wieder. Das Motto des Festivals lautete »Ramtha in dir«. Auch Andres, mein Bruder und meine Tante Mona wollten daran teilnehmen. Ich war irritiert, dass der Preis für das Seminar so hoch war. Ich kann mich noch gut erinnern, dass ich Lisa nach dem Grund fragte. Es müsse doch im Interesse von Ramtha liegen, dass möglichst viele Leute seine Worte hören könnten. Lisa antwortete: »Wenn man wirklich teilnehmen will, spielt Geld keine Rolle. Wer Ramthas Worte hören will, findet auch einen Weg, den Betrag aufzubringen.« Das leuchtete mir ein.

Außerdem stand in der Broschüre, dass Ramtha insbesondere die Kinder einlade, denn diese seien spontan und ruhten noch in ihren Herzen. Ich fand es toll, dass er an uns dachte.

Das Medium, das Ramthas Botschaften empfing, hieß Janet. Die Deutsche war 39 Jahre alt und hielt ihre Seminare hauptsächlich in Deutschland und Österreich ab. Nun kam sie für einen zweitägigen Workshop nach Zürich. Ich malte mir aus, wie Janet die Mitteilungen erhalten und an uns weiterleiten würde. Doch je länger ich mir die Situation vorstellte, desto verunsicherter wurde ich. Wie ist es möglich, dass Ramtha ein männliches Wesen ist, das Medium aber weiblich? Außerdem war Ramtha sehr alt. Der greise Geist in Frauenunterwäsche? Wie wirkt es sich für das Medium aus, wenn Ramtha ihren Körper benutzt? Bekommt sie mit, was das Geistwesen spricht?

Rund 80 Teilnehmer füllten den Saal des Nobelhotels. Meine Aufregung stieg von Minute zu Minute. Ich konnte fast nicht glauben, dass ich Zeuge eines solchen Ereignisses werden durfte. Gespannt saß ich im großen Saal auf meinem Stuhl und spähte verstohlen umher. Ich entdeckte nur wenige Kinder. Viele Erwachsene schienen sich zu kennen und sprachen auffällig freundlich miteinander. Es herrschte eine fast feierliche Atmosphäre, die großen Erwartungen lagen förmlich in der Luft. Plötzlich erklang sanfte Musik. Und schon schritt das Medium majestätisch durch die Reihen. Ehrfürchtig drehte ich mich um. Ich hatte eine stattliche, ehrwürdige Dame erwartet, wurde aber enttäuscht. Eine eher kleine, nicht sonderlich hübsche, ältere Frau mit einem knolligen Gesicht hielt Einzug, begleitet von einer blonden, engelhaften Frau. Eigentlich gab diese viel eher das Bild eines Mediums ab, aber ihre devote Haltung machte sofort klar, wer die Hauptperson war. Die Blonde schien eine Dienerin zu sein, die ihre Herrin zu deren Auftritt geleitete.

Die beiden Frauen stiegen auf die Bühne, das Medium nahm umständlich auf einem feudalen Sessel Platz. Sie wirkte darin fast etwas verloren. Die engelhafte Frau verließ die Bühne.

Das Medium stellte sich als Janet vor. Sie schaute freundlich zu uns herunter, bevor sie uns in einer kurzen Einleitung über den Ablauf des Seminars informierte. Der Hauptakt bestehe darin, das Geistwesen Ramtha anzurufen und in unserem Kreis willkommen zu heißen. Janet bat uns deshalb um unsere mentale Unterstützung.

Die meisten Besucher schlossen die Augen und fokussierten ihre Energie auf Ramtha. Ich war hin- und hergerissen. Eigentlich wollte ich Janet gehorchen, auch wenn ich nicht genau wusste, wie ich das anstellen sollte. Gleichzeitig war meine Neugier viel zu groß, um die Augen zu schließen. Ich hätte zu gern verfolgt, was auf der Bühne passierte. Zwar ahnte ich, dass das Geistwesen nicht leibhaftig erscheinen würde, doch ich war mir nicht ganz sicher und wollte den Moment auf keinen Fall verpassen. Letztlich gehorchte aber auch ich dem Medium.

Die Zeit schien stillzustehen. Ich hörte Janet tief atmen und blinzelte zwischendurch kurz nach vorn. Das Medium saß regungslos und mit geschlossenen Augen da. Ihr Gesicht wirkte verkrampft.

Plötzlich schreckte mich ein lauter Schrei auf. Jaaa, brüllte Ramtha in den Saal. Er hatte sich lautstark durch Janet gemeldet. Reflexartig riss ich die Augen auf und sah, dass Janet wie in Trance und mit starrem Blick aufrecht in ihrem Sessel saß. Ihre Stimme und ihr Gesichtsausdruck wirkten plötzlich männlich. Jetzt spricht Ramtha durch sie, glaubte ich und wurde noch aufgeregter.

Der Auftritt des Geistwesens war beeindruckend. Allerdings verkündete es nicht universale Weisheiten, sondern beschäftigte sich mit einzelnen Kursteilnehmern. Ramtha hielt ihnen einen Spiegel vor und deckte schonungslos ihre Schwächen und spirituellen Defizite auf. Das verstörte mich. In meiner Fantasie war Ramtha ein weiser, gütiger Vater. Doch nun brüllte er in den Saal, beleidigte Anwesende und warf uns böse Bemerkungen an den Kopf.

Einige Teilnehmer verließen empört den Saal. Ich war irritiert. Die Vorwürfe stammten doch nicht von Janet, sondern von einem Geistwesen, das alles sah und alles wusste. Sicher, Ramtha war nicht zimperlich, aber er wird Gründe für sein Verhalten haben, überlegte ich. Mir war zwar auch nicht wohl, doch ich wollte alles aufnehmen und verstehen.

Es gab auch versöhnliche Szenen. So wurden wir aufgefordert, uns gegenseitig in die Arme zu nehmen. Das war mir peinlich. Außerdem musste ich wildfremden Menschen sagen, dass ich sie liebe. Da ich eher schüchtern bin, tat ich mich sehr schwer damit.

Nachts verfolgte Ramtha mich im Traum. Wirre Geschichten und Szenen aus dem Seminar. Der geistige Aufstieg in höhere Ebenen entpuppte sich als ein einziger Albtraum. Geister jagten mir Angst ein und verfolgten mich. Eine schreckliche Szene riss mich aus dem Schlaf. Ramtha respektive Janet hatte uns eine Übung gezeigt, die wir immer dann anwenden sollten, wenn uns ein Gefühl der Angst überkam. Wir sollten einfach die Arme in die Luft strecken, mit den Händen eine vibrierende Bewegung machen und ein tiefes »Ooohm« von uns geben. Ich erinnerte mich nun an diese Übung und probierte sie aus. Es funktionierte tatsächlich, stellte ich erfreut fest.

Der zweite Tag des Festivals forderte erneut meine ganze Aufmerksamkeit. Ich saß wieder angespannt auf meinem Stuhl und hoffte, von Ramtha nicht in die Mangel genommen zu werden. Das Geistwesen war mir ziemlich unheimlich. Wenn ich ehrlich bin, hatte ich ein wenig Angst vor ihm. Es wirkte häufig wild und ungeduldig im Körper von Janet. Das Medium gestikulierte ungestüm, stapfte auf der Bühne herum und schleuderte uns seine Botschaften entgegen. Wir seien richtige Holzköpfe, warf es uns vor, in der Materie verhaftet und geistig unterbelichtet. Dumpfe Menschen, die keine Ahnung von den höheren Sphären hätten. Dabei verwendete Ramtha Begriffe und Redewendungen, die ich zum ersten Mal hörte. Ich deutete dies als weiteren Hinweis, dass er nicht von dieser Welt war und uns neue Wahrheiten verkündete.

Dann bat Janet alle Seminarteilnehmer nach vorn, die von sich glaubten, trotzig zu sein. Zuerst standen nur einzelne auf und gingen zum Podest. Ramtha forderte die Uneinsichtigen mit groben Vorwürfen heraus. So gesellten sich immer mehr Leute zur Gruppe der Trotzigen. Ich erkundigte mich bei Lisa, ob ich manchmal auch trotzig sei. Sie nickte. Ich nahm allen Mut zusammen und ging ebenfalls nach vorn.

Als dann nur noch wenige auf ihren Stühlen verharrten, blamierte Ramtha diese. Das Geistwesen behauptete, in Wirklichkeit seien sie die Trotzigen. Zwei »Trotzige« wehrten sich und entzündeten eine heftige Diskussion. Ich war jedenfalls heilfroh, dass ich mich der Mehrheit angeschlossen hatte und nicht zu den Doofen gehörte, die nun von Ramtha abgekanzelt wurden.

Am Schluss des Seminars stellte sich die blonde Frau wieder neben das Medium. Sie sei Sibylle, sagte sie und verkündete, dass Ramtha und seine Vertrauten im August und September ein achtwöchiges Sommercamp auf einem Gutshof in

Österreich planten. Alle Festivalteilnehmer seien herzlich eingeladen, daran teilzunehmen.

Auf der Heimfahrt diskutierten wir angeregt unsere Eindrücke. Lisa und meine Tante waren begeistert von Janet und den Botschaften Ramthas. Sie waren völlig aufgekratzt, ihre Stimmen überschlugen sich fast. Mein Vater wirkte nachdenklich und sagte wenig.

Bevor wir zu Hause angekommen waren, stand für die beiden Frauen bereits fest, dass sie am Camp teilnehmen würden. Mein Vater zögerte noch. Ihm ging das alles zu schnell. Er wagte vielleicht auch nicht, gegenüber den enthusiastischen Frauen kritische Argumente anzubringen. Wahrscheinlich hätte er gegen ihre Euphorie ohnehin nichts ausrichten können. Für meinen Bruder und mich war das Camp kein Thema, schließlich mussten wir zur Schule.

Bald ging bei uns alles drunter und drüber. Meine Mutter schwebte bereits in höheren Sphären und konnte das Camp kaum erwarten. Andres geriet in einen Gewissenskonflikt. Er hatte Angst, Lisa könnte ihm vollends entgleiten. Als wir Kinder ihn ermunterten, Lisa zu begleiten, meldete er sich schweren Herzens an. Da sie Kai, meine beiden Cousins und mich nicht zwei Monate lang allein lassen wollten, verkürzten sie den Aufenthalt auf vierzehn Tage.

Kai und ich fanden es aufregend, auf uns selbst gestellt zu sein und zusammen mit unseren Cousins eine sturmfreie Bude zu haben. Dabei dachten wir vor allem daran, ohne Einschränkungen vor dem Fernseher sitzen und jeden Tag Pizza essen zu können.

Getrübt wurde die Vorfreude durch die neue Schulsituation. Ich ging nicht mehr in unserem Dorf zur Schule, sondern musste jeden Morgen mit dem Zug nach Winterthur fahren, einer für mich großen Stadt. Außerdem war ich in meiner Klasse die Neue, die andern kannten sich bereits. Hinzu kam, dass ich ein Jahr jünger war und eine Probezeit überstehen musste.

Ich sehnte den Tag herbei, an dem die Eltern abreisen würden. Beim Abschied wurde mir dann doch ein bisschen bang. Aber wir kamen gut zurecht und freuten uns über die neue Freiheit. Die Zeit verging rasch, Sehnsucht nach den Eltern hatte ich kaum. Schließlich telefonierten wir oft mit Lisa, und ich konnte ihr erzählen, was ich in der neuen Schule erlebte.

Wir hatten die Zeit fast überstanden, als mir an einem Freitagmorgen ein Missgeschick passierte. Der Wecker hatte geklingelt. Kai stellte ihn wie immer ab, und wir blieben noch ein paar Minuten liegen. Als ich die Augen wieder öffnete, erschrak ich. Mein Zug war gerade abgefahren. Kai grinste nur und meinte, das sei doch alles halb so schlimm. Doch ich hatte ein furchtbar schlechtes Gewissen. Wie konnte ich nur verschlafen während der Probezeit.

Heulend rief ich Lisa im Camp an. Sie beruhigte mich und sagte, sie würden am Sonntagabend nach Hause kommen, ich sollte mir keine Sorgen machen.

Am Sonntagabend wartete ich ungeduldig auf sie. Obwohl es immer später wurde, konnte ich nicht einschlafen. Ich wurde immer aufgeregter. Vom Kirchenturm schlug es bereits Mitternacht. Ich war ganz aufgelöst vor Sorgen. Gleichzeitig hatte ich ein schlechtes Gewissen bei der Vorstellung, nach dem unentschuldigten Fehlen morgen nun übermüdet zur Schule zu kommen.

Dann endlich kamen sie nach Hause. Lisa strahlte, als sie mich in die Arme nahm. »Lea, mach dir keine Sorgen wegen der Schule. Du musst da ab sofort nicht mehr hin.« Ich traute meinen Ohren nicht und schaute sie ungläubig an. »Doch, es ist so, Lea«, bestätigte sie. »Wir werden nun in die Schule des Lebens gehen.« Ich war verwirrt und verstand nicht, was Lisa meinte. »Du wirst in die Lebensschule von Ramtha gehen.«

Ganz so klar war die Sache mit der Schule dann doch nicht. Andres schwankte noch, ob er sein Architekturbüro aufgeben und sich auch der Ramtha-Gruppe anschließen sollte. »Wenn ihr nicht zur Ramtha-Familie mitkommen wollt, bleibt Andres bei euch«, sagte Lisa zu uns. Ich konnte mir aber nicht vorstellen, dass unsere Familie auseinander gerissen würde. Deshalb war für mich rasch klar, dass wir alle zusammen nach Österreich fahren würden. Meine größten Bedenken galten meinen Haustieren, den beiden Hasen und dem Meerschweinchen. Auch fiel mir die Vorstellung schwer, unser schönes Haus zu verlassen. Doch bald war alles entschieden und Lisa meldete uns tatsächlich von der Schule ab.

Eine unbekannte Welt

Ein paar Tage danach brachen wir nach Österreich auf, um unsere neue Familie zu besuchen. Es war eine lange Fahrt. Eine Fahrt in eine unbekannte Welt. Wir Kinder waren gespannt, was uns erwarten würde. Lisa erzählte, dass die Gruppe in einem Schloss wohne, einen Gutshof ausbaue und die Kinder in einem eigenen Haus lebten. Das alles klang sehr geheimnisvoll. Ich konnte es kaum erwarten.

Wir fuhren an der Schlossanlage vorbei direkt zum Kinderhaus. Als wir ausstiegen, kam uns ein Mann mit einem breiten Lachen entgegen. Lisa, Andres und meine Tante begrüßten ihn überschwänglich und nahmen ihn in die Arme. Der Fremde hieß Tim und wirkte sehr sympathisch. Er streckte auch uns vieren die Hand entgegen und sagte, dass zurzeit fast alle Kinder in Berlin weilen würden, wo die Gruppe eine zweite Basis habe. Tim war etwa 40 Jahre alt und für die Kinder verantwortlich. Lisa sagte mir, er sei Lehrer. Er rief die verbliebenen fünf Kinder, um sie uns vorzustellen.

Als diese auf dem Mäuerchen vor dem Haus in einer Reihe

saßen, sollte jeder seinen Namen sagen. Sie brachten kaum ein Wort hervor. Mein Gott, die sind ja noch so klein, stellte ich enttäuscht fest. Ich gab mich lieber mit älteren Kindern ab und träumte davon, ein paar Jahre überspringen zu können, um schnell erwachsen zu werden. Ich wollte einen guten Beruf lernen, eine eigene Wohnung haben und später natürlich eine Familie. Auch hatte ich mich schon mit zehn Jahren nach einem Freund gesehnt. Und mit zwölf machten sich bereits die ersten Anzeichen der Pubertät bemerkbar.

Ich war froh, als wir die Übung endlich abbrachen und einen Rundgang durch unser zukünftiges Domizil unternahmen. Das Schloss gehörte dem Vater von Petra, einem Mitglied der Ramtha-Familie. Es zählten Ländereien, mehrere Häuser und ein Wirtschaftsgebäude dazu.

Sandro führte uns zum Schloss. Ich war irritiert über die vielen Leute, die uns begegneten. Sie alle sollten zu unserer Familie gehören? Der Gedanke machte mir Angst. Am liebsten hätte ich mich verkrochen. Das soll mein neues Zuhause sein? Von meinen Träumen blieb in den ersten Minuten nach unserer Ankunft nicht mehr viel.

Janet, das Medium, stieß zu uns und begrüßte uns herzlich. Ich war überrascht, wie warmherzig und sanft sie sein konnte. Es war ein erfreulicher Kontrast zu ihrem Auftritt als Geistwesen auf dem Festival in Zürich. Sie nahm auch uns Kinder in die Arme. Ich fühlte mich sogar zu ihr hingezogen.

Das Schloss mit seinen vielen Zimmern machte mir Eindruck. Vor allem der Kristallraum. Ich hatte noch nie so große Kristalle gesehen. Die Steine wurden so angeordnet, dass sie ein kräftiges Energiefeld erzeugten, erklärte uns Janet. Ich ging von Stein zu Stein und bewunderte das Farbenspiel. Das Energiefeld der Kristalle würde sie für die Rituale nutzen, erläuterte Janet und zeigte mir ihren ein Meter hohen Lieblingsstein, den sie Erdi getauft hatte. Oft stelle sie sich neben Erdi, um sich mit den höheren Ebenen zu verbinden.

Während ich die Kristalle bestaunte, schlurfte ein Mann herein, der Janet etwas ins Ohr flüsterte. Ich fragte mich, was dieser Kerl hier zu suchen hatte. Er war sehr dick und verlor beinahe die Hose. Er war mir auf Anhieb unsympathisch, und ich war froh, dass er das Kristallzimmer rasch wieder verließ.

Wir gingen zum Haus der Erwachsenen, das nur einige Schritte vom Schloss entfernt lag. Das Wohnzimmer war gemütlich eingerichtet. Wir verteilten uns auf die im Kreis stehenden Sofas und Sessel. Janet redete Belangloses, als würde sie auf etwas warten. Dann erschien erneut dieser seltsame Mann. Er hatte sich inzwischen etwas ordentlicher zurechtgemacht. Er stellte sich als Benno vor.

Benno begann schnell, uns auszufragen. Spielt er etwa eine besondere Rolle in der Gruppe? Sogar das Medium Janet begegnete ihm mit spürbarem Respekt.

Ich war einen Moment verunsichert. Ist dieser Benno vielleicht gar der Führer der Großfamilie? Lisa und Mona schauten fast ehrfürchtig zu ihm hoch. Ich konnte es kaum glauben. Er wirkte nicht besonders spirituell auf mich. Ich schaute fragend zu Lisa, doch sie verstand meinen Blick nicht. Für mich war Janet die geistige Führerin, schließlich konnte sie Kontakt zu Ramtha aufnehmen.

Seine ruhige und bestimmte Art zu sprechen, sein freundlicher Blick und die Selbstsicherheit, die er ausstrahlte, nahmen mich mit der Zeit etwas für ihn ein und korrigierten meinen ersten Eindruck.

Als ich aufs Klo musste, erklärte mir Lisa den Weg. Die Toiletten befanden sich wie der Raum für die spirituellen Meetings und Channeling-Sessions im umgebauten Kuhstall. Ich traute meinen Augen nicht. Es gab keine Tür. Ich ging von Toilette zu Toilette, keine hatte eine Tür. Zu allem Überfluss waren die Klos bloß durch niedrige Seitenwände abgetrennt.

Ich rannte zu Lisa und schilderte ihr meine unglaubliche Entdeckung. Unser Geistwesen Ramtha habe dies so angeordnet, sagte sie mir. Zu meiner Verblüffung schien sie nichts Besonderes daran zu finden. Ich wusste zuerst nicht, was ich machen sollte. Mit bangen Gefühlen ging ich zurück, stellte aber erleichtert fest, dass außer mir niemand dort war.

Lisa erzählte mir nachher, die meisten Erwachsenen hätten viel Spaß auf den Toiletten. Es gebe oft richtige Klotreffen. Dabei würde rumgealbert und man würde sich gegenseitig auslachen. Ich verstand nicht, was daran lustig sein sollte, andere auf dem Klo zu beobachten.

Zum Schluss fragte uns Benno, weshalb wir zur Ramtha-Gruppe gehören wollten. Als ich an der Reihe war, raste mein Puls. Ich hatte Angst, etwas Falsches zu sagen. So sagte ich hastig, dass ich hier einfach nur glücklich werden wolle. Ich beobachtete Benno und Janet. Sie schienen zufrieden zu sein mit meiner Antwort.

Dann begann Janet, für meine Tante zu channeln. Sie nahm Kontakt zu Ramtha auf und befragte das Geistwesen über Mona. Ich war tief berührt, dass Ramtha sich die Mühe machte, sich nur mit ihr zu beschäftigen. Das Ritual hatte etwas Geheimnisvolles, die Stimmung war sehr feierlich.

Ramthas Antworten waren jedoch niederschmetternd. Die Zeit für den geistigen Aufstieg sei für sie noch nicht reif, sagte das Geistwesen, sie sei spirituell nicht bereit für das Experiment. Zuerst müsse sie andere Aufgaben erfüllen und für eine gewisse Zeit der Ramtha-Familie als Außenposten dienen.

Ich traute meinen Ohren nicht. Ausgerechnet Mona. Sie befasste sich schon seit Jahren intensiv mit Esoterik und hatte bereits viele Seminare besucht. Sie war doch schon viel weiter auf dem Pfad der Erleuchtung als wir.

Ramthas Worte wühlten meine Tante auf. Sie konnte es nicht fassen. Das Geistwesen bemerkte ihre Verstörung. Bevor sie protestieren konnte, tröstete Ramtha meine Tante. Sie sei auf dem richtigen Weg und werde sicher bald das spirituelle Niveau erreichen, um in die Familie aufgenommen zu werden. Er machte ihr aber auch klar, dass sie oft ein exaltiertes Verhalten an den Tag lege und an sich arbeiten müsse. Da hatte er Recht, überlegte ich und staunte einmal mehr, dass Ramtha einfach alles wusste.

Meine beiden Cousins sollten sich nun entscheiden, ob sie mit ihrer Mutter in die Schweiz zurückkehren oder in die Familie aufgenommen werden wollten. Die beiden Jungs überlegten nicht lange, sie wollten bei uns bleiben. Schließlich lebten sie schon seit einem Jahr in unserer Familie.

Somit stand unsere Zukunft fest. Ich hatte gemischte Gefühle. Mir war weder in unserem Quartier noch in der großen Gruppe wohl. Es gab keine Privatsphäre, keine Rückzugsmöglichkeiten. Meine Mutter war aber so begeistert, dass ich nicht wagte, mit ihr darüber zu reden. Die Entscheidung schien gefallen und ich hatte keine Wahl mehr. Selbst mein Vater war gewillt, die Zelte zu Hause abzubrechen und sich der Ramtha-Gruppe anzuschließen. Heute ist mir bewusst, dass er sich nicht für die Gruppe entschieden hatte, sondern für die Familie. Er wollte uns nicht allein lassen und Lisa auf keinen Fall verlieren.

Mein Vater war kein mutiger Mensch. Er passte sich lieber an, als für seine Bedürfnisse zu kämpfen. Ich kann mich nicht erinnern, dass er Kai und mich je laut gescholten hätte. Er konnte nicht einmal streng sein, wenn wir Mist gebaut hatten. Er war eigentlich immer verständnisvoll und wich Konflikten aus. Der Harmonie zuliebe gab er meist nach. Manchmal wünschte ich mir aber auch, er wäre entschlossener gewesen. Auch Lisa gegenüber.

Unser Vater hatte sich also entschlossen, alles aufzugeben und sich am Ramtha-Projekt zu beteiligen, sobald er sein Architekturbüro aufgelöst und unser Haus verkauft hätte. Da es in der Gruppe keinen Privatbesitz gebe, müsse er den Erlös aus dem Verkauf und das Vermögen der Familie dem Projekt zur Verfügung stellen, erklärte ihm Benno. Auch damit war Andres einverstanden. Ich konnte als zwölfjähriges Mädchen nicht abschätzen, was das bedeutete. Materiellen Dingen wurde angeblich angesichts des bevorstehenden spirituellen Aufstiegs kein besonderer Wert zugemessen.

Der Gedanke war mir unheimlich, das Haus zu räumen und die Schweiz zu verlassen. Ich spürte erst jetzt, wie sehr ich an meinem Zuhause und an meiner Umgebung hing. Lisa und meine Tante einigten sich, dass unsere Mutter das Sorgerecht für meine beiden Cousins übernehmen sollte. Wenigstens verlor ich nicht auch noch die beiden Jungs. Ich klammerte mich an die Vorstellung, dass das Ramtha-Projekt ein großes Abenteuer werde. Damit konnte ich das Unbehagen vor dem neuen Dasein in der Großgruppe zurückdrängen.

Und es gab noch etwas, das meine Fantasie beflügelte und meine Hoffnung auf ein aufregendes Leben nährte. Benno zeigte uns Fotos von einem einsamen Tal in Portugal, welches er für unser Projekt kaufen wollte. Es sei ein idyllischer Flecken, ein besonderer Kraftort, die ideale Umgebung für unser spirituelles Experiment. Hier würden wir den geistigen Aufstieg schnell schaffen, schwärmte er uns vor. Seine Begeisterung wirkte ansteckend und ich flüchtete gedanklich immer in dieses Tal, wenn ich mich schlecht fühlte. Bis der Kauf abgewickelt sei, würden wir Ferienhäuschen in der Nähe unserer neuen Heimat mieten, ergänzte Benno.

Zu Hause holte mich die Wehmut wieder ein. Mir wurde in der vertrauten Umgebung erst richtig bewusst, dass ich mich von allem trennen musste. Der Gedanke, bald im österreichischen Quartier zu leben, setzte mir zu.

Noch etwas beschäftigte mich. Ich hatte von Lisa aufgeschnappt, dass unsere Zeit in der irdischen Realität bald ablaufen würde, wie Ramtha Janet mitgeteilt habe. In etwa zwei Jahren würden sich unsere Körper in Licht verwandeln und wir die irdische Ebene verlassen. Meine Fantasie produzierte die verrücktesten Bilder. Die Vorstellung, dass unser spirituelles Experiment schon bald vollendet sein würde, linderte meinen Abschiedsschmerz.

Ein anderes Thema irritierte mich gründlicher. Benno hatte uns gesagt, dass wir Auserwählten verschmelzen und eins werden würden. Das passte mir gar nicht, denn ich war doch gerade dabei, mich zu entfalten und eine eigene Persönlichkeit zu werden. Ich ging zu Lisa und sagte ihr, dass ich stolz auf meine eigene Persönlichkeit sei. Sie beruhigte mich mit dem Argument, ich sollte erst einmal abwarten, was auf mich zukäme. Ich tröstete mich mit der Vorstellung, dass niemand mir meine Gefühle würde nehmen können.

Dann begann das große Räumen. Wir Kinder durften nur so viele Dinge mitnehmen, wie in einem Umzugskarton Platz fanden. Ich kam richtig ins Fieber, meine überflüssigen Kleider und Spielsachen an Freunde zu verschenken. Das Weggeben empfand ich als befreiend. Als ich meine Kiste packte, war ich dann doch enttäuscht, wie wenig hineinpasste. Plötzlich fiel es mir schwer, mich von bestimmten Dingen zu trennen.

Wir Kinder genossen das Leben ohne Schule. Während die anderen büffelten, spielten wir draußen. Das war natürlich eine Provokation und sorgte für Aufregung. Die Nachricht, dass wir auswandern würden, verbreitete sich wie ein Lauffeuer im Dorf. Bald kursierten die wildesten Spekulationen und Gerüchte. Die meisten Dorfbewohner konnten nicht verstehen, dass wir Knall auf Fall unsere sichere Existenz aufgaben.

In den schwierigen Momenten malte ich mir das schöne Leben in Portugal aus. Ich sah mich als junge Frau vor einem einfachen Häuschen am Rand eines portugiesischen Dorfes sitzen, glücklich in die Sonne blinzeln und eine junge Katze streicheln. Wir waren Selbstversorger und lebten in Harmonie mit der Natur.

Für unsere Verwandten war es eine schwierige Zeit. Sie waren vor den Kopf gestoßen. Ich bekam aber nicht alles mit, was hinter unserem Rücken besprochen wurde. Heute weiß ich, dass damals manche Krisensitzung stattgefunden hat. Das heikelste Thema waren wir Kinder. Verwandte und

Freunde protestierten, dass unsere Eltern uns aus der Schule genommen hatten. Und dass wir uns mit Haut und Haaren einem seltsamen Experiment verschrieben, das niemand kannte und über das es keine seriösen Informationen gab. Sie seien verantwortungslos und würden uns Kindern die Zukunft verbauen, warfen sie unsern Eltern vor. Lisa ließ sich aber nicht im Geringsten beirren. Für sie war es der einzige Weg, der uns in eine sichere Zukunft führen würde. Schule und Ausbildung waren angesichts der spirituellen Lebensziele und der epochalen Veränderungen, die uns und die ganze Menschheit erwarteten, unbedeutend. Sie baute ganz auf unser göttliches Geistwesen Ramtha und unterstellte sich dessen Schutz. Bei ihm fühlte sie sich geborgen und aufgehoben. Wie Andres auf die Vorwürfe der Verwandten reagierte, weiß ich nicht. Jedenfalls hielt er zu Lisa.

Für die Eltern meiner Mutter war unsere Entscheidung besonders schmerzlich. Sie bangten um uns. Ihnen war auch unverständlich, dass Andres sein Architekturbüro aufgab.

Heftig reagierte auch meine Stieftante Christa, die gerade Mutter geworden war. Bei einem Besuch brach sie in Tränen aus. Wir Kinder hätten doch überhaupt keine Wahl, warf sie Lisa vor. Wir würden nicht gefragt und müssten uns beugen, nur weil sie einer verrückten Idee nachrenne. Ähnlich argumentierten auch die meisten Geschwister meiner Eltern. Ich verstand die Aufregung unserer Verwandten und Freunde nicht. Wir freuten uns doch auf das abenteuerliche Pionierleben in Portugal.

Am meisten gelitten hat vermutlich Jessica, meine beste Freundin. Wir waren seit unserer Kindergartenzeit unzertrennlich. Als wir von Österreich nach Hause kamen, rief ich sie sofort an und teilte ihr mit, dass wir die Schweiz verlassen würden. Jessica konnte es nicht fassen. Einfach so wegziehen? Wir hatten uns doch ewige Freundschaft geschworen. Sie brachte keinen Ton hervor. Es war einfach still am anderen Ende der Leitung. Ich wusste, dass sie bald in Tränen ausbrechen würde. Als sie sich wieder ein wenig gefasst hatte, brach mir ihre traurige Stimme fast das Herz. Ich hatte meine Gefühle aber gut unter Kontrolle. Ich tröstete sie und versprach ihr, sie oft anzurufen und sie in den Ferien zu besuchen. In Wirklichkeit war ich verunsichert und überfordert. Aber ich verteidigte bereits unser spirituelles Experiment und gab ausweichende Antworten. Lisa hatte mir immer wieder gesagt, dass Uneingeweihte unser Verhalten nicht verstehen könnten, weil sie den spirituellen Durchblick nicht hätten und die Welt aus ihrer materiellen Sicht beurteilen würden.

Ich hatte gelernt, eine Schutzmauer aufzubauen, sonst hätte ich die vielen traurigen Stimmen und Gesichter nicht ertragen. Dazu gehörte auch, dass wir unseren Verwandten und Freunden nur die halbe Wahrheit über unsere Großfamilie und unsere Zukunft in Portugal erzählten. Mir war nicht wohl, dass ich bei manchen Fragen eine ausweichende Antwort geben oder eine Ausrede suchen musste. Lisa hatte uns geraten, die alternative Lebensweise in der Gruppe von Gleichgesinnten zu betonen. Wir würden versuchen, ein Modell des friedlichen Zusammenlebens engagierter Menschen im Einklang mit der Natur zu erarbeiten und zu üben.

Ich gab mir alle Mühe, die Argumente überzeugend zu vermitteln, doch die meisten Verwandten reagierten skeptisch. Genau so, wie Lisa es prophezeit hatte. Ein Onkel und eine Tante stellten mir kritische Fragen, auf die ich keine Antworten wusste und die mich in Verlegenheit brachten. Ich fühlte mich nicht wohl in meiner Haut und schwieg.

Dem letzten Besuch bei Jessica und ihrer Familie sah ich mit gemischten Gefühlen entgegen. Sie wollten nicht wahrhaben, dass wir uns für lange Zeit nicht mehr sehen würden. Ich spürte Jessicas Trauer und wurde verlegen. Ich erzählte ihr vom bevorstehenden schönen Landleben in Portugal, vom wunderbaren Tal, von unseren Gemüsegärten und den eigenen Pferden und Kühen.

Es fiel mir schwer, Jessica etwas vorzugaukeln. Wir hatten

nie Geheimnisse gehabt und uns immer alles anvertraut. Ich klammerte mich an die Argumente meiner Mutter und hoffte, bald erlöst zu werden. Doch Jessicas Eltern entließen mich nicht so schnell. Sie machten kein Geheimnis aus ihrer Skepsis. Stumm saß ich da und blickte auf den Boden. Ich wusste nicht, was ich sagen sollte. Dann machte mir Jessicas Mutter ein Angebot. »Lea«, sagte sie, »wir möchten verhindern, dass du unglücklich wirst. Wir haben uns etwas überlegt. Du kannst bei uns leben. Wir haben genug Platz und Jessica würde sich freuen. Es wäre sicher das Beste für dich. Und du könntest die Eltern in den Ferien besuchen.«

Damit hatte ich nicht gerechnet. Ich schaute Jessica verlegen an. »Sag ja«, bekräftigte sie. Ich wusste nicht, was ich antworten sollte. Ich wollte Jessica und ihren Eltern nicht wehtun, doch ich konnte mir beim besten Willen nicht vorstellen, meine Familie zu verlassen. Ich war innerlich völlig zerrissen. Als sie spürten, dass sie mich in einen Zwiespalt gestürzt hatten und meine Entscheidung feststand, wechselten sie das Thema.

Beim Abschied nahm mich Jessicas Mutter fest in die Arme und wiederholte, dass ihre Türen immer für mich offen stünden. Ich war gerührt. Betrübt stammelte ich ein Danke. Es gelang mir nicht mehr, ihr in die Augen zu schauen. Schnell verabschiedete ich mich auch von Jessica. Ihre Tränen drückten mir das Herz ab. Ich war erleichtert, als ich das Haus verlassen konnte.

Der Endspurt stand bevor. Wir hatten schon fast alles gepackt. Meinem Vater war es tatsächlich geglückt, innerhalb weniger Tage einen Käufer für unser Haus und sein Geschäft zu finden. Andres überwies rund eine Million Schweizer Franken auf das Konto der Ramtha-Gruppe. Ohne zu zögern übergab er Benno unser ganzes Vermögen.

Am Tag unseres Auszugs kamen Jochen und Peter mit Van und Anhänger aus Österreich, um uns beim Umzug zu helfen. Der Abschied war allerdings weit schmerzlicher, als ich mir das je vorgestellt hatte. Mir schnürte es die Kehle zu, als ich den verzweifelten Großeltern ins Gesicht sah. Erst jetzt verstand ich, wie verletzt sie waren, denn bisher hatten sie mir gegenüber ihre Gefühle zurückgehalten. Nun rannen meiner Großmutter die Tränen über die Wangen. Dabei hasste sie es, wenn man sie weinen sah. Es war schrecklich. Ich wäre am liebsten in ein Loch gekrochen. Besonders schlimm wurde es, als Lisa ihr zwei Sätze ins Gesicht schleuderte, an die ich mich heute noch erinnere: »Wenn ihr gestorben seid, dann werdet ihr mich verstehen. Ich verzeihe euch eure Unwissenheit.« Meine Großeltern konnten dies nicht verstehen. Ich hielt es kaum mehr aus und war froh, als wir endlich Richtung Österreich fuhren.

Harte Landung

Wir hatten eine lange Fahrt vor uns. Meine Tante, die nicht in die Familie aufgenommen worden war, begleitete uns. Peter erzählte uns vom geheimen Wissen, das ihnen Ramtha vermittelt habe. Vieles handelte von Außerirdischen und Ufos. Ich hatte bisher geglaubt, diese würde es nur in Science-Fiction-Filmen geben. Wir Kinder waren völlig außer uns. Es gab sie also doch! Janet habe direkten Kontakt zu ihnen, erzählte Peter weiter. Ja, sie arbeite sogar eng mit unseren Kollegen – er nannte die fremden Wesen tatsächlich so – zusammen. Diese unterstützten uns als Gruppe mit vielen Ratschlägen und Informationen, da sie ein großes Interesse an unserem Experiment hätten.

Die Fahrt kam mir diesmal noch länger vor, ich wurde immer ungeduldiger. Es war bereits dunkel, als wir unser Ziel erreichten. In der Küche schälten Sandra und Norbert Kartoffeln. Sie begrüßten uns herzlich. Die beiden wirkten sehr lässig und waren eindeutig recht vertraut miteinander, jedenfalls schäkerten sie unzweideutig.

Lisa, Andres und meine Tante begleiteten uns bis zum Haus. Die Kinder schliefen längst. Wir konnten im Dunkeln erkennen, dass noch vier Matratzen frei waren. Ich war erleichtert, dass ich mich neben Kai und Ben legen konnte und schlief schnell ein.

Eine hohe, schrille Stimme weckte mich. Es war schon hell. Ich hörte mehrmals meinen Namen. Ich hätte die Augen am liebsten gleich wieder geschlossen, denn ich schaute direkt in ein dickes Mädchengesicht. »Hallo Lea, ich heiße Shania, es ist Zeit aufzustehen.« Ich war mürrisch, denn der erste Moment in meinem neuen Leben war gar nicht nach meinem Geschmack. Zum Glück lagen die drei Jungs neben mir. Was hätte ich bloß ohne sie gemacht.

Die Kinder, die bei unserem ersten Besuch in Berlin gewesen waren, brannten darauf, uns Neue kennen zu lernen. Als wir uns endlich aufgerappelt hatten und in den Aufenthaltsraum kamen, starrten sie uns neugierig an. Doch schon erlebten wir den nächsten Ärger. Sie hatten sich einfach über unsere Sachen hergemacht. Das sind unsere Spielsachen, machten wir ihnen klar. Doch sie entgegneten ebenso bestimmt, dass alles allen gehöre. Dennoch konnten wir uns fürs Erste durchsetzen.

Tim war für die Kinder und uns zuständig. Obwohl er Amerikaner war – der einzige in der Gruppe –, sprach er fließend Deutsch. Früher hatte er Unterricht an einer Waldorfschule gegeben. Ich fühlte mich in seiner Umgebung recht wohl. Nachdem wir gefrühstückt hatten, teilte er uns einen kleinen Schrank für unsere Kleider zu und sagte uns, dass wir um einundzwanzig Uhr ins Bett müssten. Ich war empört und protestierte bei meiner Mutter. Sie ermunterte mich, mit Tim darüber zu sprechen. Ich nahm allen Mut zusammen, doch er musste sich zuerst mit Matthias absprechen, der für die Koordinationsaufgaben zuständig war. Ich wartete gespannt auf das Ergebnis.

Auch Shania ärgerte mich weiterhin. Sie war vorlaut und behandelte meine Haustiere, die ich aus der Schweiz mitgenommen hatte, unsanft. Aber zum Glück waren sie recht eigensinnig und ließen sich nicht alles gefallen.

Eine eigenartige Begegnung hatte ich im Channelzimmer. Als ich das erste Mal allein diesen geheimnisvollen Raum betrat, tanzte eine ältere weißhaarige Dame zu klassischer Musik. Sie hielt die Augen geschlossen und wirkte entrückt. Sie war so vertieft in die Musik und ihre Bewegungen, dass sie mich nicht wahrnahm. Ich sah ihr eine Zeit lang erstaunt zu und schlich dann vorsichtig aus dem Raum. Irritiert erzählte ich Lisa meine Beobachtung. Barbara sei sehr musikalisch, erklärte mir meine Mutter und fügte ehrfürchtig an: »Sie war in einem früheren Leben Ludwig van Beethoven.« Diese Vorstellung berührte mich eigenartig. Eine Frau, die früher eine ganz andere Person gewesen sein soll? An Beethoven erinnerten mich nur ihre langen weißen Haare. Mir war das unheimlich. Von nun an hatte ich richtig Angst vor Barbara.

Das Leben in der Großfamilie setzte mir zu. Ich war alles andere als glücklich und fühlte mich in der großen Gruppe ziemlich verloren. Wir Kinder und Jugendlichen hatten unser eigenes Tagesprogramm und sahen unsere Eltern selten. Meine Cousins, Kai und ich unterrichteten am Morgen die Kinder und organisierten am Nachmittag Spiele für sie. Wir bastelten oder spielten draußen Robin Hood.

Ich hätte Lisa gern viele Fragen gestellt und mit ihr über meine Erlebnisse und Ängste gesprochen, doch es gab kaum Gelegenheit. Manchmal hatte ich auch das Gefühl, dass sie mir auswich. Mir fehlte jemand wie meine Freundin Jessica, mit der ich über alles reden konnte. Und Tim war für mich eine Respektsperson wie ein Lehrer, dem ich mich nicht anzuvertrauen wagte. Kai und meine Cousins waren zwar meine besten Kumpels, aber ich konnte mit ihnen nicht über meine Gefühle sprechen. Sie hätten kaum verstanden, wenn ich ihnen gebeichtet hätte, dass ich mich einsam fühlte und gelegentlich Heimweh hatte. Ich wollte keine Schwäche zeigen und fraß den Kummer in mich hinein.

Bald spürte ich auch, dass es nicht gern gesehen wurde, wenn ich mich bei meiner Mutter anlehnen wollte. Das sagte mir zwar niemand, es wurde mir aber doch irgendwie klar. Gewisse Sachen lagen einfach in der Luft. Über vieles wurde nicht gesprochen, und doch wussten alle, was sie denken und wie sie sich verhalten mussten. Lob war ein beliebtes Mittel, um Botschaften über das ideale Gruppenverhalten zu vermitteln. Wenn ein Kind für seine selbstständige Haltung gelobt wurde, so wusste ich genau, dass es als unreif galt, bei den Erwachsenen Nähe und Geborgenheit zu suchen. Ich brauchte zwar die Anerkennung der Erwachsenen, doch ich wollte mir auf keinen Fall eine Blöße geben. Deshalb nahm ich die Signale sehr genau auf und hielt mich strikt daran. Auch wenn ich zunehmend darunter litt.

Mir wurde auch rasch bewusst, dass individuelle Bedürfnisse unterdrückt werden mussten. Es wurde immer betont, dass wir nur gemeinsam geistig wachsen und den spirituellen Aufstieg in die höheren Sphären schaffen würden. Ich musste also unter allen Umständen lernen, mich mit der schwierigen Situation abzufinden.

Eines Tages konnte ich das Heimweh nicht mehr zügeln. Ich rannte zu Lisa und fing bitterlich an zu weinen. Ich konnte die Tränen einfach nicht mehr zurückhalten. Mit meinem Schluchzen zog ich die Aufmerksamkeit der Gruppenmitglieder auf mich. Ich klammerte mich an Lisa und versteckte mein Gesicht in ihrem Schoß.

Als ich kurz aufblickte, entdeckte ich, dass sich ein großer Kreis um uns gebildet hatte. Alle begannen, mir Trost zu spenden. Ich würde mich schon an das neue Leben und die große Familie gewöhnen, sagten sie mir. Sie sorgten sich so rührend um mich, dass ich den Eindruck bekam, alle seien eigentlich sehr lieb. Nun schämte ich mich, dass ich so schwach geworden war, und wischte mir rasch die Tränen ab. Das wird mir nie wieder passieren, schwor ich mir und riss mich noch mehr zusammen.

Am nächsten Tag berief Matthias ein Treffen der Kinder ein, an dem auch Janet teilnehmen sollte. Ich hatte keine Ahnung, was mich erwartete und war aufgeregt. Die beiden Erwachsenen verlangten von den übrigen Kindern mehr Verständnis für uns neue Familienmitglieder. Mir fiel ein Stein vom Herzen, als Janet erklärte, dass wir uns ein paar Freiheiten herausnehmen dürften, bis wir uns besser eingelebt hätten. Matthias bestätigte vor allen Kindern, dass wir bis um zweiundzwanzig Uhr aufbleiben dürften. Ich atmete erleichtert auf. Das war immerhin schon etwas.

Mit der Zeit verstand ich, dass Benno, Janet und Sibylle die Hauptpersonen in der Ramtha-Familie waren. Ich wunderte mich, dass Benno und das Medium Janet ein Paar waren, obwohl Sibylle die Ehefrau von Benno war. Für alle anderen schien das ganz normal zu sein.

Eines Tages unternahmen Janet und Matthias mit uns Kindern eine Wanderung. Wir waren den ganzen Tag unterwegs. Der Wald war wie im Märchen, moosbewachsen, weich, durchzogen von sanften Hügeln. Janet respektive Ramtha erzählte uns von Elfen und anderen Naturwesen, die hier lebten. Ich war begeistert und wollte die Welt so sehen, wie Janet sie schilderte. Wir hörten unserem Medium gebannt zu, durch das Ramtha pausenlos sprach. Das Geistwesen führte uns in die geheimnisvolle übersinnliche Welt ein. Es erzählte uns wundersame Geschichten von höheren Wesen, verborgenen Welten und einer anderen Wirklichkeit. Diese Welt faszinierte mich. Ich ahnte nicht, dass es eine verhängnisvolle Faszination werden sollte. Ich hatte nämlich sehr viel Respekt vor Ramtha und wollte einen guten Eindruck auf ihn machen. Das entging dem höheren Wesen nicht, weshalb es mich immer wieder lobte.

Ich war geschmeichelt und zeigte mich noch interessierter. An diesem Tag war ich versöhnt mit dem Leben in der Großfamilie.

Trotzdem tat ich mich weiterhin schwer in der Gruppe und vermisste die Privatsphäre. Es fiel mir nicht leicht, mich mit allen Familienmitgliedern zu arrangieren. Einige konnte ich nicht leiden. Ich fragte mich, weshalb Ramtha sie für die Aufstiegsgruppe erwählt hatte. Ich wich ihnen aus, so gut es ging. Da wir Kinder weitgehend unser eigenes Leben führten, gab es nicht allzu viele Berührungspunkte.

Meist ging es in unserer Großfamilie zu wie in einem Bienenhaus. Auch persönliche Beziehungen wurden durch die hektischen Aktivitäten unterbunden. Es nervte mich, dass ich alles mit allen teilen musste und nicht einmal eine eigene Zahnbürste besaß. Ich ekelte mich, die Bürste in den Mund zu nehmen, mit der vorher Shania ihre Zähne geputzt hatte. Shania war nicht nur dick, sie war auch sehr eigenwillig. In ihrer Entwicklung schien sie geistig ein wenig zurückgeblieben zu sein.

Nach ein paar Wochen durften wir älteren Kinder, Teenies genannt, für ein paar Tage nach Berlin, wo Benno, Sibylle und Janet einen Kristallladen besaßen. Wir freuten uns auf die Großstadt. Endlich etwas Abwechslung. Wir konnten in der Wohnung wohnen, in der die Ramtha-Leute lebten, die den Laden führten.

In Berlin angekommen, nahm uns Tim in seine Obhut. Das Schlafzimmer teilten wir mit vier Erwachsenen. Ich war schüchtern, und es berührte mich peinlich, dass die Erwachsenen sich stets nackt in der Wohnung bewegten. Obwohl ich meine Eltern auch ab und zu nackt gesehen hatte, gewöhnte ich mich nur schwer daran. Ich schloss mich immer im Badezimmer ein, um mich ungestört umziehen zu können.

Berlin war für uns Teenies ein einziges Abenteuer. Tim führte uns durch den Großstadtdschungel und zeigte uns viel.

Auch besuchte uns dort ein Fernsehteam, um einen Bericht über unsere Gruppe zu drehen. Für uns Teenies ein weiteres großes Ereignis. Wir waren aufgeregt, denn wir wollten einen möglichst guten Eindruck machen. Ich hatte mitbekommen, dass wir oft als Sekte betrachtet wurden, was ich nicht begreifen konnte. Auch der Bürgermeister unseres Wohnorts in Österreich machte immer wieder Druck, weil er unsere Gruppe als gefährlich einstufte und uns gern vertreiben wollte. Es gab viele Gerüchte, und die meisten Leute hatten irgendwie Angst vor uns. Am häufigsten wurde über uns Kinder gesprochen. Es hieß, dass wir missbraucht würden. Deshalb kursierten die wildesten Geschichten, über die wir nur lachen konnten. Wir wussten schließlich am besten, dass dies alles nur dumme Sprüche waren.

Der Fernsehbericht fiel nicht so aus, wie Benno und Janet es sich vorgestellt hatten. Ich erinnere mich noch, dass sich Benno fürchterlich aufregte, weil Sibylles Interview nicht in voller Länge ausgestrahlt worden war.

Das Misstrauen der Behörden und Medien beschäftigte mich oft. Wir Teenies bekamen die Belastung zwar nur am Rande mit. Ich nahm trotzdem wahr, dass es für unsere Führungscrew phasenweise problematisch war. Ich fühlte mich in der Gruppe jedoch sicher. Der Kampf gegen Beamte und Journalisten schweißte uns weiter zusammen.

Eine überraschende Nachricht, die uns in Berlin erreichte, versetzte uns in Aufregung. Wir würden in wenigen Tagen nach Portugal reisen, ließ Benno uns ausrichteten. Wir jubelten. Das Leben war wunderbar. Zuerst Berlin und jetzt Portugal! Wir fuhren zurück nach Österreich. Plötzlich fielen mir meine Tiere ein. »Was geschieht mit meinen Hasen und dem Meerschweinchen«, fragte ich Janet. Sie erklärte mir, dass es für die Tiere besser sei, wenn sie in Österreich blieben. »Wir haben bereits einen neuen Platz bei einem Bauern gefunden«, antwortete sie. »Ich habe geistigen Kontakt mit den Tieren aufgenommen und sie befragt. Sie würden gern hier bleiben.«

Ich protestierte nicht, die Freude über den Umzug nach Portugal überwog. Außerdem konnte ich ohnehin nicht mehr mit ansehen, wie Shania die Tiere fast zu Tode knuddelte.

Wir Kinder mussten sofort unser Haus räumen und in einem großen Zimmer bei den Erwachsenen schlafen. Ich war völlig irritiert. Dass sie mit Vorliebe nackt in der Wohnung herumalberten, war das eine. Was aber nachts in dem zum Schlafsaal umfunktionierten Wohnraum abging, war für mein kindliches Gehör harte Kost. Die Kakophonie aus Liebesgeräuschen bedrängte mich von allen Seiten. Mir wurde elend. Die Erwachsenen schienen sich akustisch überbieten zu wollen. Als suchten sie die Aufmerksamkeit unseres Geistwesens in den höheren Sphären. Die Vorstellung, dass sich auch Lisa und Andres an diesem orgiastischen Wettbewerb beteiligten, drehte mir fast den Magen um.

Mein moralisches Empfinden geriet aus den Fugen. Ich verstand meine Eltern nicht, die ihre Grundsätze von einem Tag auf den andern über den Haufen geworfen hatten. Wie konnten sie sich wahllos Menschen hingeben, die sie erst seit kurzem kannten und die sie nicht wirklich liebten? Sie hatten mir doch immer gesagt, die Liebe sei etwas Heiliges. Nun galt alles nichts mehr? Am meisten verunsicherte mich Lisa. Es war noch nicht lange her, dass sie Andres abgewiesen und erklärt hatte, sie habe die niedrigen sexuellen Bedürfnisse überwunden und konzentriere sich nur noch auf spirituelle Ziele.

Es berührte mich auch eigenartig, dass die Erwachsenen keine Rücksicht auf uns Kinder nahmen. Nach der ersten Abscheu erwachte bei mir eine gewisse Neugier. Ich spitzte die Ohren, um mir besser vorstellen zu können, was um mich herum geschah und wer mit wem die größten Eskapaden vollführte. Wenn ein Paar es aber allzu arg trieb, hielt ich mir die Ohren zu.

Mit der Zeit erfuhr ich, dass die Ehepaare lernen mussten, alte Bindungen zu lösen und offen für neue Begegnungen zu sein. Das Zauberwort hieß Loslassen. Wir müssten innerlich frei werden und miteinander verschmelzen, erklärte uns Ramtha bei den Meetings immer wieder. Deshalb müssten wir uns gegenseitig unsere Liebe beweisen. Wir alle seien schließlich seelenverwandt.

Die Partnerwahl funktionierte nach dem Zufallsprinzip, es wurden aber auch Partner von Ramtha respektive Janet bestimmt. Die Gruppenmitglieder mussten jede Nacht nach einer freien Matratze Ausschau halten. Einzig Janet und Benno bildeten ein festes Paar, das den Partnertausch nicht praktizierte. Vermutlich haben sie die irdischen Begierden überwunden, mutmaßte ich damals.

Für die Erwachsenen schienen die Orgien zum geistigen Wachstum dazuzugehören. Dass mich ihre wilden Spiele belasteten, betrachtete ich mit der Zeit als mein persönliches Problem. Ich bin halt zu verkrampft und noch in der alten Welt verhaftet, redete ich mir ein.

Wir lebten zwar in der Kindergruppe, doch unser Alltag war ebenso geprägt von den Ansprüchen und Werten der Großfamilie. Wir mussten an den endlosen Meetings teilnehmen, bei denen vorwiegend über den geistigen Aufstieg und das Überwinden irdischer Bindungen gesprochen wurde. So verinnerlichten wir zwangsläufig die strengen spirituellen Normen.

Nach Portugal

Anfang November 1993 machten wir uns auf nach Portugal. Ich atmete erleichtert auf. Jetzt konnte das neue Leben beginnen, auf das ich mich bereits so freute. Der Abschied von Österreich fiel mir leicht. Zum Glück hatte ich hier nur ein paar

Wochen aushalten müssen. Eine Leidenszeit, die verkraftbar war.

Ich freute mich vor allem auf unser Tal. Janet hatte mir gesagt, dass wir dort ganz viele Tiere haben würden, sogar Pferde. Auch wilde Tiere lebten in dieser Gegend. Ich hätte die Fähigkeit, mit ihnen zu kommunizieren, prophezeite sie mir. Damit hatte sie mich im Sack und lenkte mich von meiner Schwermut ab. Ich sah mich bereits auf meinem Lieblingspferd durch unser Tal galoppieren. An einem Aussichtspunkt machte ich eine Pause, setzte mich auf einen Felsen und schaute über das weite Land. Die Tiere waren zutraulich und gesellten sich zu mir. Vögel setzten sich auf meine Schulter und Rehe schnupperten an meiner Hand. Ich konnte es kaum erwarten.

Benno klemmte sich selbst hinters Steuer, Irene spielte die Beifahrerin. Wir vier Schweizer Teenies gesellten uns in dem voll bepackten Auto auf dem Rücksitz dazu. Die Reise war für uns ungeduldige Jugendliche sehr lang. Nachts raste Benno auf den leeren Straßen wie ein Rennfahrer. Er ärgerte sich immer wieder über Irene, weil sie ihn zu wenig unterstützte. Sie fröstelte und saß dick eingemummelt und übermüdet auf ihrem Sitz. Mit ihrer Pudelmütze gab sie ein komisches Bild ab. So halfen wir Teenies Benno im Kampf gegen die Müdigkeit. Wir massierten ihm Schultern und Nacken und versuchten, ihn zu unterhalten, während Irene schlief.

Benno verstand die Welt nicht mehr. »Wir fahren ins Land unserer Bestimmung, wo wir unseren Aufstieg vollziehen werden, und du schläfst!«, rief er, als sie einmal die Augen öffnete. »Wo ist deine Begeisterung, warum freust du dich nicht auf die neue Umgebung und nimmst die Landschaft in dich auf?«

Endlich erreichten wir unser Ziel. Unser neues Zuhause lag an der Algarve im Süden Portugals. Wir bezogen drei Ferienhäuschen mit schönen Gärten und einem Swimmingpool. Zwei Häuser standen nebeneinander, das dritte befand sich etwa zehn Minuten Fußweg entfernt. Die Lage war traumhaft, wir hatten direkte Sicht auf die Küste und das grün-blau schimmernde Meer.

Ich fühlte mich auf Anhieb wohl, bei mir kam richtig Ferienstimmung auf. Außerdem genoss ich es, dass wir in den ersten Tagen nur wenige waren. So waren wir nicht dauernd in irgendwelche kollektiven Aktivitäten eingebunden, sondern konnten die nähere Umgebung erkunden und stundenlang im Swimmingpool planschen.

Wenige Tage nach unserer Ankunft stand mein dreizehnter Geburtstag an. Ich freute mich, endlich ein richtiger Teenager zu sein. Da in unserer Großfamilie alles anders war, wusste ich nicht, ob der für mich spezielle Tag gefeiert würde. Ich wusste nicht einmal, ob jemand das Datum kannte. Ich war so verunsichert, dass ich es nicht wagte, Benno oder Janet darauf aufmerksam zu machen. Schließlich feierte auch Lisa diesen Tag seit Jahren nicht mehr. Er war für sie bedeutungslos geworden, seit sie sich mit spirituellen Fragen befasste. Doch ich freute mich immer noch auf die Geburtstage, denn für mich zählte jedes Jahr.

Janet stand bei uns, als Kai mir gratulierte. Wenigstens hat er das Datum nicht vergessen, freute ich mich. Janet reagierte spontan. Wir sollten Lea feiern, sagte sie Benno. Sie schlug vor, in ein Restaurant zu gehen. Ich war glücklich. Nun wurde es auch ohne Eltern ein richtiger Geburtstag. Und mir blieb noch etwas aus dem »alten Leben«, das mir wichtig war.

Nach etwa zwei Wochen kamen die übrigen Kinder und ihre Betreuer in Portugal an. Es dauerte recht lange, bis wir uns eingelebt hatten und der Unterricht für die Kinder geregelt war. Während eines Meetings wurde die Frage diskutiert, ob wir vier Teenager auch Schulunterricht erhalten sollten. Benno entschied kurzerhand, dass Reto von der Schulpflicht befreit werde. Er sei schon so erfahren und intelligent, dass ihm der Schulabschluss attestiert werden könne. Benno empfahl ihm deshalb, sich als Lehrer für die Jüngeren nützlich zu machen.

Wir drei übrigen Teenager reagierten neidisch. Benno überlegte nicht lange. Er verkündete, wir drei seien eigentlich auch reif genug und müssten die Schulbank nicht mehr drücken. Wir könnten Reto helfen. Somit war Schule für uns kein Thema mehr. Aus mit dreizehn! Was sollte ich mich weiter mit Mathe und Deutsch abmühen, wenn wir doch höhere Ziele anstrebten? Lisa und Andres wurden gar nicht gefragt.

In Portugal waren Lisa und Heiner für uns Teenager und die Kinder verantwortlich. Benno bestimmte jeweils, wer welche Aufgaben übernehmen musste. Dabei hielt er Rücksprache mit unserem Medium.

Auch alltägliche Belange wurden unter dem Aspekt des geistigen Wachstums entschieden. Wir mussten uns ganz auf den spirituellen Aufstieg konzentrieren. Es ging darum, unsere Schwingungen zu erhöhen und die Energiefrequenzen zu verbessern, wie uns Ramtha immer wieder erklärte.

Die Energiefrequenzen bestimmten auch die Position in der Gruppe. Lisa und Heiner hatten also die richtigen Frequenzen, um uns in jener Zeit zu betreuen. Es war eine schwierige Aufgabe, denn einzelne Kids trotzten oft und reagierten mit Wutausbrüchen, wenn sie ihren Willen nicht durchsetzen konnten.

Heute vermute ich, dass die Kinder sich nach Geborgenheit und Zuneigung sehnten. Sie waren wahrscheinlich irritiert, dass Vater und Mutter so nah und doch unerreichbar waren. Und die gruppendynamischen Prozesse erwiesen sich nicht als kindgerecht. Das Leben in unserer Großfamilie war auf die Erwachsenen zugeschnitten.

Lisa legte für uns Teenager einen genauen Tagesablauf fest. Am Vormittag mussten wir die Kinder unterrichten, nachmittags teilte uns Heiner verschiedene Aufgaben zu. Meistens mussten wir Putzarbeiten übernehmen oder in der Küche helfen. Abends wurden wir zu den Meetings gerufen. Die langwierigen Diskussionen über den geistigen Aufstieg ermüdeten mich. Es ging fast immer um die gleichen Fragen. Sogar die Botschaften von Ramtha, die mich anfänglich elektrisiert hatten, wurden langweilig. Ich hatte geglaubt, dass der geistige Aufstieg unser Denken und Fühlen rasch verändern würde. Doch davon spürte ich kaum etwas. Ramtha kritisierte denn auch, wir seien noch viel zu sehr in den alten Strukturen verhaftet, uns fehle die spirituelle Tiefe. Ich konnte bei mir auch keine Veränderung feststellen, obwohl ich mir doch alle Mühe gab und mich stets anpasste.

Ramthas Botschaften machten mir manchmal Angst. Wenn ich beispielsweise nachts vom Teeniezimmer zum Meetinghaus musste, rannte ich an den Büschen vorbei. Ich fürchtete mich vor den Illuminaten, den Schattenmenschen, den bösen Wesen. Bei den Meetings hatten Ramtha und verschiedene Familienmitglieder schauerliche Geschichten über sie erzählt. Sie bekämpften das Gute auf der Welt und störten unsere Frequenzen. Doch wir müssten sie nicht als unsere Feinde betrachten, sondern als unsere Helfer. Mit ihren Störaktionen würden sie uns auf unsere Schwächen und Defizite aufmerksam machen, sagte uns Ramtha. So könnten wir rasch wieder auf den richtigen Pfad zurückkehren.

Mir waren die Illuminaten unheimlich. Ich begriff nicht, weshalb böse Wesen nützlich sein sollten. Ich hatte zwar noch keine Begegnung mit ihnen, doch im Dunkeln schienen sie mich zu verfolgen. Zu den unheimlichen Geistern gesellten sich noch die Schattenwesen. Das seien verstorbene Menschen, deren Seele sich nicht von unserer Realität, also der irdischen Sphäre, lösen könne.

Am meisten Angst machten mir Schilderungen von Schattenwesen, die Besitz von Menschen nahmen. Die Armen waren dann besessen und wurden verwirrt oder gar verrückt. Diese Vorstellung war schrecklich.

Matthias erzählte eine Geschichte, die meine Fantasie explodieren ließ. Als er eines Tages allein mit dem Auto unterwegs gewesen sei, habe plötzlich eine fremde Hand in das Lenkrad gegriffen und das Steuer herumgerissen. Er konnte das Unglück nicht mehr abwenden und landete im Graben. Wenn es dunkel wurde und ich allein hinausmusste, überkam mich fast Panik. Ich befürchtete, ein solches Schattenwesen würde nach mir greifen und mich mit eiserner Hand packen.

Ich stellte mir die Wesen als schreckliche Gestalten mit fürchterlichen Fratzen vor. Sie lauerten hinter den Büschen und Hecken, um sich mit einem schaurigem Lachen auf mich zu stürzen. Je schneller ich rannte, umso näher kamen sie. Ich war immer ganz erschöpft, wenn ich endlich mein Ziel erreichte. Es waren nur ein paar Schritte, doch der Weg schien mir endlos.

Ramtha setzte noch einen drauf. Bei einem Meeting erklärte er, dass wir besonders dann angreifbar seien, wenn wir Angst hätten. Nun hatte ich Angst vor den Schattenwesen, aber auch Angst vor der Angst. Je mehr ich diese verdrängte, umso stärker wurde sie. Ich wusste nicht mehr, wie ich mich verhalten sollte und wo mir der Kopf stand. Ich traute mich auch nicht, mit jemandem darüber zu sprechen, weil ich befürchtete, von Ramtha als geistig unreif getadelt zu werden.

Der Kauf unseres Tales verzögerte sich, das Leben in den Ferienhäuschen wurde immer eintöniger. Ich fühlte mich auf unerklärliche Weise einsam. Trotz Ferienstimmung ging es mir schlecht, ich war unglücklich. Ich verstand die Welt nicht mehr. Schließlich gehörte ich zu einem auserwählten Kreis und hätte glücklich sein müssen. Ich schloss meinen Kummer tief in meine Seele ein. Wer würde mich denn verstehen können, wenn ich doch selbst ratlos war. Und helfen konnte mir sowieso niemand, denn der Fehler lag ja eben bei mir. Es hätten alle nur erfahren, dass ich schwach und undankbar war. Und trotz meiner dreizehn Jahre ein hilfloses, unselbstständiges Kind.

Damals erkannte ich die Zusammenhänge nicht. Ich tat ja auch alles, um den Anforderungen und ungeschriebenen Gruppengesetzen nachzukommen. Das Leben in der Gruppe war streng ritualisiert. Wir wussten in jeder Situation, wie wir uns zu verhalten hatten, was wir tun mussten. Ja, wir lachten sogar auf Kommando. Das Schlimmste war, dass wir stolz darauf waren. Wir glaubten, unsere Gleichschaltung sei Ausdruck unserer Seelenverwandtschaft und des fortgeschrittenen geistigen Aufstiegs. Wir taten alles, um den Normen gerecht zu werden. Freiwillig und mit großem Eifer gaben wir unsere Identität preis, um Ramtha, Benno und Janet zu gefallen. Wir lechzten nach einem lobenden Wort und waren stolz, spirituelle Musterschüler zu sein.

Die vielen Widersprüche und den Irrsinn musste ich verdrängen, um den nächsten Tag zu überstehen. Ich spürte einfach nur Ohnmacht und ein diffuses Unbehagen. So litt ich still vor mich hin.

Meine Lebensfreude erlosch auch, weil sich meine Welt auf ein Ferienhäuschen in einem verlassenen Urlaubsghetto reduziert hatte. Drei Dutzend Personen, die irgendwelchen übersinnlichen Zielen nachrannten, verkörperten für mich die ganze Menschheit. Geistige Anregungen beschränkten sich auf die Botschaften von Ramtha. Mein Leben mündete immer mehr in eine Sackgasse.

So sehr ich mich auch bemühte, irgendwie blieb ich eine Fremde in der Großfamilie. Die übersinnlichen Phänomene blieben mir verborgen, so sehr ich mich auch anstrengte. So blieb mir nichts, auf das ich hätte stolz sein können. Irgendwie schien für mich alles verkehrt zu laufen.

Außerdem stand ich im Schatten der Jungs, auf die die Erwachsenen ihre Hoffnungen setzten. Erst heute fällt mir auf, dass wir in einer männlichen Welt lebten. Wir verstanden uns zwar als gleichwertige spirituelle Geschwister, doch der Alltag war von männlichen Werten geprägt. Persönliche Gespräche unter Frauen gab es kaum, Frauensolidarität schon gar nicht. Vielmehr herrschte ein versteckter Konkurrenzkampf. Die Frauen buhlten um die Gunst von Benno. Auch die permanente sexuelle Verfügbarkeit entsprach in erster Linie den männlichen Bedürfnissen und bedeutete oft Zwang.

Das Leben in der abgeschotteten Großgruppe setzte aber auch einzelnen erwachsenen Familienmitgliedern zu. Es kam immer wieder vor, dass jemand ausrastete, zu toben begann oder kopflos wegrannte. Wenn ein Gruppenmitglied durchdrehte, herrschte Alarmstimmung. Dann war Benno gefordert. Er zeigte in heiklen Situationen überraschend viel Verständnis und bemühte nur selten übersinnliche Argumente. In langen Sitzungen trösteten er und Janet das verzweifelte Gruppenmitglied, motivierten es mit Lob und Zuneigung, oft auch mit Versprechungen und Kompromissen, die sie sonst nie eingegangen wären.

Bei alltäglichen Konflikten hingegen reagierte Benno autoritär. Wenn er Familienmitglieder disziplinieren musste, die sich nicht gruppenkonform verhielten, war er unerbittlich. Oft machte er den »Täter« vor versammelter Truppe zur Schnecke. Dieser musste seine Sünden bekennen, bereuen und um Gnade bitten. Zeigte er dabei aber eine zu unterwürfige Haltung, machte er den nächsten Fehler. Das war das Signal an die übrigen Familienmitglieder. Viele nutzten diese Gelegenheit, um sich schadlos zu halten und auf ihm herumzuhacken. Dieses Ritual bestimmte auch die Hackordnung in der Gruppe. Wer am Pranger stand, rutschte in der ungeschriebenen Hierarchie abwärts, wer am lautesten austeilte, kletterte nach oben.

Dem demütigenden Ritual entging nur, wer die Normen verinnerlichte und sich den Gruppengesetzen anpasste. Wir wurden tatsächlich immer seelenverwandter, aber auch immer seelenloser. Wir mutierten zu spirituellen Zombies, verloren unsere Identität. Es war wohl das, was man gemeinhin als Gehirnwäsche bezeichnet.

Die Zusammenhänge werden mir erst heute allmählich bewusst. Damals schüchterte mich das Ritual ein. Ich tat alles, um nicht an den Pranger gestellt zu werden und mich von Benno und der Gruppe abkanzeln lassen zu müssen.

Ramtha war in dieser Zeit oft dünnhäutig. Es schien, als

setzte ihm das Warten auf eine definitive Lösung ebenfalls zu. Er demütigte nicht nur auffällige Familienmitglieder, sondern pickte sich scheinbar wahllos auch Einzelne heraus. Sie mussten auf dem heißen Stuhl Platz nehmen und wurden von Janet in die Mangel genommen. Unser Medium konfrontierte sie gnadenlos mit ihrem Sündenregister. Dabei ging es nicht nur um den alltäglichen Kleinkram in der Gruppe, sondern häufig auch um das geistige Wachstum. Wenn Janet ein Gruppenmitglied rügte, bebte sie vor Zorn und war nicht zimperlich in der Wortwahl.

Es kam zu ergreifenden Szenen. Viele reagierten verzweifelt und brachen in Tränen aus. Sie glaubten, die Erleuchtung zu verpassen und bettelten um Gnade. Wie ein Häuflein Elend kauerten sie auf dem Stuhl und flehten um Hilfe. Ich litt immer schrecklich mit, wenn ich die Verzweiflung in ihren Gesichtern sah.

Am schlimmsten war es, wenn Familienmitglieder auf dem heißen Stuhl vollkommen in sich zusammensackten und ihre Worte in Tränen untergingen. Janet hasste nichts so sehr wie hilflose Gruppenmitglieder. Dann steigerte sie sich noch und schrie ihre Opfer an. Sie hielt ihnen vor, was ihr gerade in den Sinn kam. In solchen Situationen hielt ich es kaum mehr aus und wäre am liebsten davongerannt. Dann hasste ich Janet. War dieser Punkt erreicht, griff Benno ein und entschärfte die Situation. Er relativierte die vernichtende Kritik und richtete das geknickte Familienmitglied mit aufmunternden Worten wieder auf.

Friedlich gestimmt war unser Medium, wenn es neue Botschaften von den höheren Ebenen empfing. Dann nannte Janet respektive Ramtha uns »meine Schäfchen« und schloss auch Gruppenmitglieder ein, die sie sonst nicht ausstehen konnte.

Zum Glück war Ramtha mit uns Jugendlichen gnädiger. Wir wurden meist zu viert zu Janet oder Benno zitiert. Und wenn wir auch mal für unser Verhalten gerügt wurden, konnten wir uns gegenseitig stützen und Deckung geben. Es ging allerdings nie so zur Sache wie bei den Erwachsenen.

Überraschenderweise wurden nicht nur die gewöhnlichen Familienmitglieder mit ihrem inneren »Scheißhaufen« – ein Ausdruck, den das Geistwesen für unsere Bindung an die irdische Welt oft benutzte – konfrontiert, nein, auch Janet musste gelegentlich auf den heißen Stuhl. In diesem Fall leitete Benno das Ritual. Obwohl Janet seine Geliebte war, schonte er sie nicht. Es waren denkwürdige Sessions, wenn Benno sie demontierte, denn niemand reagierte so emotional wie unser Medium. Oft rastete Janet aus, wurde hysterisch, erlitt Schreianfälle und tobte. Das war vor allem dann der Fall, wenn Benno ihr vorhielt, sie sei eitel und habe spirituelle Defizite.

Im Gruppenalltag reagierte sie oft sehr menschlich, sie konnte sich über Kleinigkeiten fürchterlich aufregen. Niemand traute sich jedoch, ihr die Meinung zu sagen, außer Benno.

Janet glaubte, alles müsse sich um sie drehen. Sogar das Universum. Wenn Benno sie von Zeit zu Zeit in den Senkel stellte, waren das unvergessliche Szenen. Eigentlich war Schadenfreude eine menschliche Reaktion, die wir spirituellen Wesen uns nicht erlauben durften. Ich rügte mich auch stets dafür. Und trotzdem freute ich mich jedes Mal, wenn Janet eins auf den Deckel bekam.

Ich war immer wieder verblüfft, dass Benno seine Janet vor versammelter Familie der Lächerlichkeit preisgab. Heute ist mir bewusst, dass es für Benno die absolute Machtdemonstration war. Er verhielt sich meist sehr zurückhaltend und ergriff selten drastische Maßnahmen. Das war ihm zu stressig. Er war ein Genussmensch, der sich die Hände nicht gern schmutzig machte und die Drecksarbeit lieber delegierte. Um sich das Privileg zu sichern und die Autorität nicht zu verlieren, nahm er sich von Zeit zu Zeit unser Medium vor. Die Botschaft galt vor allem uns gewöhnlichen Familienmitgliedern: Wer sogar Janet zurechtweisen kann, ist unantastbar.

Janet rastete manchmal auch nachts aus, wenn Benno sie provozierte. An ein lautstarkes Ereignis erinnere ich mich noch gut. Wir Teenies waren bereits im Bett. Plötzlich schreckten uns laute Schreie auf. Dann hörten wir ein klirrendes Geräusch. Ich setzte mich reflexartig auf und lauschte in die Dunkelheit. Mein Herz raste. Was war passiert? Ich hörte Janets schrille Stimme. Wenn sich Janet gebärdete, dass die Wände zitterten, wussten wir: Benno arbeitet mit ihr.

Benno gab sich oft recht sanft, in seinem Denken aber war er radikal. Einer seiner Lieblingsbegriffe war »bedingungslos«. Wir müssten alle wichtigen Dinge im Leben bedingungslos tun. Ohne bedingungslosen Einsatz für die Gruppe und die höheren Ziele würden wir die Erleuchtung nicht erreichen. Auch Ramtha hämmerte uns diese Losung immer wieder ein. Fiel der Begriff, so wussten wir, was von uns erwartet wurde. Dann standen wir innerlich stramm. Ein Einspruch oder gar Widerspruch war nicht vorstellbar. Vom Wort »bedingungslos« hing das Überleben oder der spirituelle Tod ab. Es war ein Signal. Die Angst, ein falsches Wort zu sagen oder einen Fehler zu machen, lähmte uns.

Besonders ernst wurde es, wenn das magische Wort in eine Frage gekleidet wurde: »Seid ihr bereit, bedingungslos für unser Ziel einzustehen?« Natürlich, sagten wir. »Würdest du dein Leben lang Ärsche putzen, wenn es dich dem geistigen Aufstieg näher brächte?« Keine Frage. »Würdest du deinen Vater umbringen, wenn es für deine innere Freiheit und die Erleuchtung nützlich wäre?« Selbstverständlich. Der Irrsinn hatte uns blind gemacht. Ein Umstand, der mich heute unendlich traurig stimmt. Weshalb haben Benno und Janet das mit uns gemacht? Was haben wir mit uns machen lassen!

Und wir übten die Bedingungslosigkeit. Sie sollte schließlich kein Lippenbekenntnis bleiben. Zum Beispiel Sabine. Sie war eine stolze Frau und hatte Mühe, sich in die Großgruppe einzufügen. Benno blieb das nicht verborgen. Sie bildete sich viel darauf ein, studiert zu haben. Wenn wir ihr die erwartete Anerkennung nicht zukommen ließen, begann sie zu schmollen. Ein Verhalten, das Benno nicht leiden konnte. Sie beziehe ihr Selbstwertgefühl von der äußeren Welt, rügte er sie. Sie müsse endlich Demut lernen und sich bedingungslos einfügen. Die Aktion »Ärsche putzen« schien ihm die geeignete Maßnahme dafür zu sein.

Ich dachte zuerst, es sei ein übler Scherz. Doch Bennos Gesicht verriet mir, dass er es ernst meinte. »Ruft Sabine, wenn ihr aufs Klo müsst«, befahl er uns. Ich schaute ihn entgeistert an. Ja, wiederholte Benno, Sabine muss euch eine Woche lang den Arsch putzen. Dann lernt sie endlich, bescheiden zu sein und sich auf die inneren Werte zu konzentrieren. Ich sah, wie Sabine mit sich rang. Sie versuchte, das Verordnete abzuwenden, doch Benno blieb hart und machte ihr klar, dass die Maßnahme ein wichtiger Schritt für ihr geistiges Wachstum sei. Sie tue sich damit selbst etwas Gutes, sagte er mit sanfter Stimme. Wenn sie die Drecksarbeit in tiefster Hingabe für uns verrichte, werde sie erleben, wer sie wirklich sei – nämlich ein göttliches Wesen.

Die meisten Familienmitglieder machten sich einen Spaß daraus, Sabine zu bemühen, wenn sie auf dem Thron saßen. Die sind alle durchgeknallt, fand ich. Mir wäre es nie in den Sinn gekommen, nach Sabine zu rufen. Sie hätte mir leidgetan. Und ich hätte mich geschämt.

Besondere Bedeutung hatte auch die Frage: »Wie sehr wollt ihr …?« Dann waren wir gefordert, ein Bekenntnis abzulegen. Und das taten wir blind. Nun galt es, Forderungen zu akzeptieren und zu erfüllen. Egal, was sie beinhalteten. Benno nutzte das Ritual, um uns die irdischen Begierden und Macken auszutreiben.

Zum Beispiel meine Mutter. Sie hatte stets darauf geachtet, dass sie sich gesund und ausgewogen ernährte. Sie wollte auf keinen Fall zunehmen und ihren Körper belasten. Das war auch Benno aufgefallen. Ihr Gesundheitsfimmel sei eine irdische Verstrickung, sie sei völlig verkrampft, hielt er ihr vor.

Um sie geistig davon zu befreien, ordnete er eine spezielle Therapie für sie an. Lisa musste tonnenweise Schokolade und andere Süßigkeiten in sich hineinstopfen, bis sie ein bestimmtes Übergewicht erreicht hatte. Die Fressorgie fiel ihr extrem schwer, sie war so stolz auf ihre Figur. Doch es gab kein Pardon. Widerwillig fraß sie sich durch die Kalorienberge und litt fürchterlich.

Mir war nie wohl, wenn die fundamentalen Stichworte fielen. Ich spürte, dass sich die betroffenen Gruppenmitglieder verleugnen mussten. Wer es doch einmal wagte, vorsichtig Widerspruch anzumelden, stand sofort im Zentrum der Diskussion. Als hätte die Person Verrat begangen. Sie wurde von der ganzen Gruppe ins Gebet genommen und für ihre Uneinsichtigkeit bemitleidet, als stünde die Zukunft der ganzen Familie auf dem Spiel. Alle hackten auf sie ein und redeten sie in Grund und Boden. Bis es auch ihr dämmerte, dass sie »falsch tickte«. Schließlich verkörperte unsere Großfamilie den wahren Geist, in dem sie sich spiegeln musste. Wir »Einsichtigen« hatten dann das Gefühl, schon viel weiter auf dem Weg zum Aufstieg zu sein und soeben ein Familienmitglied gerettet zu haben. Und mit ihm die Gruppe.

Dann begann der denkwürdige Akt der Versöhnung. Wir fielen uns in die Arme und holten unser verirrtes Mitglied wieder in den Schoß der Familie zurück. Nicht selten dankte es uns unter Tränen dafür, dass wir es wieder auf den Pfad der Erleuchtung geführt hatten.

Bei solchen Prozessen spielte ein weiterer Begriff eine zentrale Rolle: der Spiegel. Wir mussten ihn uns symbolisch vors Gesicht halten, wenn etwas nicht rund lief. Bei Problemen waren nie die Umstände misslich oder die Gruppe verantwortlich. Schuld waren immer wir selbst. Dann mussten wir die Ursache in uns erkennen, uns »spiegeln«. Das hieß in der Regel, die persönlichen Bedürfnisse zurückzustellen und die irdische Bindung zu überwinden. Das Stichwort genügte, und jeder wusste, was von ihm erwartet wurde.

Mit dem »Spiegel« mussten wir auch die Frequenzen verbessern, Schwingungen erhöhen und das göttliche Bewusstsein erlangen. Dahinter verbarg sich die Vorstellung, dass das ganze Universum, die materielle wie die spirituelle Welt, lediglich aus Energie bestehe. Energien, die in unterschiedlichen Frequenzen schwingen. Wer selbstlos war und sich gruppenkonform verhielt, wurde mit der Ankündigung von Ramtha belohnt, seine Frequenz habe einen Sprung getan. Das war eine besondere Auszeichnung. In den Frequenzen zeigte sich die spirituelle Entwicklung.

Ramtha und Janet erklärten uns, dass unsere Seelen vor unserer Geburt, der irdischen Inkarnation, auf einer spirituellen Wolke gelebt hätten. Damals seien unsere Frequenzen festgelegt worden. Diese bestimmten unseren Charakter und unser Temperament, aber auch unsere Aufgabe innerhalb unseres spirituellen Experiments. Dieses Potenzial nannten wir die Aspekte.

Frequenzen und Aspekte entschieden ebenso, wer zusammengehörte. Irdische Kriterien wie Alter, Interessen, Eigenschaften, Bildung oder Aussehen spielten bei der Partnerwahl keine Rolle. Unser Geistwesen bestimmte, wer mit wem. Ramtha spannte immer wieder Familienmitglieder zu einem Paar zusammen, die sich nicht ausstehen konnten oder schon äußerlich nicht zueinander passten. Der Aspekt dabei: Wir mussten auch in diesem wichtigen Lebensbereich lernen, unsere irdischen Wünsche und Bedürfnisse zurückzustellen und uns den spirituellen Erfordernissen unterzuordnen. Je größer das Konfliktpotenzial, desto besser der Lerneffekt und die Chance für den geistigen Aufstieg.

Diese Theorie führte zu grotesken Situationen. Heute weiß ich, dass der »spirituelle Reifungsprozess« rein gruppendynamischen Zwecken diente: der Selbstdisziplinierung, Unterordnung und Selbstaufgabe.

Eine krasse Prüfung musste beispielsweise Ute über sich ergehen lassen. Sie war schon lange die Freundin von Jochen und immer noch in ihn verliebt. Ramtha verkuppelte Jochen mit Betty, der besten Freundin von Ute. Das war hart für Ute. Doch das reichte Janet respektive Ramtha noch nicht. Unser Geistwesen befahl ihr, sie müsse sich mit Stefan vermählen. Zwecks Steigerung des spirituellen Potenzials.

Ute kippte fast vom Stuhl. Sie hatte nie verhehlt, dass sie Stefan als unattraktiven Mann betrachtete. Sie warf empört die Hände in die Höhe und wollte protestieren, sah aber bald die Sinnlosigkeit ein. Dies wäre ihr als Befehlsverweigerung ausgelegt worden. Rebellion gegen Ramtha hätte spirituellen Selbstmord bedeutet. Grollend fügte sie sich in ihr Schicksal und heiratete den »Trampel« gegen ihren Willen.

Die Hochzeit war aber nicht nur eine Prüfung für Ute, auch ihr angetrauter Stefan musste durch die Hölle. Für ihn war die Prozedur eine Demütigung sondergleichen.

Immerhin gab es eine tröstende Aussicht für das neuvermählte Paar. Der von Ramtha oft verordnete Partnertausch ließ Ute hoffen, dass sie das Ehebett nur auf Zeit mit Stefan teilen musste.

Benno motivierte die Frustrierten mit der Belehrung, sie müssten auch in der Partnerschaft lernen, geistig frei zu werden und beim Geschlechtsakt auf die inneren Werte zu achten. »Wollt ihr nicht miteinander verschmelzen und eins werden«, fragte er mit einem Unterton, der die Antwort vorgab.

Benno zwang sogar Janet dazu, den inneren Scheißhaufen wegzuräumen, wie er sich gern ausdrückte. Ich brachte den Mund nicht mehr zu, als Benno das Bevorstehende ankündigte. Janet schlug wohl im Geist einen doppelten Salto. Doch es nützte alles nichts. Sie musste sich Benno unterwerfen und Johann heiraten. Janet, die selbstbewusste Städterin, die sehr auf ihr Äußeres achtete, musste den schmuddeligen Bäckermeister Johann aus der österreichischen Provinz ehelichen. Es war ein Schock für mich.

Ich erinnere mich noch an den Moment, als ich Johann das erste Mal begegnete. Ich konnte es nicht fassen, dass ein solcher Schmutzfink und Bauerntölpel zur Aufstiegsgruppe gehörte. Seine ungepflegten, hervorstehenden Zähne wirkten abstoßend, vor allem wenn er lachte.

Es war aber auch für Johann hart, sich mit Janet zu vermählen. Er hatte Minderwertigkeitskomplexe ihr gegenüber, denn er verehrte unser Medium als seine Traumfrau.

Janet und Johann gaben ein zu komisches Paar ab, und Johann reagierte noch linkischer als sonst. Lange teilten sie das Bett nicht. Es war eine geistige Prüfung, die nach der Hochzeitsnacht endete.

Später erfuhr ich, dass die Gruppenmitglieder vor allem aus taktischen Gründen heirateten. Benno versprach sich Erleichterungen davon beim Reisen oder Einwandern in fremde Länder.

Auf Benno schien die Theorie der Aspekte und Frequenzen allerdings nicht zuzutreffen, er musste sich nie einer solchen Prüfung unterziehen. Seine Frequenzen stimmten auf wundersame Weise stets mit seinen irdischen Bedürfnissen überein. Er bekam immer, was er sich wünschte, und heimste trotzdem von Ramtha lauter lobende Worte ein. Somit gab es für ihn keinen Anlass, irgendetwas zu spiegeln. Er hat halt schon die höheren Ebenen erklommen, glaubte ich.

Mit der Zeit erfuhr ich, wie unsere Großfamilie entstanden war. Sibylle, Bennos Ehefrau, war Janets Freundin. Die drei bauten den Kristallladen in Berlin auf und boten bald auch spirituelle Seminare an, bei denen Janet als Medium auftrat und verschiedene Geistwesen channelte. Spirituelle Erfahrungen hatten sie bei den Sannyasins gesammelt, waren also Schüler des indischen Gurus Bhagwan, der sich später Osho nannte. Der indische Meister war lange Zeit das große Vorbild von Benno, Sibylle und Janet.

Die drei erzählten immer wieder abenteuerliche Geschichten aus jener Zeit. Von der freien Liebe unter Bhagwans Devotees, den ausgelassenen dynamischen Meditationen, den Reisen nach Poona und den weisen Sprüchen des verstorbenen

Meisters. Das straffe Leben in der Kommune, die großen Anforderungen des Kollektivs und die spirituellen Lehren von Osho hatten die drei stark geprägt.

Der Kauf »unseres Tales« verzögerte sich und wir saßen orientierungslos in den Ferienhäuschen fest. So hatten wir viel Zeit, uns mit der »anderen Realität« zu befassen. Janet beschrieb uns die verschiedenen Geistwesen und erklärte, dass jeder von uns sich zu einem bestimmten Wesen hingezogen fühle. Mein Bruder Kai war stolz, dass der außerirdische Held Ashtar eine besondere Beziehung zu ihm pflegte und ihn beschützte. Ich war der Schützling der sanften und lieblichen Aila.

Janet verkündete uns auch, dass wir alle die Gabe des Channelns besitzen würden. Ich war überrascht, und mir wurde ganz warm ums Herz. Ich kann geistigen Kontakt mit göttlichen Wesen aufnehmen? Das klang für mich wie ein Wunder. Ich konnte mir nicht vorstellen, dass ein fremdes Wesen durch mich sprechen sollte. Doch eines der Kids erzählte voll Stolz, es könne eine Verbindung zum Land der Elfen herstellen. Ja, es habe oft Kontakt zu einer bestimmten Elfe. Auch die anderen Kinder erzählten von ihren Erlebnissen mit den höheren Welten. Ich staunte und kam mir zurückgeblieben vor, weil ich diese Fähigkeit bei mir bisher nicht entdeckt hatte.

Ich war gefangen in diesem Netz aus spirituellen Ideen, gruppendynamischen Erfordernissen und der diffusen Sehnsucht nach Erlösung. Die alten und neuen Werte prallten mit einer Wucht aufeinander, dass mir schwindlig wurde. Ich hatte keine Koordinaten mehr. Ich wusste nicht mehr, was richtig und was falsch war. Nur eines funktionierte auch in der neuen Welt noch: mein Gerechtigkeitssinn. Wenn ein Gruppenmitglied gedemütigt, erniedrigt oder auf dem heißen Stuhl abgekanzelt wurde, regte sich tief in mir etwas, das sich nicht bändigen ließ. Auch nicht von den »unfehlbaren Instanzen« Benno und Ramtha. Zum Glück, muss ich rückblickend erkennen. Es war in all den Jahren der einzige Kanal, der mir den Zugang zu meinem eigenen Ich offen hielt. Er sorgte dafür, dass mein Bewusstsein nicht ganz vernebelt wurde. Das Gerechtigkeitsempfinden bewahrte mir auch einen letzten Rest an echten Gefühlen.

Meine innere Zerrissenheit löste Ängste aus. Die Furcht, den spirituellen Ansprüchen nicht zu genügen, wurde immer stärker. So sehr ich mich auch anstrengte, mir blieb der höhere Sinn verborgen. Ich fühlte mich minderwertig. Halt immer noch »sehr menschlich«. Die übersinnliche Welt verwirrte mich. Ich fragte mich, ob mir die Begabung dazu fehlte. Ich hatte Angst, weder hellsichtig noch medial begabt zu sein. Doch ich wollte das Geheimnis unbedingt ergründen.

Heute weiß ich, dass mir die Gabe fehlte, mich selbst zu täuschen, ja zu belügen. Ich konnte nichts sehen, wo nichts war. Dennoch tat ich alles, um meine vermeintliche spirituelle Ignoranz zu verbergen. Ich passte mich an, um nicht aufzufallen. Andernfalls hätten Ramtha, Benno und Janet alles unternommen, um mich spirituell zu fördern. Sie hätten mit mir »gearbeitet«. Und alle hätten gewusst, dass ich große Defizite habe. Ich wäre ausgestellt gewesen. Dabei brauchte ich dringend Zuneigung und Anerkennung. Ein Dilemma, das mich immer tiefer in den Sumpf stieß.

Meine Defizite wurden mir auch bewusst, als Ramtha uns über das Phänomen der »Walk-in-Seelen« aufklärte. Wir seien in der spirituellen Entwicklung weiter fortgeschritten als der Rest der Menschheit, erklärte uns das Geistwesen. Deshalb hätten uns die höheren Welten dazu auserkoren, eine heilsbringende Aufgabe zu erfüllen. Um nicht im Körper eines Säuglings zu inkarnieren und somit viele Jahre zu verlieren, seien unsere Seelen in die Körper von Jugendlichen oder jungen Erwachsenen gedrungen oder eben »gewandert«. Deshalb konnten wir sofort mit der Mission beginnen, die Menschheit ins Licht zu führen, offenbarte uns Ramtha.

Wir hörten Janet gebannt zu und waren stolz auf uns. Doch mir kam die Vorstellung, dass meine Seele in einen fremden

Körper gedrungen sei, seltsam vor. Ich konnte nicht erkennen, ob auch andere Zweifel hatten. Verschiedene Gruppenmitglieder erzählten spannende Erlebnisse über ihre Walk-in-Seele. Sie berichteten begeistert von intensiven körperlichen Prozessen oder schweren Krankheiten, die Zeichen dieser seelischen Veränderungen gewesen seien.

Ramtha verlangte von uns, stets unserem ersten Impuls zu folgen. Dabei durften wir auf keinen Fall nach den Konsequenzen fragen. Der erste Gedanke sei im spirituellen Sinn immer der richtige, sagte das Geistwesen. Wir mussten unsere Antennen auf den Empfang übersinnlicher Signale ausrichten und uns auf die spirituelle Intuition konzentrieren. Es war eine Todsünde, einen Impuls zu hinterfragen. Deshalb durften wir auch keine Zweifel aufkommen lassen. Zweifel waren gegen die höhere Ordnung und banden uns an die irdische Ebene, erzählten uns Ramtha und Janet. Wer zweifelte, gab der Angst Raum.

Ramthas Botschaften beeindruckten mich in der Anfangszeit ungemein. Ich glaubte an seine Durchsagen, auch wenn mir die höheren Welten verborgen blieben. Die Channeling-Sitzungen hatten etwas Geheimnisvolles. Die ganze Gruppe lauschte andächtig und hing Janet an den Lippen. Ich hatte jeweils das Gefühl, der Geist Ramthas sei im Raum anwesend. Oft spürte ich ein Kribbeln auf der Haut. Ich konnte mich der mystischen Atmosphäre nicht entziehen und war stark berührt. In solchen Momenten versöhnte ich mich mit Janet und der Gruppe.

Die gewöhnlichen Meetings ermüdeten mich aber meistens. Sie waren endlos und ätzend langweilig. Die langen Diskussionen über ein organisatorisches Problem oder das egoistische Verhalten eines Gruppenmitglieds waren eine Tortur. Eine Sitzung in jener Zeit ging mir hingegen unter die Haut und brannte sich in mein Gedächtnis ein.

Janet hatte sich meine Eltern vorgenommen. Es gefalle Ramtha nicht, dass Andres immer noch auf Lisa fixiert sei, erklärte unser Medium. »Du musst dich endlich von den alten Strukturen lösen«, sagte sie. »Du hängst immer noch an ihr, die Verstrickung in der materiellen Welt hindert dich beim geistigen Aufstieg. Lass sie endlich los.«

Andres wusste, was die Botschaft bedeutete. Sie verhieß nichts Gutes. Er senkte verlegen den Kopf und nickte stumm vor sich hin. Dieser Anblick tat mir weh.

Damit wir ihm seine irdische Liebe zu Lisa austreiben konnten, musste er sich in die Mitte des Kreises stellen. Janet nahm auf ihrem Sessel Platz und plusterte sich auf. Sie unterstrich mit Gesten, dass Ramtha durch sie sprach. Dann begann sie wild gestikulierend auf meinen Vater einzureden. »Du hast immer noch nicht begriffen, was der geistige Aufstieg bedeutet«, warf sie ihm an den Kopf. »Du bist unreif und hilflos. Deine tiefen Schwingungen drücken die Frequenz der ganzen Aufstiegsgruppe nach unten.«

Mit gequältem Gesicht hörte Andres zu. Von Minute zu Minute wirkte er bedrückter und war bald am Rande der Verzweiflung. Er suchte mit den Augen nach Hilfe, doch die ganze Gruppe zeigte sich abweisend. Jeder war froh, nicht selbst im Kreis zu stehen.

Ich ahnte, was in Andres vorging, und litt mit ihm. Er konnte nicht verstehen, was daran falsch war, dass er seine Frau liebte und ihre Zuneigung suchte. Doch Andres wehrte sich nicht. Er stand einfach nur belämmert da und schwieg.

Janet spürte seine innere Abwehr. Wut kam in ihr auf, und sie strafte ihn mit verächtlichen Blicken. Vor lauter Zorn überschlug sich ihre Stimme. Eine unheimliche Atmosphäre breitete sich aus. Ich konnte vor Beklemmung kaum mehr atmen. Inständig hoffte ich, dass Andres aufbegehren und das entwürdigende Ritual mit einer Flucht aus dem Folterkreis beenden würde.

Doch er unternahm nichts. Mit jedem Satz sackte er ein bisschen mehr in sich zusammen. Alle ließen sich von Ramthas respektive Janets Verachtung anstecken, und bald schlug ihm der Hass der ganzen Gruppe entgegen. Der Anblick des hilflosen Andres schien bei vielen Aggressionen zu wecken.

Ich hätte vor Wut schreien können, war aber überfordert und schaute ohnmächtig zu. Selbst meine Mutter ließ sich von der aggressiven Stimmung mitreißen. Ihre Reaktion schmerzte mich fast so sehr wie die Hilflosigkeit meines Vaters.

Janet war die Reaktion meiner Mutter nicht verborgen geblieben. Sie forderte Lisa auf, Andres ebenfalls den Spiegel vors Gesicht zu halten. Meine Mutter schien nur darauf gewartet zu haben. Nun begann die große Abrechnung, der stille Applaus der ganzen Familie war ihr gewiss. »Ramtha hat vollständig Recht«, warf sie Andres vor. Es sei jämmerlich, er klammere sich immer noch wie ein kleines Kind an sie. Anhänglich sei er, vollständig abhängig. Eigentlich sei er stets ängstlich gewesen, ein Schwächling. Nie habe er seinen Mann gestanden.

Lisa legte alle Hemmungen ab und erzählte intime Einzelheiten aus ihrer Beziehung, die meinen Vater noch mehr demütigten.

Ich hätte in den Boden versinken mögen. Lisa gefiel sich in ihrer Rolle als Anklägerin und überbot sich mit neuen dramatischen Schilderungen, die nur noch wenig mit Andres zu tun hatten.

Nun brachen alle Dämme. Lisa und Janet stachelten sich gegenseitig an. Unser Medium kritisierte nun nicht nur seine Bindung zu Lisa, sondern stocherte in seiner Vergangenheit herum. Die Ursache des Übels liege in der Beziehung zu seiner Mutter, warf ihm Janet an den Kopf: »Du bist ein verwöhntes Muttersöhnchen und hast immer versucht, ihr alles recht zu machen. Wo ist dein männlicher Stolz? Du bist eine Memme, ein Feigling! Du warst dein ganzes Leben lang zu schwach, um aufzubegehren, zu rebellieren und für deine Interessen zu kämpfen.«

Um die Demütigung sichtbar zu machen, musste sich Andres bis auf die Unterhose ausziehen. Der Anblick meines gedemütigten Vaters brachte mich fast um den Verstand.

Janet provozierte Andres weiter, sie versuchte, ihn zu einer Reaktion zu bewegen. Selbst einfache Fragen konnte er nicht mehr beantworten. Die Stimmung wurde immer feindseliger. Lisa fixierte Andres mit hasserfülltem Blick. Dann ging sie auf ihn zu und gab ihm eine schallende Ohrfeige.

Es war totenstill. Andres sackte in sich zusammen. Er war zu verkrampft, um dem Schlag auszuweichen oder Lisa in den Arm zu fallen.

Ich war fassungslos und verspürte einen stechenden Schmerz. Ich wünschte, dass Andres sich aufbäumen und losschreien würde. Dass er die Kleider aufheben und sie meiner Mutter und Janet um die Ohren schlagen würde. Und fluchend den Kreis sprengen. In einem Wutanfall alles kurz und klein schlagen. Doch er stand nur da und tat nichts. Einfach nichts. Es war unerträglich.

Janet war am Ende ihres Lateins. Sie verneigte sich vor Andres und sagte mit schuldeinflößenden Worten, dass sie ihm nicht mehr helfen könne, ihr Licht, ihre Energie und ihre Worte erreichten ihn nicht. Das kam einem spirituellen Todesurteil gleich. Ihre Verneigung bedeutete die Kapitulation von Ramtha. Andres stand da wie ein geschlagener Hund. In seiner Verzweiflung kratzte er den letzten Rest Energie zusammen und stammelte, er wolle doch an sich arbeiten und sich Mühe geben, Lisa loszulassen und den Erwartungen von Ramtha zu entsprechen. Doch das reichte Janet nicht: »Nein, du hast gewonnen, ich gebe auf, ich kann dich nicht mehr erreichen.«

Wenn Ramtha respektive Janet kapitulierte, trat jeweils Benno auf den Plan. Er war auch dann gut für eine Lösung, wenn uns nichts mehr einfiel. Mit einem geschickten Schachzug löste er stets den Knoten und fand den Ausweg auch in scheinbar ausweglosen Situationen.

Doch Benno war abwesend. Unterwegs in Deutschland. Da

Janet das Meeting nicht abbrechen konnte, ohne einen Ausweg gefunden und die aufgebrachten Gemüter beruhigt zu haben, gab es nur eines, sie musste ihn anrufen.

Benno verblüffte uns einmal mehr. Er rügte nicht wie erwartet Andres. Er sprach auch nicht in spiritueller Überlegenheit ein salomonisches Urteil, sondern er reagierte aufgebracht. Sein Unmut richtete sich gegen Janet und die Gruppe. Er gab uns zu verstehen, dass wir in Zukunft solche Rituale unterlassen sollten, wenn er nicht zugegen sei. Dann beruhigte er meinen Vater. Er solle das Ereignis nicht tragisch nehmen, es sei alles halb so schlimm. Und die Gruppe mahnte er, lieb zueinander zu sein und sich beim geistigen Aufstieg gegenseitig zu unterstützen.

Janet bedankte sich bei Benno und sagte ihm, er müsse sich keine Sorgen machen, es werde schon nichts passieren. Andres nahm die Botschaft reglos zur Kenntnis. Er war am Ende seiner Kräfte und konnte sich nicht über die unerwartende Wende freuen. Janet, Lisa und die ganze Gruppe hatten ihn gebrochen.

Janet tat alles, um ihr Gesicht zu wahren. Deshalb konnte sie sich nicht bei Andres entschuldigen. Sie mahnte ihn mit sanften Worten, das Problem ernst zu nehmen und es zu spiegeln. Er solle die Chance nutzen, geistig daran zu wachsen und weitere spirituelle Erfahrungen zu sammeln.

Erst jetzt atmete Andres ein bisschen auf. Er stand zwar immer noch wie angewurzelt in der Mitte, doch er hob nun leicht den Kopf. Sein Gesichtsausdruck hatte sich etwas entspannt. Allmählich fand er wieder Worte und bedankte sich mit dünner Stimme bei Janet für die geistige Belehrung.

Ich war einerseits erleichtert, dass mein Vater die Tortur endlich überstanden hatte, auf der anderen Seite war ich enttäuscht, dass letztlich doch alles an ihm hängen blieb. Weder Janet noch Lisa wurden für ihr Verhalten zur Rechenschaft gezogen. Sie gingen als Siegerinnen aus dem Ritual hervor. Ich war so aufgelöst, dass ich nicht einschlafen konnte. Die Szene ging mir immer wieder durch den Kopf. Und jedes Mal hörte ich die Ohrfeige.

Auch Andres hatte eine schlimme Nacht. Der Abend hinterließ tiefe Spuren in seiner Seele. Er nässte in dieser Nacht das Bett. Pflichtbewusst erzählte er es am andern Morgen unserem Medium.

Wunder

Wir waren ein Haufen Enthusiasten, die vor übersinnlicher Verblendung nicht mehr eins und eins zusammenzählen konnten. So stolperten wir von Widerspruch zu Widerspruch, ohne es zu merken. Wir schalteten den kritischen Verstand aus. Kritik war schließlich der Todfeind der spirituellen Entwicklung. Wir waren stolz, der krankhaften Skepsis den Kampf angesagt zu haben. Schließlich übten wir das positive Denken. Kritik störte die Schwingungen, ließ die Frequenz in den Keller sausen.

Dafür frönten wir der Selbstliebe, die eine wichtige Voraussetzung für die spirituelle Entwicklung war. Ramtha behauptete, sie sei bei uns ungenügend ausgebildet. Für Benno war das kein Widerspruch. Er verlangte von uns die Unterordnung unter die kollektiven Bedürfnisse bis zur Selbstaufgabe und gleichzeitig eine ausgeprägte Eigenliebe. Erklären musste er den Widerspruch nicht, denn niemand schien ihn wahrzunehmen. Jedenfalls protestierte kein Familienmitglied. Ich mit meinen dreizehn Jahren natürlich auch nicht.

Um Selbstliebe zu üben, verlangte Janet respektive Ramtha bei einem Meeting, dass wir uns nackt nebeneinander stellen sollten. Sie motivierte uns mit dem Hinweis, dass wir schließlich alle miteinander verschmelzen und zu unserem Körper stehen müssten. Mir stockte das Herz. Allein schon die Vorstellung war für mich ein Horror. Ich stelle mich doch nicht nackt neben die andern! Ich versinke vor Scham im Boden, wenn ich mich vor allen ausziehen muss. Wir sollten lernen, zu unseren körperlichen Unvollkommenheiten zu stehen und Eitelkeiten abzubauen, begründete Janet ihre Anweisung. So würden wir lernen, uns auch mit unseren Unzulänglichkeiten zu lieben. Glücklicherweise blieb es jedoch bei der Ankündigung.

Auf eine Person traf das Defizit in Sachen Selbstliebe nicht zu, wie unser Geistwesen erklärte: Benno liebte sich in der gewünschten reinen Form. Auch in diesem Punkt war er uns weit voraus.

Das permanente sexuelle Knistern im Alltag und die vielen Gespräche über Sex regten auch meine Fantasie kräftig an. Ich war zwar schüchtern, doch meine Neugier wuchs in dieser aufgeladenen Atmosphäre. So begann ich vorsichtig, den aufreizenden Umgang der Erwachsenen zu imitieren. Ich übte meine ersten Annäherungsversuche bei Huba. Er hieß eigentlich Christian, doch er erinnerte uns mit seiner unkomplizierten und fröhlichen Art an eine Comicfigur, die all ihre Gefühle mit dem Laut »Huba« ausdrückte. Christian war damals etwa 30 Jahre alt, als handwerklich begabter Schreiner machte er sich in vielen Bereichen unseres Experimentes nützlich. Auch ich mochte ihn sehr. Bei jeder Gelegenheit neckte und ärgerte ich ihn. Am meisten Erfolg hatte ich, wenn ich an seinem Ohr knabberte. Ich wurde immer frecher und genoss es, dass er auf mich einging und mir seine Aufmerksamkeit schenkte. So verliebte ich mich ein wenig in ihn und spürte zum ersten Mal ein Kribbeln im Bauch.

Doch was zart begann, fand bald ein abruptes Ende. Nicht Huba war schuld daran, sondern Irene. Oder Ramtha. Unser Geistwesen thematisierte bei einem Meeting ihre mangelnde Weiblichkeit. Sie wirke burschikos und müsse diesen Aspekt spiegeln, sagte es. Und es hatte gleich ein Rezept auf Lager, das mir gar nicht gefiel. Ramtha verkuppelte Irene kurzerhand mit Huba.

Die Verhandlungen um unser Tal, das wir kaufen wollten, zogen sich weiter in die Länge. Benno und Ramtha gaben uns die Schuld dafür. Wenn wir die richtigen Schwingungen oder Frequenzen erzeugt hätten, wäre der Deal längst über die Bühne, hielten sie uns vor. Sie forderten uns auf, all unsere Energien auf den Immobilienbesitzer zu fokussieren und ihn mit unseren mentalen Kräften zum Verkauf zu bewegen.

Wir bekamen ein schlechtes Gewissen und hatten wieder einmal das Gefühl, nicht zu genügen. Denn wir waren restlos überzeugt, dass wir alle Ziele erreichen würden, wenn wir unsere geistigen Kräfte richtig bündelten. Dass der Besitzer das Land gar nicht verkaufen wollte, erfuhr ich erst später.

Wir erarbeiteten ein Konzept für unsere Vision, die Welt zu erneuern. Ein gänzlich neuer Lebensentwurf sollte es werden. Dazu brauchten wir natürlich Geld und weitere Unterstützung von Einzelpersonen und Organisationen. Wir heckten viele Ideen aus und waren überzeugt, dass Sibylle als unsere Botschafterin Sponsoren finden würde, die unser bahnbrechendes und zukunftsweisendes Experiment unterstützten. Sibylle knüpfte viele Kontakte und schrieb Organisationen an, die im spirituellen Bereich arbeiteten. Doch alle Anstrengungen verliefen zunächst im Sand.

Ich wusste nicht, wie ich den Misserfolg interpretieren musste. Bedeutet es, dass wir noch lange nicht ins höhere Licht eingehen würden? Oder würden wir das spirituelle Experiment demnächst abbrechen und in die Schweiz zurückkehren? Oder wollte uns Benno nur Angst einjagen, damit wir uns noch mehr anstrengten?

Diesen Gedanken musste ich sofort verdrängen, denn es galt, Gefühle der Angst um alles in der Welt zu vermeiden. Wer Angst habe, ziehe diese erst recht an und provoziere ein Unglück, lehrte uns Benno. Unsere Seele schaffe dann eine Situation, die uns besonders herausfordere. Nur wer angstfrei lebe, könne mit der Kraft des Willens Lebensziele erreichen, wurden wir auch von Ramtha ermahnt. Es galt, diese Fähigkeit zu erlangen und die Gesetze des Lebens zu beherrschen. Deshalb versuchte ich, alle Ängste im Keim zu ersticken. Vor allem auch die Angst vor der Zukunft.

Doch Angst verdrängt man nicht ungestraft, wie ich im Lauf der Jahre erfahren sollte. Ein angstfreies Leben, wie Ramtha, Janet und Benno es von uns verlangten, bekommt der Seele nicht. Wir mussten die Angst einschließen, damit niemand aus unserer Großfamilie sie entdecken konnte. Schaute sie irgendwo hervor, wurde sie gepackt und ans Licht gezerrt. Und der Träger der Angst ins Zentrum der Gruppe. Es bedeutete Arbeit für Ramtha, Janet und Benno. Zur Angst kam die Angst vor der Angst. Hinter der Angst steckt ein übersinnliches Defizit, waren wir überzeugt. Sie versperrte den Weg zur Erleuchtung. Und sie führte in die Isolation innerhalb der Gruppe. Wer Angst hatte, zeigte Schwäche. Schwäche konnten wir nicht leiden.

Statt uns mit unseren Ängsten auseinander zu setzen, diskutierten wir lieber über Macht. Wir glaubten, an den Schalthebeln des Weltgeschehens zu sitzen und die Elite der Menschheit zu sein. In langen Sitzungen entwickelten wir fantastischste Projekte und Visionen von einer paradiesischen Welt, die an Wunder grenzte. Ja, wir trauten uns buchstäblich alles zu, denn die Hilfe der göttlichen Wesen war uns ja sicher.

Der Alltag war jedoch weit weniger spektakulär. Das bekam ich beispielsweise zu spüren, als ich der Küchenchefin Betty zugeteilt wurde. Betty hatte in mir eine willige Helferin, was sie zu schätzen wusste, denn sie übertrug mir mit Vorliebe die langweiligen Aufgaben. So schälte ich kiloweise Kartoffeln, putzte Berge von Gemüse und machte den Abwasch für 40 Personen.

Als Benno mich einmal fragte, wie es mir in der Küche gefalle und ob Betty eine gute Chefin sei, antwortete ich, sie drücke sich vor den monotonen Arbeiten. Benno war empört, schließlich gehörte die Überwindung irdischer Unzulänglichkeiten zwingend zum geistigen Aufstieg. Ohne lange zu fackeln, machte er mich zur neuen Küchenchefin. Ich sollte Betty jene Arbeiten zuteilen, zu denen sie mich bisher verdonnert hatte. »Und prüfe genau, ob Betty die neuen Aufgaben zu deiner Zufriedenheit erledigt«, trug er mir auf.

Ich war perplex. Ich, die 13-jährige Lea, Chefin von Betty? Betty wollte protestieren, doch die strenge Miene von Benno ließ sie den Mund schnell wieder schließen.

Nun hatte ich nicht nur die Verantwortung, eine vierzigköpfige Truppe zu verköstigen, ich war dabei auch auf eine Frau angewiesen, die gegen mich arbeitete. Der Druck war sehr groß. Ich hatte aber den Anspruch und den Stolz, die Herausforderung zu meistern. Das Resultat kam jedenfalls gut an, meine Arbeit wurde von den Familienmitgliedern geschätzt. Mit der Zeit arrangierte ich mich auch mit Betty, und wir arbeiteten recht gut zusammen.

Die Hoffnungen auf unser Tal zerschlugen sich vollends. Nach unserem Selbstverständnis als Aufstiegsgruppe hätte uns das nicht passieren dürfen. Benno und Sibylle schauten sich nach einer anderen Wohngelegenheit um. Anfang 1994 konnten wir ein leerstehendes Hotel mit einer großzügigen Gartenanlage, einem Swimmingpool und zwei Tennisplätzen mieten. Es trug den schönen Namen Mons Cicus.

Der Umzug war ein großes Ereignis. Reto und Kai mussten im Auftrag von Ramtha einen Film drehen. Mit einer kleinen Kamera verfolgten sie uns beim Packen, Räumen und Putzen. Als wir uns den Film das erste Mal anschauten, kam mir unsere Gruppe wie ein Haufen großer Kinder vor. Es wurde gealbert, gelacht, wir waren ausgelassen und irgendwie verrückt. Eben so, wie Ramtha es immer wieder gesagt hatte, dass wir vom Charakter her wie Dreijährige seien. Was durchaus als Kompliment gemeint war, denn nur ein kindliches Gemüt war fähig, die spirituelle Intuition voll zu entfalten.

Das kleine Hotel war für uns eine vergleichsweise große Herberge. Im ersten Stock befanden sich acht Schlafzimmer, im Parterre waren eine große Küche und ein Speisesaal untergebracht, den wir zum Meetingraum umfunktionierten. Die Bar nutzten wir als Schulzimmer für die acht Kinder.

Die Führungscrew mit Benno, Janet, Sibylle und Jochen bezog das Zimmer Nummer drei. Es war das größte Zimmer und hatte das schönste Bad. Wir vier Teenies wurden im Nachbarzimmer einquartiert.

Ich erlebte unser Führungsteam aus nächster Nähe und hatte Einblick in die Lebensgewohnheiten von Benno. Dabei machte ich Beobachtungen, die bei mir einige Fragen aufwarfen. Am meisten verblüffte mich Benno selbst. Das Bett war sein bevorzugtes Reich. Es kam selten vor, dass er es einmal vor Mittag verließ. Auch seine Hauptbeschäftigung passte schlecht zu seinen spirituellen Ansprüchen. Er »meditierte« am liebsten vor dem Fernseher. Ja, er vertrödelte oft den ganzen Tag vor der magischen Kiste. Doch das schien niemanden zu stören.

Zu seinen Privilegien gehörte auch, dass der Küchenchef stets ein spezielles Menü für ihn zubereitete. Wir gewöhnlichen Familienmitglieder ernährten uns aus finanziellen Gründen eher bescheiden, aber Benno war ein Feinschmecker, was auch an seiner Körperfülle zu erkennen war. Der Genussmensch liebte es, von uns verwöhnt zu werden. Daniel, unser Masseur, lockerte seine Muskeln mit langen Massagen. Am liebsten hatte er es, wenn er an den Füßen oder am Rücken behandelt wurde.

Zu Bennos Privilegien gehörte auch der unkontrollierte Konsum von Süßigkeiten. Als ich nach einer gewissen Zeit die Verantwortung für die Küche an unseren gelernten Koch Norbert abgeben konnte, durfte ich anschließend Kekse und Schokolade verwalten. Wer etwas Süßes haben wollte, musste bei mir anklopfen. Nur Benno durfte an den Schrank, ohne zu fragen.

Auch Janet war den irdischen Genüssen nicht abgeneigt und bestellte oft einen ganzen Teller voller Süßigkeiten. Vor allem bei Einzelsitzungen verschlang sie Unmengen davon.

Zweimal führten Benno und Janet Festivals in Deutschland durch. Eigentlich waren es Seminare, doch Festival klang besser. Benno eröffnete Kai und mir, dass wir bei einer der Veranstaltungen in Berlin teilnehmen dürften. Ich freute mich riesig, denn ich sehnte mich danach, endlich wieder einmal etwas von der Welt da draußen mitzubekommen. Kai sollte den Film vorführen, an dem er mitgearbeitet hatte, und ich hatte verschiedene Aufgaben zu übernehmen.

Kai, vier Leute aus der Gruppe und ich lebten in der Wohnung eines Familienmitglieds. Mein Bruder und ich waren in Berlin für den Einkauf zuständig. Wir hatten viel Freiheit und streiften stundenlang durch die Großstadt. Ein Tag war aufregender als der andere.

Benno war in Berlin mir gegenüber plötzlich sehr aufmerksam. Ich wusste nicht, womit ich das verdient hatte. Er neckte mich mit Anspielungen oder machte mir auch offen Komplimente. Anfänglich war ich irritiert und lief rot an. Mit der Zeit fühlte ich mich privilegiert und genoss es, in seiner Gunst zu stehen. Mein Selbstvertrauen wuchs, und ich wurde übermütig. Bald erwiderte ich seine Neckereien.

Benno schaute mir immer wieder tief in die Augen und schwärmte vom Farbenspiel, der Helligkeit und Reinheit, die er darin entdeckte. »Sie enthalten noch keine Anzeichen von geistigem Müll wie bei dir«, warf er Janet einmal an den Kopf. Benno lobte auch meine spirituelle Tiefe und Ausstrahlung. Kosenamen waren dann Ausdruck der höchsten Begeisterung für mich.

Benno drehte immer weiter auf. Er nannte mich seine Blume, sein Licht, seinen strahlenden Sonnenschein. Das hat nichts zu bedeuten, redete ich mir ein. Schließlich machte er mir die Komplimente in der Gegenwart seiner Partnerin Janet. Vermutlich macht er sich einen Spaß daraus, mich verlegen zu machen, überlegte ich. Trotzdem genoss ich es, immer wieder auf diese Weise im Mittelpunkt zu stehen.

Benno gebärdete sich wie ein pubertierender Heißsporn, alle lachten über seine Sprüche und Komplimente. Dann wieder spielte er Romeo und machte auf Liebeskummer. Ich konnte es kaum fassen, dass ich der Auslöser für seine Stimmungen sein sollte. Einmal kam Benno plötzlich auf mich zu und drückte mir einen Kuss auf die Lippen. Ich war perplex und schaute ihn mit großen Augen an. Auch Benno schien von seiner spontanen Handlung überrascht zu sein.

Ich hielt es für eine der vielen Provokationen unseres geistigen Führers. Ich konnte mir beim besten Willen nicht vorstellen, dass es mehr als ein Spiel war. Deshalb genoss ich ganz einfach den Moment und spürte noch lange ein seltsames Prickeln auf den Lippen.

Benno hatte mir schon einmal eine besondere Form der Zuneigung gezeigt. Das war, als wir den Film über unsere Gruppe drehten. Jedes Familienmitglied musste sich vor der Kamera charakterisieren. Benno gab jedem von uns einen besonderen Namen. Mich nannte er Princess Lea. Der Titel war für mich eine große Ehre. Außerdem legte Benno mir die Opal-Kette um, die er einst Janet als Liebesbeweis geschenkt hatte. Sie hing sehr an der Kette, und wir alle waren überrascht, dass ich sie im Film tragen durfte. Stolz lächelte ich als Princess Lea in die Kamera.

Nach Berlin hatten wir noch ein Festival in Bottrop. Es endete fast in einem Fiasko. Janet erlitt vor ihrem Auftritt einen Absturz, weil Benno sie kritisiert hatte. Sie habe zu tiefe Frequenzen, warf er ihr vor. Das war mehr als ungeschickt. In ihrer Verunsicherung nahm Janet ein heißes Bad, was ihr laut Benno erst recht Energien entzog. Nun war Janet von Selbstzweifeln zerfressen und weigerte sich, Botschaften zu channeln. Sie stürzte panikartig davon, wurde von Benno aber zurückgeholt. Er brauchte alle Überredungskünste, unser Medium so weit wieder aufzubauen, dass es dann doch noch auftrat. Als sie endlich auf ihrem speziellen Sessel saß, fand sie den Tritt wieder. Benno saß neben ihr, um notfalls eingreifen zu können.

Gegen Ende des Festivals führten wir unseren Film vor. Die Teilnehmer waren sehr beeindruckt. Das Leben in unserer Aufstiegsgruppe schien ein Traum für viele zu sein.

Auf der Heimreise nach Portugal machten wir einen Abstecher nach Bayern und aßen in einem kleinen Restaurant zur Nacht. Hier trafen wir die Gruppenmitglieder, die Thomas halfen, seine Baumschule auf Vordermann zu bringen, um sie besser verkaufen zu können. Mein Vater war auch dabei. An diesem Abend flirtete Benno die ganze Zeit mit mir. Er machte mir richtig den Hof. Alle waren überrascht, an den Mienen der Frauen konnte ich erkennen, dass sie eifersüchtig waren.

Mein Vater beobachtete uns mit einer gewissen Skepsis, doch er mischte sich nicht ein. Benno bemerkte sein Unbehagen und machte sich lustig über ihn. Wie immer ging er zum Angriff über. Unverfroren provozierte er Andres und amüsierte sich über dessen väterliche Gefühle. Er sei immer noch in den familiären Strukturen verhaftet und unfähig, loszulassen und innerlich frei zu werden. Er solle sich auf seinen Aufstieg konzentrieren und Lea ihm anvertrauen.

Ich hatte mich inzwischen schon an die Avancen von Benno gewöhnt. Soweit ich mich erinnere, strahlte ich ihn sogar ein wenig an. Nach den Monaten der Verzweiflung und inneren Verödung genoss ich die Zuwendung unseres geistigen Führers. Plötzlich gab es spannende Momente, ein Kribbeln, das die Langeweile und den eintönigen Gruppenalltag vertrieb. Ich war dreizehn und noch nie richtig verliebt gewesen.

Nach dem Abendessen fuhren wir zu dem kleinen Hof, der der Baumschule angegliedert war. Wir mussten uns auf drei Zimmer verteilen. Wie immer wollte ich neben Kai schlafen. Wir warteten, bis die Erwachsenen ihre Zimmer ausgewählt hatten. Da Kai zögerte, stand ich ebenfalls unentschlossen auf dem Flur. Plötzlich rief Benno: »Wer will bei mir schlafen?« Und als ob diese Frage nur mir gegolten habe, antwortete ich reflexartig: »Ich.« Zwar hatte sich auch Betty gemeldet, doch Benno entschied sich sehr bestimmt für mich.

Janet war perplex. Sie hatte offensichtlich nicht damit gerechnet, ihren Platz abtreten zu müssen. Vorwurfsvoll fragte sie Benno, wo sie denn schlafen solle. Er gab ihr zu verstehen, dass sie sich nach einem Bett in einem der anderen Zimmer umsehen müsse. Missmutig stampfte sie davon.

Nach ein paar Minuten kehrte sie zurück und sagte nun schmollend, dass sie keinen Platz gefunden habe, alle Betten seien besetzt. Benno fragte mich, ob ich etwas dagegen hätte, wenn Janet auch in unserem Zimmer schlafen würde. Die Situation war mir peinlich. Ich fühlte mich mitverantwortlich für Janets schlechte Laune.

Inzwischen ärgerte ich mich, dass ich mich auf die Frage von Benno so vorlaut gemeldet hatte. Mein Übermut war längst verflogen. Es herrschte dicke Luft, und ich hätte mich am liebsten davongeschlichen.

Ein Doppelbett stand in Bennos Zimmer. Janet legte sich an den Rand und wendete sich ab. Benno machte ein paar aufmunternde Bemerkungen, doch sie reagierte nicht und schmollte weiter.

Daraufhin wendete sich Benno ganz mir zu. Er lag bereits nackt im Bett und wartete auf mich. Es kostete mich viel Überwindung, mich vor ihm auszuziehen. Ich spürte, dass seine Augen auf mir ruhten, und drehte mich leicht weg. Gleichzeitig war ich ein bisschen stolz, dass er Gefallen an meinem Körper fand, der in letzter Zeit weibliche Rundungen angenommen hatte. Erwartungsvoll schaute er mir zu, wie ich mich umständlich der Kleider entledigte. Dann hob er die Decke, und ich kroch mit pochendem Herzen zu ihm.

Benno näherte sich mir behutsam. Ich lag ruhig neben ihm und war bis zur letzten Faser angespannt. Er streichelte mich am ganzen Körper. Mir wurde heiß und kalt. Es war, als stünde ich unter Strom. Stocksteif lag ich da und ließ alles über mich ergehen.

Als ich mich auf die Seite drehte, stürmten tausend Gefühle und Gedanken auf mich ein. Ich war aufgewühlt und fühlte mich zugleich wie betäubt. Ich wusste nicht einmal, ob ich Scham empfinden sollte. Noch immer spürte ich Bennos Hand auf meiner Haut, dann flüchtete ich mich in den Schlaf.

Als ich am andern Morgen aufwachte, war ich ziemlich gerädert. Ich hatte wirres Zeug geträumt, konnte mich aber nicht mehr an Einzelheiten erinnern. Ich war immer noch aufgewühlt und wusste nicht, wie ich Benno und vor allem Janet begegnen sollte. Am liebsten wäre ich aus dem Zimmer geflüchtet.

Benno wirkte erstaunlich gelassen. Unser Liebesspiel erklärte er kurzerhand zum Aspekt des geistigen Aufstiegs. Als eine Prüfung, um uns von den weltlichen Bindungen zu lösen. Die sonst quirlige Janet blieb hartnäckig stumm und schmollte. Ich wünschte mir inzwischen innigst, dies alles möge nur ein böser Traum sein. Am liebsten hätte ich die Nacht rückgängig gemacht. Benno schickte mich hinaus, da er mit Janet sprechen müsste. Erlöst atmete ich auf.

Es kostet mich Überwindung, die Erinnerungen an jene Ereignisse zu wecken. Sie berühren mich immer noch sehr unangenehm. Heute weiß ich, dass Benno mir in dieser Nacht die Selbstachtung gestohlen hat, ohne dass ich es merkte. Er stürzte mich in ein unlösbares Dilemma, über das ich mit niemandem sprechen konnte. Ja, ich wurde dafür sogar von der ganzen Familie bewundert. Toll, Lea durfte bei Benno schlafen. Sie steht in der besonderen Gunst unseres geistigen Führers. Welche Gnade! Ich wurde von allen Frauen beneidet.

Ich musste allein damit fertig werden. Hätte ich mich Lisa, meiner Mutter, anvertrauen sollen? Auf die Idee bin ich gar nicht gekommen. Schlecht über Benno zu reden? Unmöglich. Das wäre mir auch gar nicht in den Sinn gekommen. Benno war für mich unfehlbar. Deshalb suchte ich die Schuld bei mir. Und Lisa hätte vielleicht nur den Kopf geschüttelt. Nicht über Benno, sondern über mich. Wie kannst du nur, Kind! Benno weiß genau, was für dich gut ist. Du kannst es vielleicht noch nicht richtig einschätzen, aber später wirst du ihm dankbar dafür sein. Die Energie, die er dir gespendet hat, wird dich durchdringen und beflügeln. Du bist ein Glückskind. Bennos Aura wird dein geistiges Wachstum beschleunigen. Dir winkt schon bald die Erleuchtung.

Und Andres, mein Vater? Ich wollte ihn nicht mit meinem Gefühlschaos konfrontieren, denn ich wusste, dass er mit seinen eigenen Problemen genug zu kämpfen hatte. Andres ging Konflikten ohnehin eher aus dem Weg. Er hatte Angst vor Bennos Reaktion, Angst vor der kollektiven Schelte der Gruppe, Angst vor dem heißen Stuhl.

In unserer Gruppe stellte niemand Fragen, obwohl sie naheliegend gewesen wären: Warum tut Benno das? Ist das korrekt? Wie ist es für Lea? Wie muss ich mich dazu verhalten?

Nein, es kümmerte niemanden. Alle waren auf ihren eigenen geistigen Aufstieg fixiert. Fixiert darauf, die Gunst von Benno und Janet zu erlangen. Ramtha zu gefallen. Ansehen in der Gruppe zu erhaschen. Fragen hingegen sind der Ursprung von Zweifeln, lehrte Ramtha. Und Zweifel waren der Tod der spirituellen Intuition.

Als ich das Zimmer verlassen hatte, musste Benno seine ganzen Überzeugungskünste aufbieten, um Janets Schwingungen wieder auf die richtige Frequenz zu bringen, wie er sich auszudrücken pflegte. Ich war heilfroh, dass ich nicht mit Benno über die Erlebnisse der vergangenen Nacht sprechen musste.

Noch am selben Tag fuhren Kai und ich mit Benno und Janet zurück nach Portugal. Die Fahrt ist mir in schlechter Erinnerung, Janet war auch nach dem Gespräch mit Benno noch schlecht drauf und gereizt. Ich hielt die miese Stimmung kaum aus und fühlte mich schuldig. Die Fahrt erschien mir endlos.

In Portugal zog ich mich ins Teeniezimmer zurück und war froh, in meiner vertrauten Umgebung schlafen zu können. Ich erzählte meinen beiden Cousins jedoch nichts von meinem Erlebnis mit Benno. Kai sprach mich auch nicht darauf an. Und ich verdrängte die unangenehmen Gefühle weiterhin, so gut es ging. Glücklicherweise akzeptierte Benno meine Zurückhaltung. Es hatte wohl auch damit zu tun, dass er sich um Janet kümmern musste, die immer noch stocksauer war.

Nachdem ich etwas Abstand gewonnen hatte und die Schuldgefühle sich weitgehend gelegt hatten, regte sich sogar ein wenig Stolz. Unser geistiger Führer hat mich auserwählt und mir geholfen, die Tür in eine neue Welt zu öffnen, gewann ich eine neue Sicht auf die Dinge. Eine Welt, von der ich wusste, dass ich sie früher oder später ohnehin erkunden würde. Ich hatte einen Schritt gewagt, der mich in meiner Entwicklung zur erwachsenen Frau weiterbrachte.

Als es passierte

In jener Zeit beschäftigte uns ein Rechtsstreit zwischen Janet und dem amerikanischen Medium Judy Z. Knight, das sich ebenfalls auf das Geistwesen Ramtha berief. Knight hatte unser Medium in Österreich angeklagt, als wir noch dort lebten. Die Amerikanerin beanspruchte das Urheberrecht, sie hatte Ramtha als Warenzeichen eintragen lassen. Auf Wunsch des Geistwesens, wie sie behauptete. Auch könne nur sie authentische Durchsagen von Ramtha vermitteln. Janet hingegen erklärte, Ramtha habe sich von Judy Knight abgewendet, weil sie in ihrer spirituellen Entwicklung stecken geblieben und als Medium nicht mehr brauchbar sei.

Drei Jahre lang stritten Janet und Judy Knight um Ramtha vor den Gerichten. Die Medien mokierten sich darüber, dass wir »um den 35000 Jahre alten Geist Ramtha« prozessierten. Judy Knight erklärte, sie habe verhindern wollen, dass die deutschsprachige Bevölkerung von einer Person irregeführt werde, die Ramthas Lehren verdrehe.

Da es wegen des laufenden Verfahrens riskant gewesen wäre, weiterhin Festivals im Namen von Ramtha durchzuführen, kam ein Gruppenmitglied auf die Idee, dem Herrn der Winde einen anderen Namen zu geben, ihn also umzutaufen. Der Vorschlag fand großen Anklang, und so nannten wir Ramtha einfach Maghan. Auf den Namen kamen wir – so weit ich mich erinnere – aufgrund der Perry-Rhodan-Romane, die die Erwachsenen im Dutzend verschlangen. In den Sience-Fiction-Heften ist Maghan der erhabene Herrscher. Das störte uns nicht. Hauptsache, wir konnten Judy Knight austricksen und wieder ein Seminar abhalten.

Das amerikanische Medium bekam Recht, auch vor der zweiten Instanz. Es war ein Schock für uns. Doch wir hatten uns bereits an den Namen Maghan gewöhnt und vergaßen die komische Geschichte bald. Im Flugblatt für ein Festival erklärten wir, Ramtha arbeite wegen des fortschreitenden Wandels ab sofort auf einer höheren Schwingungsebene. »Um dieser Veränderung Ausdruck zu verleihen, hat er sich entschieden, seinen Namen zu ändern«, hieß es wörtlich. Maghan werde »Licht in das Dunkel der monatelangen Angriffe von Frau J. Z. Knight« bringen und zum Thema sprechen: »Der wahre Ramtha spricht nur durch mich!«

Ich war froh, dass sich der Alltag in Portugal wieder einpendelte und sich mein Gefühlssturm langsam legte, bis Benno uns zu einem Meeting zusammenrief. Es herrschte eine feierliche Atmosphäre. Das Geistwesen Maghan tat geheimnisvoll und verkündete, es habe eine wichtige Botschaft zu übermitteln. Und zwar trete unser Experiment nun in die entscheidende Phase. Ich war erstaunt, denn ich hatte keine besonderen Ereignisse oder Entwicklungen wahrgenommen. Die lang ersehnte neue Zeit sei angebrochen, verkündete Maghan weiter, wir hätten endlich einen neuen spirituellen Raum kreiert. Das Wesen forderte uns auf, uns auf die neue Epoche einzustellen und die einmalige Chance zu nutzen. Wir schauten uns verdutzt an und hatten keine Ahnung, was die Ankündigung bedeutete.

Als die Familienmitglieder den Raum verließen, stand Benno auf und kam langsam auf mich zu. Ich schaute ihn verwundert an, als er demütig meine Hand nahm und mir tief in die Augen blickte. »Alles hat in jener Nacht begonnen, in der wir das erste Mal zusammen waren. Das war ein großes Zeichen der höheren Ebenen. Unsere Begegnung läutete eine neue Phase unseres Experimentes ein. Wir haben den ersten Schritt in die neue spirituelle Sphäre gemacht. Das will uns Maghan offenbaren.«

Benno war sehr gerührt und wollte wissen, ob ich diese Nacht auch als einmaliges Erlebnis empfunden hätte. Ich war völlig überrumpelt, außerdem berührte mich die feierliche Stimmung tief. Ich wurde verlegen und nickte wie in Trance. Ich begriff nicht, was dieses Ritual bedeutete.

Wie ich später erfahren sollte, hatte Benno vor dieser Sitzung Janet in endlosen Gesprächen klar gemacht, dass unser Experiment nur gelingen könne, wenn er und ich eine höhere Verbindung eingehen würden. So fügte sich Janet widerwillig in ihr Schicksal. Sie hing zu sehr an ihrer Rolle als Medium, als dass sie es auf den entscheidenden Machtkampf hätte ankommen lassen. Benno konnte sich auf seinen Instinkt verlassen. Und er war eine Spielernatur. Wir waren die willigen Figuren auf seinem Schachbrett. Mit gewagten Zügen gewann er fast alle Spiele und wurde immer dreister. Selbst Janet, die seine Taktik bestens kannte, war ihm letztlich ausgeliefert.

Trotzdem gab sie das Feld nicht kampflos preis. Sie wusste, wie sie vorgehen musste. Ich musste als Nebenbuhlerin herhalten. Sie wollte sich und mir beweisen, wer die mächtigste Frau in unserer Großfamilie war. So zitierte sie mich zu sich, wann es ihr passte, um mit mir zu »arbeiten«. Andere Gruppenmitglieder hätten sich liebend gern von unserem Medium belehren lassen, doch ich hasste diese Sitzungen. Wenn sie rief: »Lea, ich will dich sehen«, verspürte ich sofort einen Kloß im Hals.

Janet stellte mir unmögliche Fragen. Sie wollte alle Einzelheiten über meine Beziehung zu Benno wissen. Ich war gehemmt und meist peinlich berührt. Was ich über Benno denke, wollte sie wissen, was ich für ihn empfinde. Wie sollte ich Auskunft geben über etwas, das ich selbst nicht einordnen konnte?

Janet wollte auch wissen, wie es mit meiner körperlichen Entwicklung stehe und ob ich mich schon erwachsen fühle. Sie gab sich zwar einfühlsam und sanft, doch ich traute ihr nicht über den Weg. Es war zu offensichtlich, dass sie mich aushorchen wollte. Ich gab sehr knappe Antworten, wenn überhaupt.

Allerdings tat ich ihr teilweise Unrecht, wie sich später herausstellte. In Wahrheit hatte Benno Janet angestiftet, mich auszufragen.

Benno wich ich aus. Als ich ihm im Gang in die Arme lief, fragte er mich, ob ich nicht wieder einmal in seinem Zimmer schlafen wolle. Die Botschaft kam bei mir an: Ich müsste eigentlich bei ihm übernachten. Ich traute mich nicht, nein zu sagen, schlich aber weiterhin in unser Teenagerzimmer. Und ich hatte deshalb ein schlechtes Gewissen.

Ich spürte, dass ich ihm nicht dauernd ausweichen konnte. Ich würde nicht darum herumkommen und ließ die Prozedur noch ein paarmal über mich ergehen. Doch ich gewöhnte mich nicht daran. Ich atmete jedes Mal erleichtert auf, wenn ich mich auf die Seite drehen konnte.

Hinzu kam, dass Janet unberechenbar war. Ich wusste nie, was mich im nächsten Moment erwartete. Manchmal war sie richtig eklig, gelegentlich sogar böse. Sie sei dann in ihren persönlichen Strukturen verhaftet und vergesse, wer sie wirklich sei, rechtfertigte Benno ihr Verhalten. In jedem von uns stecke das Gegenpotenzial unserer göttlichen Energie. Diese destruktiven Kräfte müssten wir in den Griff bekommen und umwandeln. Da Janet überdurchschnittlich mit dem göttlichen Licht konfrontiert sei, manifestiere sich bei ihr das Gegenpotenzial besonders stark. Dies erkläre ihre oft allzu menschlichen Reaktionen. Die Verantwortung als Channel und Wegweiser sei eine große psychische Belastung.

Es war inzwischen Sommer geworden, das Thermometer kletterte nachmittags auf über 30 Grad. Die Hitze drückte auf die Arbeitsmoral. Wir hatten uns im abgeschiedenen Hotel eingelebt und widmeten uns vor allem dem geistigen Aufstieg. Wir Teenager und Kinder nutzten jede freie Minute, um im Swimmingpool zu planschen.

Als ich eines Nachmittags im Pool lag, rief mich Janet. Was habe ich jetzt verbrochen, fragte ich mich sofort. Widerwillig stieg ich aus dem Wasser. Janet und Benno waren auf dem Parkplatz, wo sie in einem neuen Toyota Landcruiser saßen. Die beiden hörten klassische Musik. Benno fragte mich, wie es mir gehe. Gut, antwortete ich, mehr fiel mir nicht ein. Verlegen lehnte ich mich an das Geländefahrzeug. Ich wusste immer noch nicht recht, wie ich mich Benno gegenüber verhalten sollte. Er war aufgekratzt, überschüttete mich wieder mit Komplimenten. Das ist meine Lichtmaschine, sagte Benno und präsentierte mir stolz das aufgemotzte Fahrzeug. Er erklärte mir die Tuningelemente, die er hatte einbauen lassen. Er kam mir vor wie ein Kind.

Eine andere Situation, ein paar Tage später, überforderte mich ebenfalls. Ich war draußen in unserem Kristallgarten und schnitt mit einer Schere das Gras rund um die edlen Steine. Es war eine Ehre, dass Benno mir diese Verantwortung übertragen hatte. Die Entscheidung erfolge nach energetischen Gesichtspunkten, hatte er verkündet. Das bedeutete, dass ich mich in der geistigen Entwicklung verbessert hatte. Mitten in der Arbeit rief mich Benno zu sich. Sofort hatte ich wieder Herzklopfen. Was will er denn jetzt schon wieder, fragte ich mich.

Als ich Kai, Reto und Ben bei Benno und Janet sah, war ich erleichtert. Benno lag nackt auf dem Bett, Janet trug lediglich ein weißes T-Shirt, aber keine Unterhose. Das war nichts Außergewöhnliches. Trotzdem hemmte mich der Anblick stets aufs Neue und ich wusste nie recht, wohin ich meinen Blick richten sollte.

Benno redete leidenschaftlich auf uns ein. Es ging um Sex. Mir war das Ganze peinlich. »Es geht nicht einfach ums nackte Bumsen, bei uns in der Gruppe dient Sex der Entwicklung der Persönlichkeit und dem geistigen Wachstum. Deswegen dürft ihr den Erwachsenen nicht aus dem Weg gehen, falls sich eine Beziehung anbahnt.« Mir stieg sofort die Hitze in den Kopf, mein Herz begann heftig zu klopfen. Eine beklemmende Stille trat ein.

Benno wollte wissen, wie wir uns dazu stellten. Wir waren sprachlos und schauten einander verlegen an. Jeder hoffte, der andere würde etwas sagen. Benno schien sich über seinen Überfall zu freuen und blickte uns erwartungsvoll an. Seine Worte hallten in mir nach.

Er nutzte die Gelegenheit und wendete sich mit einer pathetischen Geste an mich. »Ich würde natürlich liebend gern mit dir vögeln, du bist so wunderbar jung und knackig. Ich habe mir immer schon eine Jungfrau gewünscht.«

Ich war wie vor den Kopf gestoßen. Er sagte es einfach so heraus. Als sei es das Selbstverständlichste von der Welt. Und auch noch vor den drei Jungs. Er hatte seinen intimen Wunsch geäußert, ohne mit der Wimper zu zucken. Ich hätte im Boden versinken können vor Scham. Was denken wohl Kai, Reto und Ben über mich? Benno schaute mich an. Ich senkte den Blick zu Boden. Ich war viel zu verlegen, um ihm eine Antwort zu geben.

Reto rettete nach einer Weile die peinliche Situation. Kleinlaut sagte er, er wisse nicht, ob er so etwas tun könne, denn er habe ein Problem mit seiner Vorhaut. Das lasse sich mit einem kleinen medizinischen Eingriff lösen, beruhigte Benno ihn. Er schaute zwischendurch immer wieder zu mir, doch ich brachte kein Wort hervor. Was hätte ich ihm antworten sollen?

Nun forderte Benno Kai heraus. Welche Frau er sich denn für die erste Liebesnacht in seinem Leben vorstellen könne, fragte er meinen Bruder, der damals fünfzehn Jahre alt war.

Er meint es ernst, stellte ich ungläubig fest. Mein Bruder druckste verlegen herum. Er musste sich wohl zuerst an den verrückten Gedanken gewöhnen. Er ist ja auch nicht in eine der Frauen hier verliebt, überlegte ich. In unserer Gruppe gab es keine Mädchen in seinem Alter. Doch Benno half ihm auf die Sprünge. Ob er es sich mit Janet vorstellen könne. Kai war perplex und schaute Benno fragend an. Dieser verzog keine Miene. Kai und Janet? Ich traute meinen Ohren nicht. Janet war schließlich unser verehrtes Medium. Und mehr als doppelt so alt wie Kai.

Kai schien allen Mut zusammenzunehmen. Vorsichtig signalisierte er Benno, dass er sich das nicht vorstellen könne. Seine Reaktion beeindruckte mich, denn Janet war ja anwesend und bekam seine Ablehnung mit. Doch Benno ließ sich nicht beirren und zog alle Register, die für eine Liaison zwischen ihm und unserem Medium sprachen. Wie immer dominierten die übersinnlichen Gründe. Sie würden energetisch perfekt zusammenpassen und mit ihrer Vereinigung das kollektive Energiefeld verstärken, erklärte Benno begeistert. Kai war verunsichert und wagte angesichts von Bennos Enthusiasmus keinen Widerspruch mehr.

Die Erinnerung an diese Sitzung ist mir immer noch präsent, als habe sie gestern stattgefunden. Ich war zu jung und unerfahren, um die Konsequenzen von Bennos Ansinnen abschätzen zu können. Mit der Zeit ließ ich mich sogar von der besonderen Atmosphäre anstecken und war stolz, dass Kai und ich eine so wichtige Rolle in unserer Großfamilie spielen sollten.

Benno gab Kai und mir zu verstehen, dass wir nun das Teeniezimmer zu verlassen und in sein Zimmer umzuziehen hätten. Diese Maßnahme diene unserem inneren Wachstum. Schweren Herzens packte ich meine wenigen Habseligkeiten. Kai richtete sich bei Janet ein, ich im Doppelbett von Benno. Ich wusste, dass der Moment meiner Entjungferung gekommen war. Ich war hin- und hergerissen. Benno gab sich alle Mühe, mir klar zu machen, dass es ein einmaliges Erlebnis und ein entscheidender Schritt in meiner geistigen Entwicklung sei. Dennoch verspürte ich ein dumpfes Gefühl der Angst. Meine ersten körperlichen Erlebnisse mit Benno hatten mich in ein Gefühlschaos gestürzt. Was würde mich jetzt erwarten? Ich wollte es hinter mich bringen, mein erstes Liebesabenteuer. Und ich glaubte in meiner kindlichen Naivität, dass dann das Kapitel abgeschlossen sei. Jedenfalls war ich sehr aufgeregt. Meine Fantasie trieb die wildesten Blüten. Und es schwang auch etwas Stolz mit: Unser großer Meister hat mich auserwählt! Es kommt auf die inneren Werte und die Persönlichkeit an, redete ich mir ein. Schließlich sehnten sich alle Frauen danach, von ihm erhört zu werden. Ich musste ihm auch dankbar sein dafür, dass er mich in aufopfernder Weise auf die höhere Ebene führte.

Bennos Anspielungen ließen keine Zweifel daran, dass auch ihn meine Entjungferung stark beschäftigte. Er gab mir zu verstehen, dass er als erfahrener Liebhaber den Anspruch an sich habe, mir schon beim ersten Mal zum Orgasmus zu verhelfen. Das würde er sich nicht verzeihen, wenn es ihm nicht gelänge, mich zum Höhepunkt zu bringen. Er hatte sich auch schon Gedanken über die Verhütung gemacht. Ich brauchte aber keine Angst zu haben, beruhigte er mich. Da ich noch keine Blutung habe, könne ich auch nicht schwanger werden.

Es passierte gleich in der ersten Nacht, nachdem ich das

Zimmer gewechselt hatte. Ich war total angespannt, als Benno sich über mich hermachte. Dauernd fragte ich mich, was mich wohl als Nächstes erwartete. Statt die Berührungen zu genießen, freute ich mich, dass ich bald eine Frau sein würde und meine ersten Erfahrungen gesammelt hätte. Ich konnte es nicht richtig glauben, dass ich nun das erste Mal Sex erlebte.

Ich war so verkrampft, dass ich nur am Rande wahrnahm, was um mich herum geschah. Mir fiel lediglich auf, dass Janet laut stöhnte. Das Geräusch irritierte mich. Ich wusste nicht, auf was ich mich konzentrieren sollte. Immerhin war Benno recht sanft mit mir. Die Schmerzen hielten sich in Grenzen. Ich wartete vergeblich auf das spektakuläre Erlebnis, das mir Benno versprochen hatte. So war ich froh, als es vorbei war und ich die Sache überstanden hatte. Ich konnte eine leise Enttäuschung nicht verdrängen: Das soll alles gewesen sein? Deshalb machten die Erwachsenen ein solches Theater und konzentrierten ihre ganze Energie darauf? Ich fragte mich immerhin, wie es wohl gewesen wäre, wenn ich richtig verliebt gewesen wäre.

Als ich zu Kai und Janet schaute, war mir klar: Auch Kai hat seine erste Liebesnacht hinter sich. Das war irgendwie tröstlich. Ich fühlte mich nicht ganz allein. Am liebsten hätte ich mich neben ihn gelegt. Dann wäre ich mir weniger einsam vorgekommen.

Benno lag noch halb auf mir und auch Kai und Janet verharrten noch in eindeutiger Stellung, als plötzlich die Tür aufging. Automatisch schauten wir alle auf und hielten den Atem an. Mich traf fast der Schlag. Andres stand in der Tür. Ausgerechnet mein Vater. Wir erstarrten für einen Moment. Mit offenem Mund schaute Andres auf die Szene. Er starrte uns ungläubig an und war unfähig, etwas zu sagen. Eigentlich war er gekommen, um Benno das Ergebnis eines Fußballspiels der Weltmeisterschaften mitzuteilen.

Benno erholte sich als Erster. Wie immer. Gewohnt, peinliche Situationen zu meistern, nahm er meinen Vater rasch ins Gebet. Wie ein fürsorglicher Vater bat er Andres, sich hinzusetzen.

Mir wird erst jetzt klar, wie irre die Situation war. Mein Bruder und ich erlebten zum gleichen Zeitpunkt und im gleichen Zimmer als Minderjährige die erste Liebesnacht mit Partnern, die 25 Jahre älter waren. Und dann platzte unser Vater in das Zimmer.

Benno tat so, als habe er Verständnis für Andres' Schock. Geduldig sprach er auf ihn ein und versuchte, ihn zu beruhigen. Er könne sich ganz locker machen, es habe alles seine Richtigkeit. Das Ritual sei im Sinne unseres spirituellen Experiments und der höheren Ziele vollzogen worden. Kai und ich seien sehr weit entwickelte Wesen und deshalb auch fähig, Entscheidungen im übergeordneten Sinn selbst zu treffen. Letztlich ginge es darum, eine höhere Aufgabe für unser Projekt zu erfüllen.

Benno drehte den Spieß geschickt um und setzte Andres auf die Anklagebank. Er müsse sich dringend die Frage stellen, was es bedeute, dass er ein Problem habe mit dieser Situation, empfahl Benno ihm. Er sei immer noch im alten Wertesystem gefangen. Es sei höchste Zeit, noch härter daran zu arbeiten, um die innere Freiheit zu erlangen. Erst dann könne er die Zusammenhänge und den höheren Sinn erkennen.

Andres kauerte auf dem Boden, er hatte bislang keinen Ton von sich gegeben. Die Verzweiflung stand ihm ins Gesicht geschrieben. Er wusste nicht, was er mit den Händen anfangen sollte, sein Blick irrte ratlos umher.

Der Anblick des hilflosen Andres tat mir weh. Er wirkte auf mich wie ein Häufchen Elend. Schon so viel hatte er in den letzten Monaten durchmachen müssen.

Benno redete so lange auf Andres ein, bis dieser kapitulierte. Als Benno ihn fragte, ob er wenigstens mit dem Kopf begreife, um was es hier gehe, nickte er. Mit hängenden Schultern verließ er das Zimmer.

Als wir wieder allein waren, fragte Benno neugierig, wie es denn für mich gewesen sei. Ich stutzte einen Moment, denn meine Gedanken waren immer noch bei meinem Vater. Bennos erwartungsvolles Gesicht sprach für sich. Ich wusste sofort, welche Antwort er erwartete. Ich brachte den Mut nicht auf, ihm die Wahrheit zu sagen. Wie hätte ich ihm sagen sollen, dass ich keinen Liebesrausch erlebt hatte? Ich hatte Angst, ihn in seiner männlichen Eitelkeit zu kränken. Und Angst vor endlosen Diskussionen. Ich wollte überhaupt nicht darüber reden. Es schien mir die einfachere Lösung, ihm etwas vorzuspielen. Und so stammelte ich hilflos, es sei schön gewesen.

Ich war total aufgewühlt und wusste nicht, wo mir der Kopf stand. Ich hatte mir die erste Nacht anders vorgestellt. Außerdem stand mir das Bild meines in sich zusammengesunkenen Vaters ständig vor Augen. Ich wäre am liebsten aus dem Zimmer geflüchtet. Zum Glück ließ mich Benno bald in Ruhe. Ich drehte mich auf die Seite und verkroch mich in mir selbst. Ich hätte gern einen dicken Panzer um mich gebaut. Ich war verunsichert, erleichtert, verzweifelt, irritiert. Alles gleichzeitig. Und zu allem Überfluss suchte ich die Schuld bei mir: Warum hatte ich es nicht geschafft, dieses erste Mal zu genießen? Ich hatte Benno angeschwindelt. Die Erschöpfung riss mich irgendwann in den Schlaf.

Mir war am nächsten Tag nicht wohl in meiner Haut. Ich fühlte mich nackt. Mir kam es vor, als würden mir alle von weitem ansehen, dass »es« nun passiert war. Es war mir irgendwie peinlich, und ich hoffte, dass die anderen Gruppenmitglieder mich nicht darauf ansprechen würden. Gleichzeitig wünschte ich mir, dass sie mich nun als erwachsene Frau betrachteten. Schließlich hatte mir Janet gesagt, dass man es einer jungen Frau ansieht, ob sie schon einmal gevögelt – so ihre Ausdrucksweise – worden sei. Ich glaubte ihr das.

Meine Mutter war ahnungslos, von meiner aufgewühlten Gefühlswelt bekam sie nichts mit. Es wäre mir auch nie in den Sinn gekommen, mit ihr darüber zu sprechen. Es wäre Verrat an Benno gewesen. Wahrscheinlich hat sie beiläufig erfahren, was passiert war. Gelegentlich kamen am Morgen Familienmitglieder ins Zimmer, um Benno oder Janet um Rat zu fragen. Dabei sahen sie, dass ich nun in der besonderen Gunst von Benno stand. Sie bewunderten mich, weil es für mich einen großen Wachstumsschritt bedeutete.

Meine Hoffnungen, dass ich mich irgendwann an das Liebesleben gewöhnen und es auch schön finden würde, erfüllten sich nicht. Ich verkrampfte mich immer mehr und schaute mit Bangen der nächsten Nacht entgegen. Sex empfand ich als lästige Pflicht und war maßlos enttäuscht. Es wurde zum Ritual, bei dem ich das Gefühl bekam, dass sich Benno über mich hermachte. Er hatte zwar hohe Ansprüche an sich und wollte ein guter Liebhaber sein, doch er schaffte es nicht, meine Verkrampfung zu lösen. Da ich unerfahren war, wusste ich nicht, wie sich richtige körperliche Liebe anfühlt. Ich fragte mich, ob all die schönen Schilderungen, die ich über die Sexualität aufgeschnappt hatte, maßlos übertrieben waren. Oder lag die Schuld allein bei mir? Benno gegenüber hatte ich gelernt, mich zu kontrollieren. So gelang es mir immer wieder, meine Abneigung vor seinem Körper zu überwinden und mich ihm hinzugeben.

Dann war da noch Janet. Sie wirkte oft gereizt. Sie hatte zwar in Kai einen jungen Liebhaber, doch sie war immer noch verletzt, dass sie ihren Platz an der Seite unseres geistigen Führers hatte abtreten müssen. Sie bekam ihre Eifersucht nicht in den Griff, wie Benno und Maghan es von ihr verlangten. Unser Medium war oft ungenießbar und ließ ihre Launen an mir aus. »Alle kümmern sich nur noch um Benno und Lea, es wird ein riesiges Tamtam um die beiden gemacht«, beklagte sie sich. »Lea hier, Lea da, Lea überall. Sie wird wie eine Königin behandelt. Dabei wäre es angemessen, dass man sich mehr um mich kümmern würde, schließlich bin ich das Medium.« Wenn ich ihr wenigstens hätte ausweichen können. Doch wir teilten das Zimmer und schliefen nebeneinander.

Benno gab sich Mühe, dass ich mich in dem Zimmer zu Hause fühlte. Es wäre mein neuer Zufluchtsort, sagte er mir immer wieder. Er spürte, dass ich mich in seiner Nähe nicht besonders wohl fühlte und lieber im Teeniezimmer geschlafen hätte. Doch es gab kein Entrinnen. Benno fragte mich, ob ich vor irgendetwas Angst habe. Ich schaffte es jedoch nicht, ihm die Wahrheit zu sagen, und fügte mich.

Meine Abneigung gegen Bennos Körper wurde immer stärker. Wenn er sich mir näherte, sträubte sich alles in mir. Dabei durfte ich mir eigentlich nicht eingestehen, dass Benno mich abstieß. Ich musste doch glücklich sein, dass unser geistiger Führer mich zur Frau gemacht und mich in die Geheimnisse der Liebe eingeweiht hatte.

Die Schuldgefühle nahmen ebenfalls zu. Ich verurteilte mich für meine innere Abwehr und Verkrampfung. Ich erschrak zutiefst, als mir bewusst wurde, dass mich Bennos Körper tatsächlich ekelte. Das durfte nicht sein. Ich gab mir noch mehr Mühe, einen Orgasmus hinzukriegen. Doch es half nichts, ich verkrampfte mich immer mehr und bangte jeweils schon am Mittag dem Abend entgegen. In mir zog sich alles zusammen, wenn ich mich neben Benno ins Bett legte. Ich hoffte stets, er sei zu müde und würde rasch einschlafen.

Ich haderte mit mir. Alle Frauen sehnten sich danach, von Benno erhört zu werden, und ich stellte mich so zickig an. Benno sprach mich immer wieder darauf an. In meiner Angst beruhigte ich ihn und sagte ihm, dass ich kein Problem mit seinem Körper hätte.

Das Schlimmste war wohl, dass ich mit niemandem sprechen konnte. Ich spürte ein permanentes Unbehagen, das ich mir nicht recht erklären konnte. Da ich an das übersinnliche Experiment glaubte und wie alle Familienmitglieder Benno als großen spirituellen Lehrer betrachtete, suchte ich die Ursache meines Leidens bei mir. Janet und Benno hatten uns auch immer wieder erklärt, dass wir selbst unser persönliches

Universum kreieren würden und allein für unser Schicksal verantwortlich seien.

Ich lernte, mich selbst zu täuschen und auszutricksen. Wenn er mich durchgevögelt hatte, wie er sich auszudrücken pflegte, starrte ich ins Leere und sprach mir selbst Trost zu: Es ist noch jedes Mal vorbeigegangen. Erinnere dich an den Moment, als du es überstanden hattest.

Ich redete mir ein, es sei ja gar nicht so schlimm. Trotzdem war ich immer froh, wenn Benno erschöpft aufs Kissen sank und bald einschlief.

An Einzelheiten unseres Geschlechtslebens kann ich mich nicht mehr erinnern. Ich habe es wohl verdrängt und die schmerzlichen Erinnerungen ausgeblendet. Ich weiß nur, dass mich beim Beschreiben der Szenen auch zehn Jahre später noch ein tiefes Gefühl der Abscheu befällt. Oft muss ich beim Schreiben eine Pause machen, um meine Erregung in den Griff zu bekommen.

Gleichzeitig spüre ich, dass das Schreiben eine befreiende Wirkung hat. Mit jedem Kapitel lässt der Schmerz ein Stück nach, und ich begreife allmählich, was wirklich passiert ist. Die Schuldgefühle verwandeln sich langsam in Wut. Fassungslos blicke ich auf diese Jahre zurück. Der Wahnsinn lässt sich nicht erklären, ich kann ihn nur beschreiben.

Die Zusammenhänge werden mir erst jetzt einigermaßen bewusst. Das Schreiben zwingt mich, genau hinzuschauen und in mich hineinzuhören. Ich verstehe nun auch, dass ich nicht die Mittäterin bin, als die ich mich gesehen habe. Solche Einsichten wirken befreiend. Sie nehmen mir einen Teil der Beklemmung und Scham. Heute weiß ich, dass ich lange Zeit keine Chance hatte, das raffinierte System zu durchschauen und mich zu wehren. Ich muss mir keine Vorwürfe mehr machen.

Doch zurück in die Vergangenheit. Jahrelang glaubte ich allen Ernstes, ich sei unfähig, »richtige Liebe« zu empfinden. Ich suchte krampfhaft nach Anerkennung und passte mich immer weiter an. Denn ich sehnte mich nach Geborgenheit.

So konnte mich Benno weiterhin sorglos vögeln. Der Umstand, dass ich noch keine Menstruation hatte, gab ihm viel Freiheit. Doch es war zu erwarten, dass meine Blutung bald einsetzen würde. Also informierte mich Benno über die dann notwendig werdende Verhütung. Er entschied sich jedoch dafür, sich sterilisieren zu lassen. Meinetwegen, wie er voll Stolz sagte. Das sei ein sehr großer Liebesbeweis, denn er würde es für keine andere Frau tun. Ich war gerührt und fühlte mich ihm gegenüber noch stärker verpflichtet. Schließlich nahm er die Tortur, wie er es nannte, mir zuliebe in Kauf.

Als er den kleinen Eingriff vornehmen ließ, hatte ich eine kurze, willkommene Ruhepause. Erst da merkte ich, wie sehr mich der Geschlechtsverkehr belastete.

Der Traum von der Insel

Obwohl ich oft mit Wehmut an mein altes Zuhause in der Schweiz dachte, schrieb ich meiner Freundin Jessica oder den Großeltern nur selten. Die Bilder der Vergangenheit und die Erinnerungen an das Leben in der Schweiz verblassten. Damals, zu Hause noch, hatte ich Jessica vermisst, sobald ich sie einen Tag nicht gesehen hatte oder nicht mit ihr telefonieren konnte.

Sicherlich hatte es auch damit zu tun, dass wir alle Briefe Benno vorlegen mussten. Er wollte wissen, welche Botschaften wir der Außenwelt übermittelten, begründete er die Maßnahme. Es wäre verhängnisvoll für unser Projekt, wenn »die da draußen« etwas über uns missverstehen würden. Prostest gab es keinen, alle legten ihm ihre Briefe vor.

Ich kann mich noch gut erinnern, wie ich Jessica meinen ersten Brief schrieb. Ahnungslos schilderte ich den Alltag in unserer Großfamilie. Als ich den Brief Benno zeigte, beschlich mich ein komisches Gefühl. Er runzelte denn auch die Stirn und entschied, ich müsste den Brief neu schreiben. Es sei besser, wenn Jessica und ihre Eltern nicht erfahren würden, wie wir lebten. Sie würden es nicht verstehen und sich ein falsches Bild machen. Er empfahl mir, die persönlichen Schilderungen wegzulassen. Schreib doch, dass das Essen gut ist und du regelmäßig reiten kannst. Ich könnte auch erwähnen, dass hier alles super sei.

Ich hatte zwar Mühe mit den leeren Umschreibungen, hielt mich aber an Bennos Rat. Ich überlegte mir, wie der Brief wohl auf Jessica wirkte, denn sie war andere Briefe von mir gewöhnt. Mir verging die Lust am Schreiben rasch, denn ich musste alles weglassen, was mich beschäftigte. So versiegte der Kontakt zu Jessica und meinen Großeltern allmählich.

Das Leben in unserem Hotel wurde mit der Zeit eintönig. Unsere Führungscrew begann neue Pläne zu schmieden. Jemand – ich weiß nicht mehr, wer es war – brachte die Idee auf, eine eigene Insel zu kaufen. Der Gedanke verfing bei Benno. Ein abgeschiedener, geschützter Ort für die Endphase unseres Experiments. Wir waren begeistert. Das wäre die perfekte Umgebung für unser Projekt.

Sibylle, unsere Botschafterin zur Außenwelt, besorgte sich Unterlagen von einem deutschen Inselmakler. Benno und Janet waren sich schnell einig, und schon bald saßen sie zusammen mit Sibylle und Jochen im Flugzeug nach Neuseeland, um sich in der Inselgruppe Marlboro Sounds ein angeblich traumhaftes Eiland anzuschauen.

Vor der Abreise gab Benno Kai und mir eine besondere Aufgabe. Wir sollten jeden Tag die Familienmitglieder nach ihren Frequenzen bewerten, ihnen also Plus- und Minuspunkte geben. Diese Aufgabe war für uns Teenager eine große Ehre und verschaffte uns eine noch privilegiertere Position. Wir gehörten nun zur Führergruppe. Die Familienmitglieder mussten um unsere Gunst werben. So begegneten sie uns mit noch mehr Respekt.

Das Punktespiel war typisch für Benno. Er genoss es, alles auf den Kopf zu stellen. Als Benno das neue System beim letzten Meeting vor seiner Abreise verkündete, regte sich Widerstand. Doch Benno schaffte es wieder einmal, den Protest abzuwenden.

Kaum war Benno weg, ging es mir um einiges besser. Für Kai und mich war es einerseits eine Auszeichnung, gleichzeitig eine heikle Verantwortung, denn wir mussten unsere Wertung nach den höheren Gesichtspunkten vornehmen, also der spirituellen Intuition und den übersinnlichen Impulsen folgen. Ich wusste nicht, ob ich dieses Sensorium besaß, um die Gruppenmitglieder richtig einschätzen und bewerten zu können.

Benno hatte mir eine Halskette mit einem sonnenähnlichen Anhänger geschenkt. Ich klebte ein Foto von ihm auf die Rückseite, auf dem er einige Jahre jünger und schlanker war. Wenn er auf Reisen war, fiel es mir auf einmal ganz leicht, von ihm zu schwärmen. Dann verklärte ich ihn und konnte ihm am Telefon ehrlich sagen, dass ich ihn vermisse.

Forsyth Island sei das perfekte Refugium für uns, erzählte mir Benno am Telefon. Er war richtig euphorisch. Dieses Fleckchen Erde weise enorme Schwingungen auf und sei die ideale Basis für unser Experiment. Hier würden wir den geistigen Aufstieg schnell schaffen.

Ohne Benno war das Leben in der Gruppe noch eintöniger, und ich freute mich auf seine Heimkehr. Ich glaubte plötzlich, dass ich mein Problem mit ihm in den Griff bekäme. Doch es kam anders. Benno war nach der Rückkehr reserviert und bat Kai und mich am ersten Abend, für die nächsten Tage einen anderen Schlafplatz zu suchen. Damit hatte ich nicht gerechnet. Es musste etwas vorgefallen sein. Benno sah meine Ratlosigkeit und sagte, Janet und er seien erschöpft von der langen Reise und bräuchten Ruhe. Doch ich spürte, dass mehr dahintersteckte und es mit Janet zu tun haben musste.

Einerseits freute sich Benno riesig, mich zu sehen, andererseits verhielt er sich sehr zurückhaltend. Ich verstand das nicht und machte mir Gedanken. Hatte Janet Benno auf der Reise wieder für sich gewinnen können? Was war zwischen den beiden passiert?

Benno hatte sich verändert, und Janet trat seit der Heimkehr selbstsicherer und bestimmter auf. Ich war zwar froh, dass ich nicht mehr in dem Zimmer schlafen musste, die Ungewissheit verunsicherte mich dennoch. Ich wusste einfach nicht, woran ich war und wie ich mich verhalten sollte. Zumal Benno immer wieder eindeutige Gesten und Bemerkungen machte.

Unsere Führungscrew war Feuer und Flamme für die Insel. Sie hatte sich in das isolierte Fleckchen Erde verliebt. Wir begannen sofort, die Finanzierung zu planen. Forsyth Island kostete etwa 1,7 Millionen Euro. Ein Betrag, der unsere Möglichkeiten bei weitem überstieg.

Benno hatte in Neuseeland wieder einmal eine neue Idee, die er uns nach der Rückkehr enthusiastisch vortrug. Sie sollte unsere Gruppe nachhaltig prägen. Wir planten eine eingeschworene Gemeinschaft zu werden, die sich nach außen tarnte. Wir stellten uns vor, wie es wäre, wenn wir eine Art Geheimorden bilden würden, von dem niemand wusste, was sich im Innern abspielte. Die meisten fanden es genial. Dann wären wir endgültig etwas ganz Besonderes und würden uns radikal von der Welt unterscheiden, in der es einzig galt, materielle Ziele zu erreichen und Reichtümer anzuhäufen. Wir wollten eine Fassade aufbauen, hinter die niemand schauen konnte. »Wir werden Bäume pflanzen und Umweltprojekte gründen«, sagte Benno. »Dann wird uns niemand mehr fragen, was wir eigentlich treiben. So werden wir in Zukunft unsere Ruhe haben. Der beste Schutz besteht darin, die Öffentlichkeit einzubeziehen.« Damit gab er das Startsignal für ein neues Projekt, das uns lange Zeit beschäftigen sollte.

Janet befürchtete, dass ihr Frieden mit Benno nicht von Dauer sein könnte. Jedenfalls verhielt sie sich mir gegenüber plötzlich wieder ungehalten und versuchte auch, mich von ihm fern zu halten. Sie rief mich eines Tages zu sich und fragte, ob ich nicht Lust hätte, Erfahrungen mit einem anderen Mann zu sammeln, um eine richtige Frau zu werden. Beiläufig erwähnte sie Daniel.

Ich schaute sie überrascht an. Daniel war attraktiv, Ende zwanzig und einer der wenigen jungen Männer in unserer Gruppe. Als Masseur genoss er ein hohes Ansehen, vor allem bei Benno und Janet, die er täglich behandelte. Er war unser Aspekt des Heilens und hielt sich mit Kampfsport fit.

Daniel gefiel mir gut, und so hatte ich keine Mühe mit Janets Vorschlag, zumal Benno sich weiterhin mir gegenüber sehr distanziert verhielt. Ich nahm Janets Anstoß ernst, schließlich wollte ich schnell eine richtige Frau werden. Vorsichtig näherte ich mich Daniel.

Bei einem Meeting mussten wir eng zusammenrücken und saßen Körper an Körper. Ich suchte mir einen Platz neben Daniel. Doch Benno forderte mich auf, mich neben ihn aufs Bett zu setzen. Als ich nicht reagierte, insistierte er so lange, bis ich schließlich seiner Forderung nachkam. Später wollte er von mir wissen, was das Getue mit Daniel denn solle, er gäbe mich doch nicht so einfach her.

Benno ahnte wohl, dass da etwas gespielt wurde. Spielchen hinter seinem Rücken mochte er gar nicht. So nahm er bald wieder das Heft in die Hand und sprach – wie immer versteckt – ein Machtwort. Auch Janet verstand die Botschaft. Und ich zog bald wieder in Bennos Zimmer ein. Ich war hin- und hergerissen. Ich hatte zwar wieder meine alte Position, doch lähmte es mich, wenn ich an die bevorstehenden Nächte dachte.

Obwohl wir glaubten, zumindest seelisch unsterblich zu sein, taten sich viele schwer mit dem Älterwerden. Vor allem Janet. Sie und ein paar andere Frauen probierten jede erdenkliche Methode aus, um den körperlichen Alterungsprozess zu stoppen.

Um den Tricks und Mittelchen eine höhere Weihe zu geben, rief Janet unser Geistwesen Maghan an. In dieser Zeit entdeckte Janet respektive Maghan das Wasser als potente Lebenskraft. Die Wirkung des Wassers auf unseren Körper sei großartig und unterstütze zugleich den Prozess der Transformation und des geistigen Aufstiegs. Das Geistwesen empfahl uns, viel Wasser zu trinken. Die enthusiastische Ruth beherzigte Maghans Rat wie immer am eifrigsten. Sie war unsere Musterschülerin.

Ein paar Tage später erlitt Ruth einen Kollaps. Sie fantasierte und war kaum noch ansprechbar. Sie wirkte wie ein betrunkenes Kind und begann zu randalieren. Wir mussten sie notfallmäßig ins Krankenhaus einliefern. Es stellte sich heraus, dass sie in wenigen Stunden fünfzehn Liter Wasser getrunken hatte.

Allen war klar, dass sie ein Risikofaktor war und die Familie verlassen musste. Vor allem, weil sie früher schon einmal akute psychische Probleme gehabt hatte. Psychisch auffällige Familienmitglieder waren eine Gefahr für die Gruppe. Benno kannte kein Pardon.

Um Ruth die Heimkehr zu erleichtern, drückte Benno ihr 5000 Franken in die Hand. Damit wollte er den zu erwartenden Protest ihrer Familie dämpfen, denn sie hatte bei ihrem Eintritt in die Gruppe 150 000 Franken eingebracht. Ruth nahm das Geld dankend an und reiste geknickt ab.

Wir bekamen Besuch von verschiedenen Personen, die an Seminaren teilgenommen hatten und in unsere Großfamilie aufgenommen werden wollten. Bis auf einen Schweizer Bankier wies Benno alle ab. Dieser hatte es als Einziger geschafft, Benno zu überzeugen, dass er die Gruppe gut ergänzen würde. Sein Vermögen konnte sich auch sehen lassen.

Zur gleichen Zeit erhielten meine beiden Cousins Reto und Ben Briefe von ihrer Mutter, die Benno alarmierten. Zwischen den Zeilen war deutlich herauszulesen, dass Mona ihre beiden Söhne sehr vermisste. Janet und Benno befürchteten, dass sie Reto und Ben zurückgewinnen wollte. Das musste unter allen Umständen verhindert werden. Es wurden Strategien entwickelt, um die beiden Jungs zu »retten«. Sie erklärten auch, dass sie unbedingt bei uns bleiben wollten und sich ein Leben in der Schweiz nicht mehr vorstellen könnten.

Lisa sollte mit Reto und Ben in die Schweiz fliegen, um die Situation zu bereinigen. Ich hoffte inständig, dass ihnen dies gelingen würde. Wir scherzten beim Packen, und sie versprachen mir hoch und heilig, so schnell wie möglich zurückzukommen.

Doch es kam anders. Mona hatte alles genau geplant. Unter einem Vorwand schickte sie Lisa weg und flüchtete mit den beiden Jungs an einen geheimen Ort. Meine Mutter suchte sie vergebens. Deprimiert kam sie allein nach Portugal zurück. Es war für sie eine bittere Niederlage. Aber auch für die Gruppe. Wir verloren zwei Familienmitglieder, die wichtige spirituelle Aspekte für den Aufstieg abgedeckt hatten. Wir könnten leider nichts mehr für Reto und Ben tun. Sie müssten nun selbst entscheiden, welchen Weg sie gehen wollten, sagte Benno. Vielleicht hätten sie genug Kraft, um zu uns zurückzufinden und den spirituellen Pfad fortzusetzen. Ansonsten müssten sie halt den normalen menschlichen Weg gehen, der mit dem Tod ende, verkündete Janet. Ihre Seelen blieben im irdischen Kreislauf gefangen. Unfähig, die spirituelle Macht über den Tod zu erlangen.

Die Worte von Janet respektive Ramtha – intern nannten wir Maghan manchmal bei seinem alten Namen – schienen Wirkung zu zeigen. Wie durch ein Wunder rief Reto an, als wir im Meetingraum versammelt waren. Ich jubelte innerlich, denn ich schöpfte Hoffnung, dass meine beiden Cousins zurückkehren würden. Doch Bennos gedämpfte Stimme verriet mir, dass ich mich wohl zu früh gefreut hatte. »Ja, dann werdet ihr halt den Weg des Todes gehen«, hörte ich ihn sagen. Diese Worte trafen mich hart. Wie kann er nur so brutal sein, dachte ich und war wütend auf ihn.

Nach diesem Telefonat befürchtete Benno, dass Reto und Ben auspacken und Geheimnisse unserer Familie preisgeben könnten. Am meisten Angst hatte er wohl davor, die beiden würden unseren Verwandten verraten, dass Kai und ich sexuelle Beziehungen zu Erwachsenen hatten. Es war ein kritischer Moment, aber Janet und Benno klammerten sich an die Hoffnung, dass die beiden schweigen würden, da sie ja selbst »freiwilligen Sex«, so wurde es genannt, mit Frauen aus der Familie gehabt hatten.

Unsere Verwandten in der Schweiz waren heilfroh, dass Reto und Ben wieder zurück waren, wie ich später erfuhr. Die beiden hatten zwar Mühe, sich in der »normalen Welt« wieder zurechtzufinden, was ihnen aber mit der Zeit gelang. Über die sexuellen Eskapaden schwiegen sie eisern, wie ich nach meiner Flucht erfuhr.

Die neuseeländische Insel Forsyth Island sollte bald unsere neue Basis werden. Wir träumten bereits davon, uns in der Abgeschiedenheit auf die Transformation in höhere Wesen vorbereiten zu können. Die Frage war nur: Konnten wir uns die Insel leisten?

Wir hatten zwar noch einen Teil des Geldes, das verschiedene Mitglieder der Gruppe vermacht hatten, doch es reichte nicht, um den Kaufpreis zu zahlen. Wir diskutierten stundenlang, wie wir das Geld auftreiben könnten. Sollten wir es wagen, einen Abzahlungsvertrag mit dem deutschen Inselmakler zu unterzeichnen und die Anzahlung von 500 000 Dollar zu leisten? Wir überlegten, ob wir es nach dem Prinzip des positiven Denkens schaffen würden.

Janet hatte uns immer wieder die Information von Maghan vermittelt, dass in Zukunft alles Geld der Welt zu uns fließen werde. Wir müssten nur bereit sein, über sämtliche inneren Barrieren zu schreiten und alle geistigen Grenzen zu sprengen. Einzelne Familienmitglieder machten zwar kritische Einwände und warnten vor einer Überschuldung, doch Benno entgegnete: »Jetzt können wir beweisen, dass wir anders als die normalen Menschen sind, entschlossener, mutiger, nicht im Materiellen verhaftet. Wir werden beweisen, dass die Welt nicht nach den menschlichen Gesetzen funktioniert, sondern nach den kosmischen. Die Geschehnisse auf dieser Erde werden von übergeordneten Kräften geleitet.« Wir hofften auf die höheren Mächte und entschieden am Schluss einstimmig, den Vertrag zu unterschreiben. Ja, wir werden es schaffen, waren wir überzeugt. Im Meetingraum herrschte Aufbruchstimmung.

Benno griff zum Telefon und teilte Sibylle, die die Verhandlung in Deutschland führte, unsere Entscheidung mit. »Lass uns dieses finanzielle Vakuum kreieren, auf dass genügend Geld nachfließen kann«, sagte er ihr. Sibylle erwiderte triumphierend, sie habe den Vertrag bereits unterschrieben. Das war wie eine Vorsehung. Nun war auch das ganze Geld, das mein Vater der Gruppe übergeben hatte, weitgehend aufgebraucht. Benno hatte ja schon drei Toyota Landcruiser gekauft, außerdem wurden mit den Spenden die Lebenskosten der Gruppenmitglieder bestritten, inklusive Zusatzausgaben für Benno und Janet. Wir hatten kein regelmäßiges Einkommen, weil niemand einem Broterwerb nachging. Und da unsere Gruppe vorläufig komplett war, konnten wir auch nicht auf Reichtümer neuer Gruppenmitglieder hoffen. Klar war nur: Wenn wir die Raten nicht zahlen könnten, wäre die Anzahlung futsch. Und unsere Insel schwämme davon.

Eigentlich hatten wir keine Möglichkeit, eine seriöse Entscheidung zu treffen. Nur Benno, Sibylle, Jochen und Monika, unsere Buchhalterin, kannten unsere finanzielle Situation. Außerdem stand das Ergebnis der Abstimmung von vornherein fest. Alle wussten, was Benno von uns erwartete. Niemand hätte gegen seinen Willen gestimmt.

Wir brauchten also dringend Geld und waren gezwungen, es irgendwie aufzutreiben. Benno erzählte uns, er kenne einen sehr reichen Amerikaner, der ein Projekt finanziell unterstütze, das sich Biosphere two nenne. Eine Gruppe von Leuten lebe über einen langen Zeitraum völlig abgeschottet von der Außenwelt unter einer Glaskuppel. Alles, was sie zum Leben brauchten, fänden sie in ihrem künstlichen Refugium. Es handle sich dabei ebenfalls um ein spezielles Experiment, das von einem Mann mit Visionen geleitet werde. Benno beauftragte Sibylle, Kontakt zu diesem Sponsor aufzunehmen und ihn von unserem Projekt und unseren Zukunftsplänen zu überzeugen.

Doch weder das positive Denken noch der potenzielle Sponsor halfen. Wir brachten die erforderliche Summe nicht ansatzweise zusammen. Die Frist lief ab und die Insel versank in unseren Träumen.

Das Thema war rasch abgehakt. Benno erklärte den Verlust zu einem spirituellen Erfolg. Das Experiment mit der Insel sei ein wunderbarer Ausdruck dafür, dass Sibylle sich sehr viel wert sei. Sie müsse sich nun dafür lieben, dass sie 500 000 Dollar in den Sand gesetzt habe, was einen immensen Lernschritt für sie bedeute. Damit gab sich die ganze Familie zufrieden.

Die Leute von Biosphere two halfen uns zumindest, eine neue Heimat zu suchen. So flogen Benno, Janet, Sibylle und Jochen nach Australien und Puerto Rico, um Grundstücke und Immobilien zu begutachten. Doch die Projekte zerschlugen sich. Wir lebten mehrere Monate im Ungewissen und wussten nicht, wo wir die Endphase unseres Experimentes vollziehen würden.

In dieser Zeit trieben wir die Tarnung unserer Gruppe als Entwicklungsprojekt voran. Der Vorfall mit Reto und Ben machte uns deutlich, dass dieser Schritt notwendig war. Wir gründeten eine Stiftung. Die Fassade diente uns dazu, der Außenwelt zu erklären, was wir trieben. Ja, wir konnten uns brüsten, einen sinnvollen Zweck zu erfüllen und deshalb guten Gewissens zu Spenden aufzurufen. In Wirklichkeit wollten Benno und Janet vor allem den Sektenvorwurf entkräften und an neue Gelder kommen.

Mit der Stiftung bauten wir eine fast perfekte Illusionen auf, sowohl nach innen als nach außen. Selbst gegenüber kritischen Angehörigen konnten wir nun selbstsicher auftreten und ihnen von unseren Entwicklungsprojekten erzählen. Wir stellten uns als gemeinnützige Gemeinschaft dar, die versucht, die ideale Lebensform zu finden und sich zum Wohl der Menschheit einzusetzen. Das war nicht einmal gelogen, nur durfte niemand wissen, dass wir uns dabei vor allem auf spirituelle Ziele konzentrierten. Wir hatten auch keine moralischen Skrupel, denn wir glaubten, dass die Außenwelt übersinnlich unterentwickelt sei und uns deshalb nicht verstehen könne.

Es gelang uns mit der Zeit tatsächlich, einflussreiche Leute von unseren Hilfsprojekten zu überzeugen.

Doch nicht alle Verwandten in der Schweiz ließen sich von dem Stiftungsprojekt blenden. Die Beziehung zu unseren Großeltern und anderen Verwandten gestaltete sich weiterhin schwierig. Einzig Andres' Mutter hielt den Kontakt zu uns, auch wenn es ihr schwer fiel, unsere Lebensweise zu akzeptieren. Dennoch besuchte sie uns im Sommer in Portugal. Meine Eltern, mein Bruder und ich besuchten sie in ihrem Hotel, und ich hatte das Gefühl, ich hätte sie Jahre nicht gesehen. Mein früheres Leben schien mir plötzlich ganz weit weg zu sein. Meiner Großmutter gegenüber traten wir als Familie auf und taten auch so, als lebten wir unter einem Dach.

Später durfte meine Großmutter uns in unserem Haus in Mons Cicus besuchen. Alle Gruppenmitglieder waren sehr freundlich zu ihr. Wir wollten, dass sie sich wohl fühlte und natürlich ein positives Bild von der Gruppe gewann.

Die Beziehung zu Lisas Eltern, mit denen wir das Haus in der Schweiz geteilt hatten, gestaltete sich schwierig. Sie machten uns immer noch Vorwürfe. Die nichtssagenden Briefe, die wir ihnen schickten, regten sie noch mehr auf, und so riss der Kontakt mit der Zeit ganz ab.

Andres, Kai und ich durften am Ende des Jahres für ein paar Tage in die Schweiz fahren. Wie es dazu kam, weiß ich nicht. Es war wohl Teil des Experiments. Ich hatte mich jedenfalls immer wieder danach gesehnt, meine alte Heimat zu sehen. Und zwar als die Person, die ich inzwischen geworden war. Ich war überzeugt, viel erfahrener und erwachsener zu sein und nun den wahren Sinn des Lebens zu kennen. Es reizte mich, die Schweiz mit neuen Augen zu erleben.

Ich freute mich auf die Begegnung mit meiner Großmutter väterlicherseits. Doch alles war anders, als ich es mir vorgestellt hatte. Ich fand mich in der alten Welt nicht mehr zurecht und fühlte mich fehl am Platz. Im hektischen Bahnhof von Winterthur fühlte ich mich verloren. Die vielen Leute hetzten an mir vorbei, ich kam mir so fremd vor.

So war ich auch nervös, als ich Jessica, meine beste Freundin, anrief. Ich wusste überhaupt nicht, wie ich mich verhalten und was ich ihr sagen sollte. Jessica war überrascht, dass ich in der Schweiz war und sie besuchen wollte. Sie musste weinen, nachdem sie den Hörer aufgelegt hatte, wie sie mir später erzählte.

Meine Großmutter erklärte sich bereit, mich zu Jessica zu bringen. Wie wird wohl unser Wiedersehen, grübelte ich auf der Fahrt. Ich wollte ihr einfach nur zu verstehen geben, wie viel sie mir immer noch bedeutete. Doch ich fühlte mich auch bei ihr fremd und fand keine passenden Worte. Mir war, als stünde eine unsichtbare Wand zwischen uns. Ich war ratlos. Nun fielen mir Janets Worte wieder ein: »Man sieht jemandem an, ob er schon mal Sex hatte.« Ahnte Jessicas Familie vielleicht, dass ich schon sexuelle Erfahrungen hatte?

Heute weiß ich, weshalb die Atmosphäre so verkrampft

war. Ich sei sehr verunsichert gewesen und habe verängstigt gewirkt, erzählten mir Jessica und ihre Mutter Jahre später. Sie seien auch erschrocken gewesen, wie sehr ich mich verändert hätte. Ich hätte sogar meinen Schweizer Dialekt verloren. Tatsächlich hatte ich Hochdeutsch gesprochen, was mir nicht aufgefallen war. Meine Muttersprache war mir nicht mehr selbstverständlich.

Schwierig war für mich auch die Begegnung mit dem Bruder unseres Vaters und dessen Frau. Die beiden hatten nie einen Hehl daraus gemacht, dass sie den Schritt unserer Eltern, sich der Gruppe anzuschließen, missbilligten. Sie konnten nicht akzeptieren, dass Kai und ich aus der Schule gerissen worden waren und nun isoliert in der für sie sektenhaften Gruppe lebten. Da wir ihre ablehnende Haltung kannten, konnte ich mich auch ihnen gegenüber nicht ungezwungen verhalten. Ungemütlich wurde der Besuch auch, weil unser Onkel uns wieder mit Fragen löcherte, die mich in Verlegenheit brachten.

Was sollte ich antworten? Ich wusste nur, dass ich auf keinen Fall Geheimnisse über unser Projekt verraten durfte. Ich schaute wohl ziemlich belämmert aus der Wäsche und war unfähig, halbwegs vernünftige Antworten zu geben. So wiederholte ich immer wieder, es gehe uns gut, wir seien sehr glücklich. Jedenfalls atmete ich erleichtert auf, als ich mich endlich verabschieden konnte.

Belastend waren auch die Telefongespräche mit Benno. Er hatte von uns verlangt, ihn täglich anzurufen. Er wollte alles genau wissen. Es war beklemmend. Ich konnte auch nicht frei sprechen, weil meine Großmutter stets in der Nähe war und mithörte. Letztlich war unsere Exkursion in die »alte Welt« eine einzige Enttäuschung für mich. So war ich denn auch froh, als wir wieder zurück nach Portugal fuhren. Ich freute mich richtig darauf, heim in meine vertraute Umgebung zu kommen. Heim in unsere Familie, in der ich keine Angst vor kritischen Fragen haben musste.

Verkleidungsspiele

Obwohl wir immer noch keine neue Heimat für die Endphase gefunden hatten, brachen wir alle Zelte in Portugal ab und quartierten uns vorübergehend in einem kleinen alten Hof in Bayern ein.

Wir karrten also unser bisschen Hab und Gut quer durch Europa, ohne ein Ziel zu haben und zu wissen, wie es weitergehen sollte. Es war ein riesiger Aufwand, eine Tortur sondergleichen. Ich begriff nicht, weshalb wir nicht in Portugal bleiben konnten, bis wir eine neue Bleibe gefunden hatten.

Das Millionenvermögen, das die begüterten Familienmitglieder in unser Experiment eingebracht hatten, schmolz weiter. Wir hingen in der Schwebe. Benno sagte uns, wir müssten Vertrauen in die höheren Mächte haben, die uns führen und uns eine Lösung zeigen würden. Und so waren wir überzeugt, dass sie uns bald mit einer geistigen Botschaft einen Weg weisen würden. Hey, wir sind die Retter dieses Planeten, mit unserem Experiment werden wir den Untergang der Menschheit und dieser wunderschönen Welt verhindern, machten wir uns Mut. Es liegt deshalb auch im Interesse des göttlichen Ursprungs, dass wir erfolgreich sind.

An die Übergangszeit in Deutschland habe ich keine guten Erinnerungen. Ich fühlte mich auf dem alten Bauernhof nicht wohl. Die Platzverhältnisse waren knapp, die Räume düster. In das eine Zimmer pferchten sich rund zwanzig Erwachsene. Der ganze Raum war mit Matratzen ausgelegt. Im anderen Zimmer schliefen Benno, Janet, Kai, Jochen, Sibylle und ich. Die Kinder hatten einen eigenen Raum und bekamen nicht mit, was sich nachts in unserem Zimmer abspielte. In dieser Zeit gab es keine Zweifel mehr, zu wem ich gehörte. Janet musste ihren Platz endgültig abtreten und sich mit Kai zufrieden geben.

Auch aus einem andern Grund ist mir diese Zeit in schlechter Erinnerung. Benno offenbarte mir eine neue Seite. Er hatte sonderbare sexuelle Neigungen. Nur vorsichtig zwar deutete er diese an, denn ich war immer noch verkrampft. Trotzdem war ich total verunsichert. Er outete sich allmählich. Er glaubte, ich hätte genügend Erfahrung gesammelt, und redete gern über seine sexuellen Wünsche. Früher habe er oft Frauenkleider getragen, gestand er mir. Ich starrte ihn ungläubig an. Noch nie hatte ich gehört, dass Männer Röcke und Strümpfe tragen, um sich in Stimmung zu bringen. Diese Phase habe er ausgelebt und überwunden, beruhigte er mich, als er meine Entgeisterung bemerkte. Janet habe ihm dabei geholfen. Er gestand mir, dass er deshalb zu Beginn unserer Beziehung noch ein paar Mal solche Sexabenteuer mit ihr gehabt habe. Sie habe sich sozusagen zur Verfügung gestellt, damit er dieses Kapitel abschließen konnte. Um mich nicht zu belasten, habe er mir seine Eskapaden mit Janet verschwiegen.

Ich hatte einen dicken Kloß im Hals und wusste nicht, was ich denken sollte. Benno sprach das alles mit einer Selbstverständlichkeit aus, dass ich mir vollkommen daneben und naiv vorkam. Ist das wirklich so normal, fragte ich mich. Ich war viel zu verunsichert, um empört zu reagieren. Ich weiß nur, dass mich seine Schilderungen verletzten. Ich kann ihm nicht einmal einen Orgasmus bieten, und er würde es gern in Frauenkleider machen. Deshalb treibt er es hinter meinem Rücken mit Janet. Ich fühlte mich als Versagerin.

Trotzdem hatte ich Mühe mit der Vorstellung von Benno in Frauenkleidern. Das Bild kam mir lächerlich vor. Was zum Teufel stimuliert ihn daran, fragte ich mich. Er betont doch sonst immer seine Männlichkeit und ist der unbestrittene Platzhirsch. Auch konnte ich mir nicht vorstellen, dass es andere Frauen als aufreizend empfanden, wenn Benno in Frauenkleider schlüpfte. Ich verstand die Welt nicht mehr.

Trotzdem folgte ich unserem Grundsatz, nicht zu urteilen

und niemanden zu verurteilen. Ich gab mir alle Mühe, Verständnis für Bennos erotische Wünsche aufzubringen. Auf keinen Fall wollte ich den Eindruck erwecken, ich sei prüde. Trotzdem las er deutlich an meinem Gesicht ab, dass ich mir solche Sexspiele nicht vorstellen konnte.

Er lebe damit seine weibliche Seite aus, beruhigte mich Benno. Es gehöre zu seiner geistigen Entwicklung als spirituelles Wesen, die femininen Aspekte nicht zu unterdrücken. So etwas hatte ich noch nie gehört. Ein Mann mit weiblichen Eigenschaften? Benno nahm sich viel Zeit, um mir die Zusammenhänge von männlichen Aspekten bei Frauen und weiblichen Eigenschaften bei Männern zu erklären.

Die Geschichte mit den Frauenkleidern sollte aber erst der Anfang sein. Es ging weiter damit, dass Benno mich fragte, ob er mich ans Bett fesseln dürfe. Ich schaute ihn fassungslos an. Er schilderte mir in den schönsten Bildern, wie aufregend das sei. Es gäbe nichts Erotischeres als gefesselte und geknebelte Frauen. Seine glänzenden Augen waren mir unheimlich. Schon allein der Gedanke daran schien ihn anzuturnen. Mir zog sich alles zusammen bei dem Gedanken, dass er mich nackt ans Bett fesseln würde. Ich war ja schon verkrampft, wenn er mich liebevoll streichelte. Unvorstellbar, ihm komplett ausgeliefert zu sein und sich nicht bewegen zu können.

Bei einer anderen Gelegenheit erzählte mir Benno, dass er es besonders scharf findet, wenn seine Partnerin ihn fesselt. Er thematisierte seine Vorlieben oft. Ich sollte mich an die Vorstellung harter Sexspiele gewöhnen. So legte er immer wieder Videofilme ein, wenn wir auf dem Bett lagen. Ich war entsetzt. Die Szenen widerten mich an. Wie kann man dabei Lust empfinden, fragte ich mich. Und davon träumte Benno? In den Sexfilmen wurde gefesselt, geschlagen, gestöhnt und auf alle Arten gefickt. Mir wurde fast übel. Trotzdem war es mir lieber, wenn Benno seine Fantasie beim Betrachten der Filme auslebte als an mir.

Ich schaffte es nicht, Bennos Wünsche zu erfüllen. Ich war

viel zu verkrampft. Er merkte, dass ich vorläufig zumindest damit überfordert war. Doch er ließ nicht ab von diesem Thema. Immerhin brachte er mich dazu, Reizunterwäsche anzuziehen.

Auch Janet betrieb einen wahren Kult um ihren Körper und achtete sehr auf sich. Wenn sie sich im Bad wieder einmal kritisch musterte und den Eindruck gewann, ihr Busen folge mehr und mehr der Schwerkraft oder unliebsame Pfunde würden sich mit Vorliebe an den Hüften ansetzen, konnte sie ein fürchterliches Lamento anstimmen. Sie träumte von der ewigen Jugend und beobachtete die Veränderungen an ihrem Körper misstrauisch.

Meine Jugend war eine schiere Provokation für Janet. Ihren Versuchen, Benno mit ihren weiblichen Reizen zu umgarnen, blieb ein mäßiger Erfolg beschieden. Dann ließ sie ihre Laune mit Vorliebe an mir aus. In solchen Momenten wäre ich am liebsten abgehauen. Die Giftpfeile, die Janet abschoss, trafen mich ins Mark. Ich war vierzehn Jahre und wusste nicht, wie ich mich gegen sie wehren konnte. Und ich fühlte mich für Janets Kummer verantwortlich und hatte ihr gegenüber Schuldgefühle. Unser Medium spielte denn auch geschickt auf dieser Klaviatur. Sie wusste, wie sie mich verunsichern konnte. Deshalb brachte ich auch den Mut nicht auf, abzuhauen, obwohl ich oft davon träumte. Ohne Pass und Geld wäre ich vermutlich auch nicht weit gekommen. Und trotz aller Skepsis glaubte ich an das übersinnliche Experiment. Der Enthusiasmus und die Heilsvorstellungen der Erwachsenen hatten mich angesteckt.

Benno schickte mich wieder einmal aus dem Zimmer, damit er in Ruhe mit Janet arbeiten konnte. Ich war völlig durcheinander und kam mit meinen Gefühlen nicht zurecht. Mir war klar, dass er in solchen Situationen nicht nur auf der »höheren« Ebene mit Janet arbeitete, sondern auch auf der handfest irdischen, bei der Sex im Spiel war. Ich hielt es kaum aus, so beiseite geschoben zu werden. Obwohl ich mich vor den körperlichen Begierden Bennos ekelte, tat es mir weh, wenn er mit Janet im Bett »arbeitete«. Ich fühlte mich dann beschmutzt und ausgenutzt.

Wenn Janet wieder einigermaßen ihre »innere Mitte« gefunden hatte, musste sie den Beweis erbringen, dass sie die Lektion begriffen hatte. Die Auflösung der Konfliktsituation nannte Benno »Prozedere«. Es bestand darin, dass Benno sich zwischen uns beide Frauen legte und wir es ihm gemeinsam besorgen mussten. Was ich dabei empfand, interessierte die beiden nicht. Es war die Hölle für mich. Ich hasste Benno, ich hasste Janet, und ich hasste vor allem mich selbst. Alles sträubte sich in mir. Doch ich traute mich nicht, meine Gefühle zu zeigen und machte mit. Ich wollte demonstrieren, dass ich innerlich frei war. Und ich scheute die Auseinandersetzung.

Im Gegensatz zu mir ging Janet lustvoll zur Sache. Es war für sie wie ein Sieg. So konnte sie Benno beweisen, wer die »richtige Frau« war.

In Bayern war ich wie schon in Mons Cicus für die Kinder verantwortlich. Ich gab ihnen Schulunterricht, schaute, dass sie rechtzeitig ins Bett kamen, erzählte ihnen Geschichten, räumte ihre Kleider ordentlich in den Schrank. Kurz: Ich war ihre große Schwester und ihr Mädchen für alles. In dieser Übergangszeit fühlten sich die Kinder nicht wohl. Mike zum Beispiel weinte jeden Abend. Ich fand den Grund aber nicht heraus. Vermutlich fühlte er sich einsam und von den Eltern im Stich gelassen. Es war für mich belastend und anstrengend, und ich versuchte, ihn so gut es ging zu trösten. Dass ich selbst jemanden gebraucht hätte, der mich tröstend in die Arme schloss, konnte ich ihm nicht sagen. Und ich konnte auch nicht alle acht Kinder in den Schlaf wiegen, die dringend mehr Nähe und Zuwendung gebraucht hätten.

Bei der Suche nach einer neuen Heimat stand Australien hoch im Kurs. Janet und Benno schwärmten für den fünften Kontinent. Sibylle und Jochen unternahmen eine Erkundungsreise und fanden auch ein geeignetes Grundstück. Allerdings schienen die Einreisebestimmungen unüberwindlich, wie sich bald herausstellte.

Auf dem Weg zurück nach Europa legten die beiden einen Stopp in den USA ein und besuchten unsere Freunde vom Projekt Biosphere two. Als Sibylle anrief, ihre Freunde wüssten von einer Ranch in Belize, kam bei uns Feststimmung auf. Der Name klang verheißungsvoll, nur wusste niemand, wo das Land lag. Aufgeregt besorgten wir uns Informationen und fanden heraus, dass es ein kleines Land in Zentralamerika war und geografisch zur Karibik gehörte. Früher hieß es British Honduras.

Benno schickte Sibylle los, sie sollte die Ranch inspizieren. Ich spürte intuitiv, dass dies das richtige Land für uns war. Ich sah uns in Gedanken schon in der Karibik und fieberte dem großen Umzug entgegen.

Doch die erste Meldung unserer »Botschafterin« Sibylle entsprach gar nicht unseren Erwartungen. Sie erlebte einen Kulturschock und beschrieb uns Belize als schreckliches Entwicklungsland. Es sei heruntergekommen, die Leute hausten in schäbigen Holzhäuschen mit Blechdächern. Außerdem sei es überall schmutzig, der ganze Müll läge einfach auf den Straßen. Das Land eigne sich unmöglich für unsere Mission, erklärte Sibylle am Telefon. Daraufhin reiste Jochen ihr nach, um selbst einen Eindruck zu bekommen.

Als die beiden dann einen Ausflug ins Innere des Landes unternahmen, änderten sie ihre Meinung schlagartig. Sibylle und Jochen überschlugen sich nach ihrer Rückkehr vor Begeisterung. Sie hatten eine Ranch entdeckt, die einem Amerikaner gehörte und wie für uns geschaffen schien. Sie bestand aus mehreren Gebäuden, umfasste 600 Rinder, eine Orangenplantage und weite Flächen unberührten Regenwaldes. Es hörte sich fantastisch an. Nach vielen Monaten schien sich endlich eine Lösung abzuzeichnen.

Die restliche Zeit in Bayern ist mir in schlechter Erinnerung. Ich ärgerte mich maßlos über Benno. Er ging die ganze Zeit seiner Lieblingsbeschäftigung nach, dem Zappen mit der Fernbedienung des Fernsehers. Stunde um Stunde verbrachte er vor der Kiste. Er konnte nicht genug bekommen und genoss die breite Palette deutscher Sender. So verbrachte er oft den ganzen Tag im Bett und starrte in die Glotze. Norbert, der Koch, brachte ihm Menüs, und Daniel, unser Masseur, bearbeitete seine Füße. Und da er neben der Fernbedienung noch ein lebendiges Spielzeug brauchte, musste ich ihm oft Gesellschaft leisten.

So war ich überglücklich, als endlich der Countdown lief. Das Verschiffen unserer Habe hielt uns mehrere Wochen auf Trab. Ich war froh, dass ich zwischendurch der Packmannschaft helfen durfte. Denn die dauernde Nähe zu Benno, der den Umzug vom Bett aus dirigierte, setzte mir zu.

Ich war in Bennos Gegenwart meist verkrampft und fühlte mich stets unter Druck. Ich spürte, dass ich noch weit von meinen hohen Zielen entfernt war. Am meisten zu schaffen machte mir, dass ich nicht die starke, selbstbewusste Frau war, die ich sehnlichst werden wollte. Ich hatte sexuelle Erfahrungen, lebte in einer auserwählten spirituellen Gruppe, war die Geliebte unseres geistigen Führers und kam doch nicht recht vom Fleck. Zwar bewunderten mich alle und machten mir Komplimente, doch es half mir nicht.

Benno beobachtete mich mit Sorge und tadelte mich auch, wenn ich mich vor anderen Familienmitgliedern klein machte. So traute ich mich immer noch nicht recht, meine Meinung zu sagen und meine Bedürfnisse zu artikulieren. Weder Benno noch der Gruppe gegenüber. Dabei erwarteten alle von mir, dass ich die Frau an der Seite unseres geistigen Lehrers spielte. Ich hätte als »Prinzessin« die stolze Lea spielen können, die ihre Machtstellung genoss und die anderen Familienmitglieder herumkommandierte. Doch ich war oft verlegen, wenn ich einen Wunsch anmeldete. Ich konnte es selbst dann nicht, wenn ich dazu aufgefordert wurde.

Benno verstärkte mein Dilemma mit Sprüchen, die mich

tief trafen. So leitete er seine Belehrungen gern mit der Floskel ein: »Wenn du eine Frau bist …« Ich bin doch eine Frau, gab ich zurück. Aber nur in Gedanken. Oder er ergänzte: »… das macht dich zur Frau …« Ich hasste diese Anspielungen. Ich wollte eine Frau sein, und er wusste es.

Und statt ihn auf seinen Schwabbelbauch aufmerksam zu machen, war ich krampfhaft bemüht, seine Bedürfnisse zu erfüllen. Was muss ich denn noch alles machen, um eine richtige Frau zu werden? Wenn ich einmal allen Mut zusammennahm und Benno darauf ansprach, schien es plötzlich nicht mehr wichtig zu sein. Ja, er ging nicht einmal darauf ein.

Benno schien es zu genießen, uns zu verunsichern. Auch mich. Sein Spiel folgte dem Motto: Immer schön den Widerstand erhöhen. Und die Methode glich einem Folterinstrument: der Daumenschraube. Nur nicht die Spannung verringern. Und immer schön die Anforderungen steigern. Wir mussten permanent strampeln und erreichten das Ziel trotzdem nicht. Wir konnten noch so schnell rennen. »Ihr müsst am Widerstand wachsen«, pflegte er genüsslich zu sagen.

Zu diesem Spiel gehörte ebenso die Provokation. Damit sollten wir die inneren Blockaden überwinden. »Erst wenn ihr ein inneres Ziehen spürt, ist der Widerstand groß genug«, belehrte er uns.

Und so rannte auch ich wie eine Irre auf das Ziel zu, das unerreichbar blieb. Dabei merkte ich noch nicht mal, dass der Abstand sich nicht verringerte. Das Ritual der permanenten Verunsicherung höhlte uns aus. Auf ein Lob folgten zwei Tadel. Und wehe, wenn jemand mal den Blick hob. Benno gab vor, aus uns starke, unverwechselbare und spirituelle Persönlichkeiten zu machen. Dabei trieb er uns jede Eigenheit aus. Er machte aus uns kontrollierte uniforme Wesen. Auf diese Art verteidigte und stabilisierte er seine Führungsposition und band die Gruppenmitglieder an sich und die Familie.

Ebenso schlimm war, dass ich im Glauben, in einer menschenfeindlichen Umgebung zu leben, mich zur idealen spirituellen Familie zugehörig fühlte. Meine Welt hatte sich auf ein Territorium reduziert, das auf der Landkarte die Größe eines Vogeldrecks hatte. Ein Territorium mit unsichtbarem Stacheldraht, das zur geistigen Verarmung führte. Wir entwickelten kindliche Paradiesvisionen und bewegten uns auf dem Niveau pubertierender Träumer. Janet und Benno sorgten mit ihren Psychospielen dafür, dass wir wie Lemminge dem Abgrund entgegenstürmten. »Wir alle müssen den gleichen Informationsstand haben und im Gleichschritt den geistigen Aufstieg vollziehen«, trichterte uns Benno immer wieder ein. »Wenn jeder ein anderes Ziel hat und für sich entscheidet, rennt jeder kopflos in eine andere Richtung.« Die langen Sitzungen und endlosen Diskussionen ließen uns glauben, wir hätten die demokratischen Strukturen perfektioniert. Dass die Entscheidungen schon zu Beginn der Meetings feststanden, fiel auch den Erwachsenen nicht auf.

Benno betrieb sein entwürdigendes Spiel auch bei Kleinigkeiten. Ich erinnere mich an eine Szene mit Betty. Sie brauchte neue Sandalen und stand mit ihren ausgelatschten Dingern in der Hand vor Benno. Doch ihn interessierte das nicht. In aufreizendem Ton fragte er, was mit den Sandalen denn nicht mehr in Ordnung sei. Betty reihte Argument an Argument, eines begründeter als das andere. Benno ließ sich dennoch nicht bewegen. Betty war am Ende ihres Lateins und brach in Tränen aus. Wutentbrannt warf sie die Sandalen auf den Boden und rannte aus dem Zimmer.

Das war ein Fehler. Damit hatte sie erst recht verloren. Kindisch sei ihre Reaktion, warf er ihr später an den Kopf. Kindisch unreif. Die Tatsache, dass sie kopflos aus dem Raum gestürmt sei, habe ihm bestätigt, dass seine Entscheidung richtig gewesen sei. Wer schon in weltlichen Belangen so unbeherrscht reagiere, habe ein großes spirituelles Defizit. Dass die Sandalen komplett durchgelatscht waren, nahm er einfach nicht zur Kenntnis. Mit solchen Scheindiskussionen machte er uns fertig.

Wenn es um Unterwäsche ging, war Benno durchaus zugänglich. Ich erlebte es einmal bei einem Einkaufsbummel mit Janet und Sibylle in Passau. Unser Medium brauchte neue Unterwäsche. Ich musste sie begleiten, um Erfahrungen als Frau zu sammeln, wie Benno sagte. Mir verschlug es die Sprache, denn Janet kaufte tatsächlich für etwa 350 Franken Unterwäsche. Ich war empört, schließlich mussten wir an allen Ecken und Enden sparen. Auch beim Essen. Wir sammelten sogar Klopapier auf öffentlichen Toiletten. Und Janet gab so viel Geld aus, um ihre weibliche Eitelkeit zu befriedigen. Sie spürte meinen Ärger über ihren verschwenderischen Einkauf und knöpfte sich mich beim anschließenden Kaffee vor. »Du nervst mich«, sagte sie. »Immer, wenn ich dich auf etwas aufmerksam mache, muss ich in deine ängstlichen Rehaugen schauen. Du bist doch kein kleines Hascherl mehr! Benimm dich endlich wie eine selbstbewusste Frau.«

Ich ließ ihren Frust über mich ergehen und hätte im Boden versinken mögen. Warum ich denn ihre Ratschläge nicht endlich befolge, wollte Janet wissen und schaute mich herausfordernd an. Ich hielt ihrem Blick nicht stand und schaute verlegen auf den Tisch. Damit reizte ich sie noch mehr. Sie habe es satt, mich dauernd zu fördern, um mir das Verhalten einer erwachsenen Frau beizubringen. Am Schluss stünde ich dank ihrer Bemühungen als junge strahlende Frau da. Nun war mir klar, was ihr auf dem Magen lag. Benno hatte wohl wieder einmal von ihr verlangt, mich zu fördern.

Die meisten Mitglieder unserer Großfamilie erlebten Janet anders. Bei den Sitzungen trat sie als die verständnisvolle, sanfte Frau auf, die sich restlos verausgabte, um uns die höheren Botschaften zu übermitteln und unser spirituelles Wachstum zu fördern. Wir nannten sie selten bei ihrem Vornamen, sondern einfach unser Quellilein, weil sie unsere geistige Quelle, ja der »Ursprung des Seins« war, wie Benno sagte. Der Kosename von Janet klang zwar ganz süß, doch ich brachte ihn nie über die Lippen. Ich fand ihn einfach zu kitschig.

Wenn Janet diesen »Ursprung« durch sich fließen ließ, brachen manche Gruppenmitglieder in Tränen aus. Janet verstand es mit ihrer theatralischen Art, die übersinnliche Welt in unser kleines Zimmer zu holen und die Atmosphäre zu verdichten. Die Luft vibrierte förmlich, als würden die übersinnlichen Schwingungen im Raum herumflirren. Die Erwartungen waren riesig, alle schienen überzeugt, dass sich bald etwas Großartiges ereignen würde.

Ich blieb oft distanziert. Jedenfalls kann ich mich nicht daran erinnern, bei einem Channeling in Tränen ausgebrochen zu sein. Auch wenn Janet in die Haut des Geistwesens schlüpfte, entdeckte ich überall Spuren und Fetzen der irdischen Janet. Stimme und Gebärden veränderten sich zwar beträchtlich, Gehabe, Wortwahl und Aussagen entsprachen aber ganz unserem grobstofflichen Quellilein. Ihre Auftritte waren oft so übertrieben, dass bei mir keine rechte spirituelle Stimmung aufkommen wollte.

Damals wagte ich es natürlich nicht, solche ketzerischen Gedanken zuzulassen. Es regte sich nur einfach nichts bei mir. Vielmehr hatte ich ein schlechtes Gewissen, weil ich so distanziert und unberührt blieb.

Dass ich trotz einer gewissen Distanz ein verschrobenes Weltbild entwickelte, zeigte sich bei einem Unfall, der mich fast das Augenlicht gekostet hätte. Meine einzige Sorge nach dem Unglück galt der Frage, wie Benno wohl auf meine Unachtsamkeit reagieren würde. Es kam so: Ich entfernte mit einer Schleifmaschine, an die ich eine harte, runde Stahlbürste montiert hatte, den Lack von unseren Gartenwerkzeugen. Die Arbeit machte mir Spaß und war eine willkommene Abwechslung. Benno und Janet machten mich bei einer Pause darauf aufmerksam, dass ich doch Arbeitskleider anziehen sollte. Also zog ich eine zerfetzte Jeans und ein großes, weites Hemd an, das ich über dem Bauch zusammenknotete. Als ich mich ihnen im neuen Outfit präsentierte, lobten sie mich. »Wow, was für eine tolle Frau.« Ich fühlte mich geschmeichelt. »Jetzt fehlt nur noch ein Kopftuch«, sagte Benno. Ich ging ins Zimmer und band mir ein Tuch um. Stolz nahm ich eine Schaufel und setzte die Schleifmaschine an. Die Arbeit machte mir nun noch mehr Freude.

Am ersten Tag ging alles gut, am nächsten Tag machte ich mich wieder eifrig ans Werk. Ich beugte mich über ein Werkzeug und setzte mit dem Zeigefinger die Schleifmaschine in Gang. Plötzlich schoss mir die rotierende Maschine ins Gesicht. Ich erschrak zu Tode und verstand gar nicht, was passiert war. Mein Kopf vibrierte, als hätte ein Straßenarbeiter einen Presslufthammer an meinen Schädel gesetzt. Es dröhnte höllisch. Verzweifelt und mit aller Kraft versuchte ich, die Schleifmaschine von meinem Gesicht wegzudrücken. Doch es war aussichtslos, das teuflische Gerät tanzte weiter auf meinem Gesicht herum und grub sich ins Fleisch.

Nach ein paar Sekunden, die mir wie eine Ewigkeit vorkamen, stellte sich die Maschine auf wundersame Weise ab. Ich sank erschöpft zu Boden. Daniel kam angerannt und schaute mich entsetzt an. Als er mein lädiertes Gesicht sah, war er für einen Moment wie gelähmt. Dann wurde mir schwarz vor Augen, ich stand wohl unter Schock. Als ich wieder zu mir kam, lag ich im Zimmer. Janet und Daniel nahmen mir vorsichtig das Kopftuch ab. Es war voller Blut. Die beiden verarzteten mich, so gut es ging. Ich war immer noch verwirrt und begriff erst allmählich, was geschehen war. Die Schleifmaschine hatte sich im Kopftuch verwickelt und war mir ins Gesicht geschnellt. Daniel hatte die Szene glücklicherweise mitbekommen und reflexartig den Stecker gezogen.

Ich erschrak, als ich in den Spiegel schaute. Eine tiefe Wunde klaffte auf meiner rechten Wange, das ganze Gesicht war dick geschwollen, ich sah ziemlich entstellt aus. Als ich wieder einen klaren Kopf hatte, bekam ich ein total schlechtes Gewissen. Ich fragte mich sofort nach dem höheren Sinn des Unglücks. Mir war klar, dass ich den Unfall selbst kreiert hatte, wie Benno Missgeschicke zu erklären pflegte. Schließlich gibt es keine Zufälle, alles hat eine Bedeutung. Ich glaubte, einen schwerwiegenden Fehler auf der übersinnlichen Ebene gemacht und nun die Quittung erhalten zu haben. Trotz der Schmerzen stellten sich rasch Schuldgefühle ein. Ich hatte Angst vor Bennos Reaktion und war froh, dass er gerade unterwegs war. Ich beichtete Janet meine Befürchtung, und sie schlug vor, dass ich Benno anrufen solle, um ihm die Geschichte zu erzählen.

Ich nahm meinen ganzen Mut zusammen, denn ich kam sowieso nicht darum herum, es ihm zu sagen. Noch halb unter Schock rief ich ihn mit klopfendem Herzen an. Ich brachte kaum einen geraden Satz heraus. Benno musste mich immer wieder unterbrechen und mich mit gezielten Fragen zwingen, die Ereignisse der Reihe nach zu erzählen. Als er endlich begriffen hatte, was passiert war, wartete ich auf das Donnerwetter. Doch Bennos Stimme blieb ruhig. Er fragte mich nach den Schmerzen und sagte, ich solle mich entspannen. Zuerst ein paar beruhigende Worte, dann die Standpauke, dachte ich. Doch er blieb verständnisvoll, ja richtig einfühlsam. Ich konnte es kaum glauben und fragte ihn, weshalb ich mir den Unfall erschaffen habe. Überraschenderweise ging er zuerst nicht darauf ein, als habe er die Frage überhört. Er spürte meine Verunsicherung und meinte, ich solle mir den Kopf darüber nicht zerbrechen, manchmal sei ein Unfall eben einfach ein Unfall. Mir fiel ein Stein vom Herzen.

Ich lag längere Zeit im Bett. Daniel kümmerte sich rührend um mich. Er war unser Energiemeister. Wenn ein Aspekt von uns krank war, trat er in Aktion. Diese Aufgabe brachte ihn des Öfteren an den Rand der Verzweiflung, denn unsere Krankheiten verliefen nicht immer nach unserem übersinnlichen Muster. Wir waren nämlich überzeugt, dass wir über unseren Geist oder den feinstofflichen Zweitkörper direkten Einfluss auf unsere Gesundheit und die Heilung nehmen könnten.

Wenn also unsere menschliche Hülle defekt war, musste im

seelischen oder geistigen Bereich eine Störung aufgetreten sein. Ramtha hatte Daniel in vielen Sitzungen bestätigt, dass er die Fähigkeit des geistigen Heilens besäße. Doch ihm war die Rolle des Geistheilers nie geheuer, bedeutete dies doch eine große Verantwortung. Bei meinem geschwollenen und in vielen Farben leuchtenden Gesicht konnte er allerdings nicht viel falsch machen. Er blühte richtig auf und versorgte mich mit Eis. Es wäre wohl besser gewesen, meine Wunde zu nähen. Aber wir wollten keine Berührung mit der Außenwelt, besonders nicht mit Ärzten, die eine wichtige Stütze des materiellen Systems darstellten und mit ihren Pillen nur die Symptome bekämpften.

Als Benno nach seiner Rückkehr mein entstelltes Gesicht sah, erschrak er zutiefst. Er beruhigte sich aber, da ich entspannt war und gelassen reagierte. Für mich war entscheidend, dass mich keine Schuld- und Angstgefühle mehr plagten. Dass die Verletzung mein Gesicht entstellen könnte, kümmerte mich wenig. Benno zeigte sich erfreut, dass ich so tapfer war. Er begann bald, mich als seine asymmetrische Schönheit zu necken. Ich könne froh sein, ihn als Partner zu haben, denn meine Chancen, einen anderen Mann zu finden, seien drastisch gesunken. Er sagte es zwar im Scherz und um mich zu ärgern, doch ich fand es gar nicht witzig.

Meine Wunde heilte glücklicherweise gut, beim Lachen jedoch machten nicht alle Muskeln mit und sorgten für ein windschiefes Gesicht. Außerdem blieb die rechte Wange lange Zeit gefühllos. Mir wurde bewusst, wie verletzlich ich trotz der Zugehörigkeit zur auserwählten Heilsgemeinschaft war.

Zum Glück erholten sich mit der Zeit auch die Nerven, und nach einigen Wochen zeugte nur noch eine Narbe von meinem Unfall. Auch diese verschwand innerhalb von Monaten und zurück blieb ein Grübchen als Erinnerung an dieses Ereignis.

In unserem Notlager in Bayern besuchten uns gelegentlich

Felix und Christa, ein Wiener Paar, das den zweiten Kreis bildete. Die beiden taten alles, um die Aufmerksamkeit von Janet und Benno zu gewinnen. Als Geste seiner tiefen Verehrung küsste Felix stets die Füße von Janet. Auch Christa himmelte Janet an, doch noch mehr vergötterte sie Benno. Die beiden waren bereit, alles aufzugeben und mit uns nach Belize zu ziehen. Ramtha wäre grundsätzlich einverstanden gewesen, aber nur unter einer Bedingung: Felix musste die Anteile an seiner Firma verkaufen und den Erlös in unsere Familie einbringen.

Kai durfte nach Wien reisen, um in der Firma von Felix ein Praktikum zu absolvieren. Er sollte einen Einblick in die Filmarbeit bekommen, um unsere Arbeit und unsere Hilfsprojekte dokumentieren zu können. Ich war richtig neidisch auf ihn. Nicht nur, weil er in die »andere Welt« hinaus durfte, sondern auch, weil er etwas lernen durfte. Ich war inzwischen sehr lernbegierig und hätte mich gern weitergebildet.

Als Benno meine Unruhe bemerkte, versuchte er, mich zu beschwichtigen. Falls wir den Aufstieg in fünf Jahren noch nicht geschafft hätten, müssten wir unser Experiment wohl abbrechen. »Du hast also nichts zu verlieren, denn dein ganzes Leben liegt dann immer noch vor dir«, tröstete er mich. Ich rechnete schnell aus, dass ich dann neunzehn wäre. Erst in fünf Jahren? Das war für mich eine Ewigkeit. Ich wusste nicht, wie ich diese lange Zeit überstehen sollte. Ach bitte, flehte ich, lass die fünf Jahre schnell vorübergehen. Ich wusste zwar nicht, von wem ich diese Hilfe erwartete. Dafür war mir umso klarer, dass ich fünf Jahre würde ausharren müssen. Denn ich konnte mir immer noch nicht vorstellen, wie unser Experiment funktionieren sollte.

Unser Paradies

Endlich kam der Tag, an dem die erste Truppe unter der Leitung von Benno und Janet nach Belize flog. Da die ursprünglichen Besitzer die Maya-Ranch noch nicht geräumt hatten, mussten wir restlichen Familienmitglieder weiter in Deutschland ausharren. Ich konnte den Tag der Abreise kaum erwarten, denn ich hatte diesen engen bayrischen Hof satt. Benno versprach Kai und mir, dass wir zur zweiten Gruppe gehören würden.

Beim ersten Anruf forderte uns Benno auf, uns körperlich zu ertüchtigen, denn auf uns komme viel harte Arbeit zu. Heiner, einst Sportlehrer und Leichtathlet, übernahm die Aufgabe, uns fit zu machen.

Der Tag der Abreise nach Belize nahte, mein Reisefieber stieg. Ich verdrängte die Ängste und Unsicherheiten und freute mich auf das Abenteuer. Fort in ein fernes exotisches Land, ohne zu wissen, was uns erwartete. Ich malte mir das Leben dort paradiesisch aus. Im Geist sah ich eine üppige tropische Pflanzenwelt, wilde Tiere und viele Pferde auf der Ranch.

Wir flogen über London nach Houston, wo wir einen Zwischenstopp einlegten und übernachteten. Der Flug nach Belize wurde aber zur Geduldsprobe, unsere Maschine hatte eine Panne. Ein Tank sei undicht, wurde uns erklärt. Der Abflug verzögerte sich. Ich wurde unruhig, weil ich Bennos Zorn fürchtete.

Ramtha hatte uns oft genug eingetrichtert, dass wir die Schöpfer unseres Lebens seien. Wir würden solche Vorfälle selbst erschaffen, sie seien höhere Zeichen, die uns unsere Defizite und Schwächen aufzeigten, damit wir daran wachsen könnten. Was hat es zu bedeuten, dass wir ausgerechnet bei unserem Auszug ins gelobte Land gebremst wurden? Ich zermarterte mir den Kopf.

Wir wurden in ein Hotel verfrachtet, wo wir bis zum Weiterflug warten sollten. Sofort versuchten wir, Benno in Belize anzurufen, doch wir erreichten ihn nicht. Ich wurde immer nervöser. Er wartet sicher schon am Flughafen auf uns, überlegte ich.

Nach vielen Versuchen gelang es uns doch noch, Benno ans Telefon zu bekommen. Erstaunlicherweise machte er uns keine Vorwürfe. Er ärgerte sich lediglich, dass er vergeblich zum Flughafen gefahren war. Ich war erleichtert.

Am nächsten Tag konnten wir endlich nach Belize fliegen. Als wir nach der Landung aus dem Flugzeug stiegen, schlug uns eine Wand aus heißer und feuchter Luft entgegen. Endlich waren wir da. Benno und Janet bereiteten uns einen herzlichen Empfang. Ein Glücksgefühl durchströmte mich, alles war so aufregend. Schon der Gedanke war berauschend: Ich bin in der Karibik!

Wir fuhren eine gute Stunde ins Landesinnere und beeilten uns, um die Ranch noch bei Tageslicht zu erreichen. Ich schaute neugierig aus dem Auto und sog die fremde Welt in mich auf. Benno und Janet schilderten uns ihre ersten Eindrücke. Janet sprühte vor Begeisterung. Ich hatte Mühe mit ihr, wenn sie überschwänglich war. Ihre Euphorie wirkte aufgesetzt. Ich wusste inzwischen, dass ihre Stimmung von einem Moment zum nächsten kippen konnte.

Auch der Gedanke, dass Benno und Janet in meiner Abwesenheit das Bett geteilt hatten, setzte mir zu. Ich wagte es aber nicht, Benno darauf anzusprechen. Es hätte ja auch nichts genützt. Eifersucht bewertete er als niedrige Frequenz. Er beteuerte hingegen, wie sehr er mich vermisst habe: »Ich bin glücklich, dass du endlich wieder bei mir bist.«

Die vielen neuen Eindrücke überwältigten mich. Die Ranch war so groß, dass ich nicht wusste, wie ich mich orientieren sollte. Am meisten fiel mir das tropische Grün auf. Es war saftig und wuchs wild. Die warme, feuchte Luft prickelte auf der Haut. Ich war so erschlagen, dass ich es nicht wagte, das Gelände sofort zu erkunden. Außerdem wurde es rasch dunkel. Kaum war die Sonne untergegangen, dämmerte bereits die Nacht.

Als ich mein Gepäck ins Schlafzimmer brachte, das Janet, Kai, Sibylle, Jochen, Benno und ich teilten, war ich enttäuscht. Am Boden lagen lieblos Matratzen. Der Raum wirkte kalt und hatte keine Atmosphäre. Mein Platz war neben Benno an der Wand. Direkt neben uns schliefen Janet und Kai. Sibylle und Jochen hatten ihre Doppelmatratze zu unseren Füßen platziert. Der ganze Boden war belegt. Tagsüber räumten wir einen Teil der Matratzen weg.

Die Kinder erhielten zwei Zimmer im alten Wohnhaus, das uns sonst als Büro diente. Auch hier wurden nachts Matratzen ausgelegt. Wir lebten wirklich spartanisch in unserem neuen Zuhause, aber dies gehörte zum Abenteuer unseres Experiments und zum Leben als Pioniere.

Die restlichen Kids und ihre Begleiter waren inzwischen auch angekommen, und es gab ein freudiges Wiedersehen. Die Kinder waren mir mittlerweile ans Herz gewachsen. Wir machten uns auf, die neue Umgebung zu erkunden. Dafür brauchten wir Tage.

Es war ein kleines Paradies. Die exotische Atmosphäre und die Landschaft faszinierten mich. Unsere Ranch umfasste endlose Weiden für 600 Rinder, Teiche für die Tiere, Obstgärten, große Orangenplantagen, eingebettet zwischen bewaldeten Hügeln. Mich beschlich aber auch ein eigenartiges Gefühl, die großen Ländereien flößten mir Respekt ein. Alles war neu und fremd. Ich konnte mir anfänglich nur schwer vorstellen, dass dies nun unser neues Zuhause sein sollte.

Die Ranch war in desolatem Zustand, es gab sehr viel Arbeit für uns. So fanden wir eine Wasserquelle auf unserem Land und bauten ein Pumphäuschen, damit das Wasser direkt zu unserem Hauptplatz und in unsere Häuser gepumpt werden konnte. Alle Familienmitglieder mussten mit anpacken, auch wir Teenager und die Kinder. Von der Knochenarbeit ausgenommen waren Janet, Sibylle und Benno. Unser geistiger Lehrer half nur, wenn er eine Maschine bedienen konnte. Maschinen waren wie Spielzeuge für ihn. So grub er begeistert mit dem kleinen Bagger die Quelle aus.

Wir übernahmen Catalinhos, den Vorarbeiter von Mister Peterson, unserem Vorbesitzer. Der guatemaltekische Angestellte war hauptsächlich für die sechshundertköpfige Rinderherde zuständig. Ohne ihn wären wir aufgeschmissen gewesen, denn wir hatten ja keine Ahnung von der Landwirtschaft. Dieser »Aspekt« fehlte uns in unserer Gruppe. Auch die Pflege der Orangenplantage hätte uns Greenhorns, wie die Einheimischen uns nannten, überfordert. Wir waren froh, dass wir den guatemaltekischen Vorarbeiter mit seiner Familie behalten konnten. Sie wohnten in einem kleinen Holzhäuschen auf der Farm und lebten in sehr einfachen Verhältnissen. Sie waren erstaunt, dass gleich so viele Ausländer angereist kamen und sich in die wenigen Zimmer zwängten. Ihre Neugierde war riesig. Doch wir verwehrten ihnen den Einblick in unsere Gruppe.

Catalinhos Sohn, der zwölfjährige Valdemar, war sehr kontaktfreudig und half uns beim Auspacken der Kisten und Einräumen unseres Haushaltes. Er freute sich über die vielen Kinder und suchte ständig unsere Nähe. Für unsere Kids war es spannend, einen jungen Belizer kennen zu lernen und mit ihm zu spielen.

Meine Freude über die Ankunft in unserer neuen Heimat erhielt rasch einen Dämpfer. Benno wollte nach der längeren Trennung natürlich in der ersten Nacht mit mir schlafen. Ich brachte immer noch nicht den Mut auf, Benno zu beichten, dass ich nichts empfand. Also spielte ich weiterhin die Liebesdienerin. Je länger ich mitspielte, umso schwieriger wurde es.

Benno gab sich zwar Mühe, ein guter Liebhaber zu sein. Ja, er war stolz darauf, mich im Bett glücklich machen zu können, wie er immer wieder betonte. Seine männliche Eitelkeit machte es für mich erst recht schwierig, ihm reinen Wein einzuschenken. Ich war jedes Mal froh, wenn er fertig war. Den Zeitpunkt konnte ich selbst bestimmen, indem ich ihm einen Orgasmus vorspielte. Es musste sich echt anhören, denn Benno achtete sehr genau darauf, wie ich mich verhielt. Zu früh durfte ich aber nicht kommen, weil er sonst enttäuscht gewesen wäre und eine Zusatzrunde eingelegt hätte.

Gelernt hatte ich die wollüstigen Geräusche von unserem Medium Janet, schließlich lag ich direkt neben ihr und erlebte hautnah, wie sich ein Höhepunkt anzuhören hatte.

Das Paradies erhielt rasch dunkle Flecken. Das hing nicht an Belize oder der Ranch, sondern an Janet und Benno. Meine Rolle an der Seite von Benno war nicht geklärt. Janet nutzte jede Gelegenheit, dazwischenzufunken und mir eins auszuwischen. Von Benno fühlte ich mich im Stich gelassen. Er betonte zwar immer wieder, ich solle mich als seine Frau fühlen und selbstbewusster werden, doch er verhielt sich widersprüchlich.

Außerdem hatte ich immer deutlicher den Wunsch, eine Ausbildung zu machen. Ich wollte einen richtigen Beruf lernen. Ich beneidete Huba, unseren Schreiner, Norbert, den Koch, Sabine, die Physiotherapeutin, und meinen Vater Andres, der sich als Architekt hier in Belize beim Aufbau unseres Projekts besonders nützlich machen konnte. Ich war gerade fünfzehn Jahre alt geworden und fühlte mich geistig unterfordert. Doch es gab in unserer abgeschiedenen Welt keine Möglichkeit, einen Beruf zu erlernen.

Ich sprach Benno darauf an und hoffte auf sein Verständnis. Doch er hörte gar nicht hin. Er meinte bloß, ich solle einfach lernen, die Frau an seiner Seite zu sein, dies sei eine große Aufgabe und die habe ich bei weitem noch nicht erfüllt.

Benno spürte, dass ich mich immer mehr in mein Schneckenhaus zurückzog und anfing, mir Fragen zu stellen. Daraus ergaben sich für mich schwierige Gespräche. Ich wusste nicht recht, wie ich ihm mein Unbehagen erklären sollte. Ich hatte Angst, missverstanden zu werden. Auch fehlte mir der

Mut, meine Gedanken anzusprechen. Über Gefühle zu reden war ganz unmöglich.

Benno ließ aber nicht locker und trieb mich mit seinen Fragen immer weiter in die Enge. In meiner Anspannung löste sich plötzlich der Bann: »Ich möchte die Familie verlassen«, sagte ich leise. Ich war selbst überrascht, dass ich meinen geheimen Wunsch ausgesprochen hatte. Und ich fügte gleich an, dass ich nicht mehr an die spirituellen Botschaften glaubte, die Janet uns übermittelte. Dann gebrauchte ich ein Bild, an das ich mich noch genau erinnere. Ich sagte Benno, ich würde mich wie eine Knospe fühlen, die seit langem den Wunsch habe, sich zu entfalten. »Weder du noch unsere Familie geben mir genügend Raum, damit sich die Blüte öffnen kann.«

Benno war wie vor den Kopf gestoßen und schaute mich entgeistert an. Damit hatte er nicht gerechnet. Er war sich seiner Sache sicher gewesen. Er glaubte, alles im Griff zu haben. Mich am meisten. Ich war schließlich die zurückhaltende, verständnisvolle Jugendliche, die sich kaum je wagte, eigene Bedürfnisse anzumelden.

Doch Benno wäre nicht Benno, hätte er sich nicht sofort wieder gefasst. Er wischte die Überraschung weg, die ihm ins Gesicht geschrieben stand, und setzte die Miene des Besorgten auf. Statt mir Vorwürfe zu machen und mich von meiner Idee abzubringen, wie ich es erwartet hatte, schlug er mir vor, ein Meeting der ganzen Familie einzuberufen. Dann könnte ich der Gruppe meinen Wunsch mitteilen. Leider durchschaute ich den Trick nicht und willigte ein. Ich glaubte, den wichtigsten Schritt in Richtung Freiheit bereits getan zu haben. Ich nahm mir fest vor, beim Meeting standhaft zu bleiben und mich nicht unterkriegen zu lassen.

Doch es kam anders. Ich stand im Zentrum der Versammlung, alle schauten mich mit großen Augen an, nachdem ich meinen Wunsch vorgebracht hatte. Es herrschte sofort eine bedrückende Stimmung. Das blanke Unverständnis schlug mir entgegen. Einige Gruppenmitglieder schienen sogar schockiert zu sein. Niemand verstand mich. Ausgerechnet Lea will uns verlassen! Eine Frechheit, ja ein Verrat. Ausgerechnet Lea, die doch immer so gut drauf ist und alle Privilegien an Bennos Seite genießt! Wie kann sie das wegwerfen? Ihre verbündeten Freunde im Stich lassen, wo doch »draußen« das spirituelle Chaos herrscht und der geistige Absturz droht? Wie kann sie ein Leben ohne Sinn und Inhalt unserem Experiment vorziehen? Ein Leben in der dumpfen Masse? Solche und ähnliche Vorhaltungen bekam ich zu hören.

Ich nahm alle Kraft zusammen und sagte mir immer wieder: Du musst diesen Druck aushalten. Lisa, meine Mutter, reagierte erstaunlicherweise recht gefasst, fast gelassen. Benno fragte sie, was sie von meinen Ausstiegsplänen halte. Na ja, antwortete sie, wenn das meine Entscheidung sei, müsste sie es wohl akzeptieren. Sie würde meine Patin in der Schweiz anrufen, die sicher eine Bleibe für mich organisieren könnte.

Als die Frage der Heimkehr konkret wurde, beschlich mich plötzlich ein beklemmendes Gefühl. Bisher war ich nur vom Wunsch beseelt, aus der Enge unserer Gruppe auszubrechen und nichts mehr mit Benno zu tun zu haben. Doch nun wurde mir bewusst, was es heißen würde, allein in die Schweiz zurückzukehren. Ohne Geld, Beruf und Arbeit. Ich hatte Angst vor dem, was auf mich zukommen würde.

Benno schien meine Verunsicherung zu spüren. Er verstärkte den emotionalen Druck und fragte die dreizehnjährige Karin, die auch schon Ausstiegswünsche geäußert hatte, was sie von mir denke. Karin stammelte ein paar Worte und brach dann in Tränen aus. Nun forderte Benno jedes Familienmitglied einzeln auf, mir seine Meinung zu sagen. Die meisten drückten ihre tiefe Betroffenheit aus, als hätte ich sie persönlich beleidigt. Manche waren erschüttert. Und alle beteuerten mir ihr Mitgefühl, drückten überschwänglich ihre Liebe zu mir aus. Sie fänden es mehr als traurig, wenn ich sie verlassen würde.

Die Mauer, die ich um mich aufgebaut hatte, fing an zu bröckeln. Mit jeder der ergreifenden Bezeugungen ein bisschen mehr. Ich war berührt von den Worten und Gefühlen, die mir »meine Familie« entgegenbrachte. Das Meeting dauerte Stunden und ich spürte, wie meine Kräfte schwanden. Irgendwann fühlte ich mich nur noch matt und leer. Ich konnte keinen vernünftigen Gedanken mehr fassen.

Die meisten empfanden mich als hart und kalt. Das bekam ich immer wieder zu hören. Doch das täuschte. Innerlich wankte ich bedenklich. Ich war am Schluss so fertig, dass ich mir nur noch wünschte, das bedrückende Meeting möge rasch ein Ende haben. Ich sehnte mich nach Ruhe, nach der Erlösung.

Nach etwa drei Stunden hielt ich die Spannung nicht mehr aus und brach in Tränen aus. »Ich bleibe«, stammelte ich. Ich hatte zwar das Gefühl, mein Gesicht zu verlieren, doch ich spürte auch sofort eine große Erleichterung.

Jedes einzelne Familienmitglied kam auf mich zu und nahm mich in den Arm. Alle gaben mir zu verstehen, dass sie stolz auf mich seien. Mit meiner Entscheidung hätte ich Mut bewiesen. Alles andere wäre eine Flucht gewesen. Eine Flucht vor etwas, das man nicht abschütteln könnte, ein Wegrennen vor mir selbst. Alle schienen glücklich, dass wieder Harmonie in die Familie eingekehrt war.

Die Nachricht, dass eine große Gruppe in der Ranch eingezogen war, verbreitete sich bei den Einheimischen wie ein Lauffeuer. Jeden Tag kamen Neugierige, viele von ihnen suchten Arbeit. Wenn man sie nach ihren beruflichen Fertigkeiten fragte, antworteten sie: »Ich kann alles.« Diese Belizer schienen Multitalente zu sein. Wir hatten viel Spaß mit ihnen.

Benno blieb wie immer diskret im Hintergrund. Er zog die Fäden lieber versteckt und exponierte sich nicht gern. Die Rolle des Managers übertrug er Matthias, der mit den Einheimischen verhandeln musste. Allen Besuchern sagten wir, die

Farm gehöre Petra und Matthias, die sie der Stiftung für Entwicklungshilfsprojekte zur Verfügung gestellt hätten.

Ende des Jahres, rund zwei Monate nach unserer Ankunft, hatten wir bereits die erste Orangenernte zu meistern. Fast alle Männer unserer Gruppe mussten mit anpacken. Es war eine mühsame Arbeit. Nicht nur das Pflücken und Verstauen der Orangen war anstrengend, das Beladen des Anhängers mit den schweren Säcken überforderte die meisten. Benno beschloss, zwei junge Belizer einzustellen. Ein großes Ereignis, denn nun hatten wir richtige Angestellte. Sie hießen Jermaine und Jason, waren ungefähr achtzehn Jahre alt und lebten in Georgeville, einem Nachbardorf. Die jungen Burschen platzten fast vor Neugierde und beobachteten uns Gringos auf Schritt und Tritt.

Gringos wurden weiße Amerikaner genannt, doch die Einheimischen nahmen es nicht so genau. Sie wussten auch nicht, aus welcher Ecke dieser Welt wir stammten. Mit der Zeit waren wir jedoch als die Deutschen bekannt. Wenn Jermaine und Jason mit offensichtlichem Interesse mich, das weiße Mädchen, musterten, wurde ich verlegen.

Wir waren aber nicht von allen gern gesehen. Jedenfalls kam Valdemar, der Sohn unseres Cowboys, eines Morgens mit angsterfülltem Gesicht zu uns und berichtete, jemand habe über Nacht den vier Pferden die Schweifhaare radikal geschnitten. Wir waren ratlos. Die Pferde sahen entstellt aus. Am Abend versammelten wir uns und diskutierten lange über die Bedeutung der symbolträchtigen Handlung. Will uns jemand einschüchtern? Wollen Einheimische uns vertreiben? Wir konnten es uns nicht vorstellen.

Die naheliegendste Vermutung schien zu sein, dass die Angelegenheit mit dem Vorbesitzer der Maya-Ranch zu tun hat. Er lebte immer noch in Belize und verhielt sich uns gegenüber eigenartig. Wir hatten irgendwann den Eindruck, dass er die Farm nicht wirklich hatte verkaufen wollen. Vielmehr hoffte er, dass wir die Abzahlungsraten nicht würden leisten können und die Ranch ihm wieder zufallen würde. Es stellte sich denn auch heraus, dass Mister Peterson uns falsche Angaben über die Einkünfte gemacht hatte. Wir waren aufgrund seiner Zahlen davon ausgegangen, dass wir von der Rinderzucht und der Orangenplantage unsere eigenen Kosten decken könnten, doch das erwies sich als Illusion.

Vielleicht ging die Sabotage auch von Mitarbeitern Petersons aus, die ihren Job verloren hatten. Jedenfalls entdeckte unsere Nachtwache, dass ein ehemaliger Cowboy der Ranch nachts auf unserem Gelände herumschlich. Solche Vorkommnisse zwangen uns zur Wachsamkeit.

Ein anderer Belizer zeigte ebenfalls keinen Respekt vor uns Gringos. Er hieß Toni Bedford und war als Haudegen bekannt. Eines Tages wurden er und ein paar seiner Freunde beim Wildern auf unserem Grundstück erwischt. Toni war ein Schlitzohr und er hatte ein Mundwerk für zwei. Benno gefiel Tonis lockere Art. Und er wusste, dass es sich lohnen könnte, diesen Rädelsführer auf unsere Seite zu ziehen. Also stellte er ihn nach einem langen Gespräch als weiteren Vorarbeiter ein. Typisch Benno. Er wollte wieder einmal beweisen, dass wir nicht nach den üblichen Mustern und Normen funktionierten.

Toni erzählte uns, dass die Angestellten, die wir von Peterson übernommen hatten, auch von ihrem alten Arbeitgeber Geld kassierten, um uns zu sabotieren. Peterson wollte uns schädigen und die Kontrolle über die Farm behalten. Toni erzählte uns Geschichten, die uns die Haare zu Berge stehen ließen. So habe Peterson die Maya-Ranch schon einmal verkauft und ein »Downpayment«, also eine erste große Anzahlung erhalten. Da die Einnahmen hinter den Erwartungen geblieben seien, habe der Käufer den Vertrag nicht einhalten können, weshalb der schlaue Fuchs sich die Ranch wieder unter den Nagel gerissen habe. Es gab auch Gerüchte, Peterson habe tüchtig nachgeholfen und beispielsweise Rinder geklaut. Sofort kam der Verdacht auf, dass er das üble Spiel erneut betrieb. Schließlich hatten auch wir einen Abzahlungsvertrag.

Plötzlich machten die unerklärlichen Vorkommnisse Sinn. Und wir »deutschen« Greenhorns, die weder die lokalen Verhältnisse kannten noch Ahnung von der Landwirtschaft hatten, versprachen dankbare Opfer zu werden. Wir waren gewarnt und wappneten uns.

Als erste Maßnahme ordnete Benno an, dem Vorarbeiter Catalinho, seinem Sohn Valdemar und drei weiteren Arbeitern zu kündigen. Toni wurde Chef und musste neue Angestellte auswählen, die nicht vom ehemaligen Besitzer gekauft waren. Er konnte richtig zupacken und seine Leute motivieren. Und er überzeugte Matthias respektive Benno, dass wir mindestens ein halbes Dutzend weitere Arbeiter brauchten. Ich beobachtete die Einheimischen interessiert bei ihrer Arbeit. Sie stellten für mich eine Verbindung zur Außenwelt dar. Ich verfolgte alles aufmerksam und war gern in ihrer Gesellschaft.

Wenn ich sah, unter welchen ärmlichen Bedingungen die Einheimischen hausten und wie sie ums Überleben kämpften, kam es mir vor, als würden wir unter einer Käseglocke leben. Auch Janets »Frequenzabstürze« beispielsweise erschienen mir vollkommen irreal. Dabei erlebte ich in solchen Situationen oft die Hölle. Benno ließ dann alles liegen und stehen, um sich intensiv um unser Medium zu kümmern. Es sei wichtig, dass sie stets im Einklang mit sich selbst sei und als Lichtträgerin die innere Mitte finde. Benno bat mich dann, das Zimmer zu verlassen. Janet nutzte die Gelegenheit, um sich hemmungslos auszutoben. Sie schimpfte auf mich in einer Lautstärke, dass ich es draußen hören konnte. Auch Benno bekam sein Fett weg. Sie war dann sogar fähig, ihm entgegenzuschleudern, dass sie ihn hasse.

Erstaunlicherweise ließ Benno diese Ausbrüche stoisch über sich ergehen und behandelte sie wie ein kleines Kind.

Ich hätte Benno ohrfeigen können. Es war entwürdigend, wie er ihr hinterherkroch. Um sie wieder auf die »richtige Frequenz« zu bringen, begann er sie zu necken und zu kitzeln.

Irgendwann fing sie an zu kichern. Dann schmolz das Eis rasch und Janet revanchierte sich mit Sex.

Ich ärgerte mich, dass Benno sich auf dieses durchsichtige Spiel einließ. Als er einmal bemerkte, dass mich ihr »Versöhnungsritual« bedrückte, nahm ich meinen ganzen Mut zusammen und teilte ihm umständlich meine Gefühle mit.

Benno hörte mir aufmerksam zu. Dann ging er zurück zu Janet und offenbarte ihr meine Seelenlage. Mit einem Schlag war ihre Laune wieder im Eimer. Sie spuckte erneut Gift und Galle und beschuldigte mich, ich sei feige und renne wegen jeder Kleinigkeit zu Benno. Benno forderte mich daraufhin zu einer Aussprache mit Janet auf. Ich wäre am liebsten im Erdboden versunken. Unserem Medium war ich rhetorisch überhaupt nicht gewachsen.

Dann begann das Spiel von vorn. Benno bat mich wieder, das Zimmer zu verlassen. Er wusste, dass er in meiner Gegenwart Janet nicht beruhigen konnte. Einerseits war ich erleichtert, der Situation entfliehen zu können. Auf der anderen Seite ärgerte es mich, dass Janet sich wieder durchsetzte.

Die beiden unternahmen bald darauf einen Ausflug mit der »Lichtmaschine«. Das war kein gutes Zeichen. Insgeheim hoffte ich, dass Janet weiterhin stur bliebe und sich von Benno nicht beruhigen ließe. Dann wäre unser Experiment in Gefahr, dachte ich frevlerisch.

Benno brauchte lang, um Janets Seele zu massieren. Die beide blieben mehrere Stunden fort. Als sie zurückkamen, duschte ich gerade einen Wallach.

Ich traute mich nicht, aufzublicken. Benno stoppte sein geliebtes Geländefahrzeug. Ich wurde nervös, ließ mir aber nichts anmerken und pflegte weiterhin das Pferd. Janet stieg aus und kam auf mich zu. Sie schaute mir eine Weile zu und sagte dann, dass das Tier es sehr genieße, von mir geduscht zu werden. Ihre Stimme klang weich und sanft. Liebevoll streichelte sie den Wallach am Hals und schaute mich an. Plötzlich fragte sie mich, ob ich mir vorstellen könnte, zukünftig für die Pferde verantwortlich zu sein. Ich traute dem Frieden nicht recht. Dennoch freute mich die Idee, die sechs Pferde pflegen zu dürfen.

Später unterbreitete Janet Benno den Vorschlag. Sie spüre eine starke Verbundenheit und Harmonie zwischen den Tieren und mir. Ich war gerührt, als sie Benno vorschwärmte, sie habe mich und das Pferd als eine starke Einheit erlebt.

Benno wollte wissen, ob ich denn gern alles über Pferde und ihre Haltung lernen möchte. Ich war begeistert. Dann hätte ich endlich eine eigene Aufgabe, die nichts mit Kindern und Küche zu tun hatte. Und für die ich verantwortlich sein wollte.

Neue Hoffnung

Betty und Irene, die unsere Familie bei unserem Aufenthalt in Bayern im Streit verlassen hatten, suchten nach einiger Zeit wieder den Kontakt zu uns. Sie fühlten sich in der »Welt draußen« verloren und wollten zurück in den Schoß der Großfamilie. Benno führte ausgiebige Gespräche mit ihnen. Es dauerte jedoch nicht lange und beide tauchten samt Bettys Töchterchen auf der Maya-Ranch auf. Wir umarmten die drei herzlich. Ihre Rückkehr war ein Triumph für Benno und Janet. Sie bestätigte uns, dass wir auf dem richtigen Pfad waren. Das auf materielle Ziele ausgerichtete Leben sei trostlos und öde gewesen, erzählten uns die beiden Frauen. Ihnen habe der Lebenssinn gefehlt. Das war eine heilsame Lektion für alle, die sich gelegentlich ebenfalls mit dem Gedanken befassten, die Familie zu verlassen.

Besuch bekamen wir auch von unseren österreichischen

Freunden Felix und Carmen. Sie waren nach wie vor von dem Wunsch beseelt, unserer Familie beizutreten. Felix lag denn auch Benno dauernd in den Ohren. Benno zierte sich, willigte dann doch ein. Carmen durfte sofort bleiben, Felix kam später, nachdem es ihm geglückt war, seine Firma zu verkaufen. Nun waren wir wieder exakt die vierzig »Aspekte«, wie es Ramtha ursprünglich verlangt hatte. Die Prophezeiungen erfüllten sich, und unsere Motivation erhielt neuen Schub.

Toni führte mich in die Betreuung und Pflege der Pferde ein. Endlich konnte ich etwas lernen. Das größte Problem war die Verständigung, ich sprach weder Englisch noch Spanisch. Und ehe ich richtig wusste, wie mir geschah, stand ich schon mit einem Halfter in der Hand in der Koppel und sollte ein Pferd einfangen. Die Tiere waren misstrauisch und hielten Abstand. Ich kam mir sehr unbeholfen vor und wollte verhindern, dass sich Toni über mich lustig machte. Er zeigte mir, wie ich mich den temperamentvollen Tieren nähern musste. Mein Ehrgeiz war angestachelt, eines dieser wunderschönen Pferde an den Halfter zu bekommen. Ich unterdrückte meine Nervosität, und siehe da, ein roter, kräftiger Wallach blieb stehen, schaute mich neugierig an und ließ mich so nahe heran, dass ich seinen Hals streicheln konnte. Er blähte die Nüstern auf und zeigte mir, dass er ähnlich nervös war. Und es gelang mir tatsächlich, den Wallach einzufangen. Nun schwang Toni elegant das Lasso durch die Luft und schwups, das Seil legte sich wie von einer unsichtbaren Hand geführt um den Hals des Pferdes.

Toni schien mindestens so stolz zu sein wie ich. Er genoss es, von einem weißen Teenager bewundert zu werden. Und er war ein guter Lehrmeister. Bevor ich reiten lernen durfte, musste ich die Pferdepflege beherrschen. Da ich Toni schlecht verstand, war ich oft unsicher. Mir war auch klar, dass die Pferde und Rinder eigentlich die Welt der Cowboys waren, also die Domäne harter Männer. Das ließ mich anfangs zweifeln, und dann musste Benno mir Zuspruch geben.

Ich hielt durch und lernte rasch reiten. Hoch zu Ross fühlte ich mich fast erhaben. Das Westernreiten lag mir. So ritten wir schon bald zu zweit über die Weiden, um die Rinder zu kontrollieren. Was für ein Glücksgefühl, galoppierend durch die schöne Landschaft zu preschen.

Toni fragte mich, wie alt ich sei. Sechzehn, antwortete ich keck. Janet hatte Kai und mir nämlich empfohlen, dass wir uns ein Jahr älter machen sollten. Da uns in Belize niemand kenne, sei dies eine gute Gelegenheit. Wir sollten so schnell als möglich erwachsen werden. Außerdem konnte ich es ohnehin kaum erwarten, volljährig zu werden. Beim abendlichen Meeting verkündete Benno, dass Kai und ich offiziell ein Jahr älter seien. Verplappert euch nicht, mahnte er uns.

Da Toni und ich nicht allein die Tiere pflegen und die großen Weiden kontrollieren konnten, stellten wir Julian ein. Er hatte die O-Beine eines richtigen Cowboys. Um die Gefahr des Viehdiebstahls zu verringern, musste Kai ihn begleiten. Bei sechshundert Tieren mussten wir mindestens dreimal die Woche einen Kontrollritt machen.

Kai und ich gingen bei Toni und Julian durch eine harte Schule. Vor allem Kai schonten sie nicht. Als Frau hatte ich bei den Belizern gewisse Privilegien. Mit der Zeit lernten wir, uns nicht nur bei Toni und Julian durchzusetzen, sondern auch bei den oft störrischen Kühen.

Benno ließ sich in Belize noch mehr gehen. Er war ungepflegt und widerte mich mit der Zeit richtig an. Die Zähne putzte er kaum noch, seine Haare waren fettig und strähnig, den Bart rasierte er oft tagelang nicht. Seine Hose rutschte dauernd hinunter, weil er sie nicht mehr über seinen dicken Bauch brachte. Ich konnte es kaum ertragen, zumal er uns immer predigte, dass das Äußere ein Spiegel unseres Inneren sei.

Benno kontrollierte uns nicht nur in der Gruppe, sondern auch bei der Arbeit. Er brauchte bei allem und jedem den Überblick. Beim Pferdestall schaute er jedoch kaum vorbei. Ausgerechnet der Bereich, für den ich verantwortlich war, schien ihn nicht zu interessieren. Als er mich dann doch einmal besuchte, blieb er auf Distanz. Ich betrachtete ihn von der Seite und empfand richtigen Ekel. Ich erschrak selbst darüber. Zum Glück wissen die einheimischen Arbeiter nicht, dass wir ein Paar sind, schoss es mir durch den Kopf.

Mich ärgerte auch seine Haltung den Tieren gegenüber. Obwohl er mit seinem Übergewicht nicht recht reiten konnte und sich wenig um die Pferde kümmerte, wollte er sich auch als Cowboy beweisen. Also brauchte er ein Pferd. Doch die einheimischen Tiere waren zu klein für ihn. Deshalb wurde in ganz Belize ein geeignetes Pferd gesucht. Toni fand im Süden des Landes Cash, eine große Appaloosa-Stute, die aus den USA importiert worden war. Das wunderschöne teure Tier sollte Bennos persönliches Reitpferd werden. Doch Cash reagierte beim ersten Ausritt störrisch. So wurde nichts daraus, auf der Stute wie ein stolzer Großgrundbesitzer über die Ländereien zu reiten. Als er einen zweiten Versuch unternahm, glaubte er festzustellen, dass Cash in den Hüften steif sei. Das Pferd sei nicht zu reiten, entschied Benno. Damit war das Kapitel für ihn abgeschlossen.

Meine Abneigung gegen Sex wuchs in dieser Zeit weiter. Schon der Gedanke daran drehte mir fast den Magen um. Ich hielt Bennos Nähe kaum mehr aus. Mein Ekel war so groß, dass ich den Mut fasste, mit Janet darüber zu reden. Sie war die Einzige, mit der ich über solche Dinge sprechen konnte. Und sie war dafür zuständig, mich in die Geheimnisse des Frauseins einzuführen. Also fragte ich sie, ob es ihr auch schon passiert sei, dass sie absolut keine Lust auf Sex hatte. Ich wagte aber nicht, ihr zu beichten, dass mir der sexuelle Kontakt mit Benno schon immer widerstrebt hatte. Ich befürchtete, dass sie es ausplaudern könnte und ich erst recht in Teufels Küche käme.

Janet zeigte Verständnis und erklärte mir, dass die meisten Menschen – nicht nur Frauen, auch Männer – immer mal wieder sexuelle Blockaden erlebten. Früher sei sie eine totale

Emanze gewesen und hätte keinen Mann an sich herangelassen. Doch sie gab mir auch zu verstehen, dass Frauen, die ganz bei sich seien und zu ihrer Weiblichkeit stehen könnten, keine Probleme mit der Sexualität hätten. Weiblichkeit sei Sanftheit, wir Frauen müssten demütig und weich sein. Dies treffe auf alle Frauen in unserer Familie zu, legte mir Janet freundschaftlich ans Herz.

Damit traf Janet meine schwache Stelle. Ich wollte doch unbedingt eine richtige Frau sein, weiblich und weich. Du musst weiter an dir arbeiten, um die Lust an der Sexualität zu entwickeln, redete ich mir ein. Du musst dich wandeln und darfst dich Benno nicht verweigern, war ich nach dem Gespräch mit Janet überzeugt.

Um unser Experiment zu tarnen und die Stiftung aufzubauen, eröffneten wir in Deutschland und in der Schweiz jeweils ein Büro. Unsere Familienmitglieder in Europa suchten Kontakt zu Behörden und baggerten Sponsoren an. Es durften auch Sachspenden sein. Viel Verhandlungsgeschick bewies Huba. Er hatte ein souveränes Auftreten und wirkte sehr sympathisch. So erhielten wir Baumaterial, Werkzeuge und sogar Maschinen für den Aufbau der Ranch und des Hilfsprojekts. Für die Armen, wie wir vorgaben. Das Schweizer Büro der Stiftung sollte vor allem die finanziellen Transaktionen abwickeln. Wir wollten den Eindruck einer professionellen Hilfsorganisation erwecken und das Vertrauen der Spender und Behörden gewinnen. Dabei scheuten wir uns auch nicht, vollmundig zu behaupten, dass wir in Belize große Anerkennung genießen und von den einheimischen Behörden unterstützt würden.

Die Geldspenden blieben aber spärlich, weshalb wir dauernd unter finanziellen Engpässen litten. Da kam uns ein Rechtsstreit mit dem ehemaligen Besitzer gerade recht. Er hielt sich nicht in allen Punkten an die vertraglichen Abmachungen und Benno beschloss kurzerhand, die Abzahlungsraten vorderhand nicht mehr zu leisten. Das Geld benutzten wir für den Aufbau der Farm und die Lebenskosten.

Die Einheimischen wunderten sich über uns. Ihnen fiel auf, dass wir uns absonderten und Gästen gegenüber sehr reserviert verhielten. Bald kursierten die wildesten Gerüchte über uns. Hinter vorgehaltener Hand erzählten sich unsere Nachbarn, wir betrieben Nudistenkult. Andere wollten wissen, wir handelten mit Waffen und Drogen. Die Fantasie einiger Einheimischer schoss förmlich ins Kraut. So bei jenen, die vermuteten, wir würden unterirdische Atomversuche machen. Wir lachten über solche Spekulationen und malten uns aus, dass sich viele Belizer nachts in den Büschen versteckten, um uns zu beobachten.

Mein Wunsch, aus der Gruppe zu flüchten, wurde wieder stärker. Ich wollte ausbrechen, einen Beruf erlernen, mein Leben in die eigenen Hände nehmen. Und mich einmal richtig verlieben.

In dieser Zeit trat unser spirituelles Experiment in eine neue Phase. So jedenfalls verkündeten es Janet und Benno wortreich. Wir hätten mit dem Aufbau der Ranch bewiesen, dass wir unsere Entwicklung auf der materiellen Ebene erfolgreich bestanden hätten und bodenständiger geworden seien. Nun sei es an der Zeit, die Materie zu durchdringen und weiter in die höheren Sphären vorzustoßen. Es ginge darum, unsere Körper in Licht zu verwandeln.

Ramtha oder eben Maghan spielte plötzlich nicht mehr die dominante Rolle als Geistwesen. Janet sprach mehr und mehr direkt zu uns, als schöpfe sie die spirituellen Weisheiten aus sich. Sie erfüllte dann die Funktion der geistigen Quelle.

Wir trieben das Projekt der Stiftung zügig voran, um unsere Glaubwürdigkeit nach außen zu stärken. Zu den PR-Maßnahmen trug auch Felix bei, der ein Film- und Tonstudio eingerichtet hatte und professionelle Werbefilme über unser Hilfsprojekt drehte.

Die Anfrage eines einheimischen Polizisten kam uns da gerade recht, der uns um Unterstützung für sein Straßenkinder-Projekt bat. Den hungernden Kindern sollten warme Mahlzeiten ausgegeben werden, damit sie die Schule besuchen konnten und die Zeit nicht mehr für Diebstähle nutzen mussten. Eine Suppenküche für arme Straßenkinder! Damit sollten sich Spender erweichen lassen. Und sie sollte uns die Türen bei den politischen Gremien und der besseren Gesellschaft in Belize öffnen. Außerdem konnten wir unseren Verwandten beweisen, dass wir seriöse Projekte aufbauten und den armen Bevölkerungsschichten in Belize halfen. Die Suppenküche war das beste Argument gegen den nur schwer auszurottenden Vorwurf, wir seien eine Sekte.

Der Polizist, der die Aktion leitete und die Straßenkinder betreute, besuchte uns häufig. Er hieß Edward und war ein fröhlicher Mann, mit dem wir viel lachten. Bald entstand ein freundschaftliches Verhältnis. Es konnte ja nicht schaden, gute Beziehungen zur Polizei zu pflegen.

Eines Tages organisierten wir ein Barbecue für ehemalige Gangmitglieder und Straßenkinder aus Belize City, die kaum je aus den Slums der Stadt herausgekommen waren. Es war ein riesiges Fest, das uns viele Sympathien einbrachte.

Wir durften uns ein wenig unter die Gäste mischen. Da sich Benno bei solchen Anlässen nicht wohl fühlte, musste Janet mich behüten. Mir behagte das Fest nicht sonderlich, wohl weil ich solche Gesellschaften nicht gewohnt war. Ich spürte aber deutlich, dass die Augen mehrerer junger Männer auf mir ruhten.

Irgendwann stand ich neben Lennox, einem Bruder von Edward. Wir unterhielten uns eine Weile, als er plötzlich meine Hand nahm und mich fragte, ob er mich zu einem Ausflug nach Belize City einladen dürfe. Mein Puls kletterte sofort in die Höhe. Ich hätte ihm gern zugesagt, wusste aber nur zu gut, dass ich die Einladung ablehnen musste. Die Ranch mit einem Einheimischen verlassen? Undenkbar. Benno wäre ausgerastet. So suchte ich krampfhaft eine Ausrede. Lennox spürte meine Unsicherheit. Ohne zu zögern ging er zu Sibylle und unterbreitete ihr den Vorschlag. Sibylle winkte energisch ab. Damit war das Thema vom Tisch.

Mich beschäftigte es allerdings noch längere Zeit. Wenn ich an Lennox dachte, wurde ich ganz aufgeregt. Als ich ein paar Tage später von meinem Verehrer einen Blumenstrauß erhielt, war Benno alarmiert. Beim abendlichen Meeting schnitt er das Thema Außenkontakte an und warnte uns eindringlich.

Glücklicherweise stand nicht ich im Zentrum der Diskussion, sondern Sibylle. Edward hatte ein Auge auf sie geworfen. Außerdem war es offensichtlich, dass sie gegenüber attraktiven einheimischen Männern nicht mit ihren Reizen geizte. Im Hinblick auf unser Hilfsprojekt war das im Umgang mit Politikern und Beamten ja ganz nützlich. Doch eine Liaison mit einem Einheimischen wäre bedrohlich gewesen. Benno und Janet forderten uns auf, uns abzugrenzen.

Eines Tages kündeten Edward und Lennox ihren Besuch an. Bei Benno läuteten sofort die Alarmglocken. Ihm war klar, dass die beiden Männer wegen Sibylle und mir zu Besuch kamen. Als ich davon erfuhr, schlug mein Herz höher. Ich war total aufgeregt, Lennox wieder zu sehen.

Benno schien es zu spüren und lud mich zu einer Ausfahrt mit seiner »Lichtmaschine« ein. Ich wusste, was dies bedeutete: Er musste mit mir reden. Ich war sofort blockiert und konnte nicht mehr frei atmen. Wir fuhren über eine Dschungelpiste. Er redete stundenlang auf mich ein. Ich hörte stumm zu und brachte kaum ein Wort hervor. Er machte mir klar, dass ich es mir abschminken könnte, mit Lennox auszugehen.

Benno hatte mich derart eingeschüchtert, dass ich beim Besuch von Lennox völlig verstört war. Mir war die Situation so unangenehm, dass ich erleichtert war, als Lennox endlich wieder ging.

Sibylle war weniger folgsam. Sie hielt sich nicht sehr zurück und es funkte bald zwischen ihr und Edward. Der Polizist wurde natürlich neugierig und hätte gern einen Blick in unsere Gemeinschaft erhascht. Er spürte, dass Sibylle nicht ehrlich war und ihm etwas vorspielte. Deshalb wurde er misstrauisch und wollte mehr über uns in Erfahrung bringen.

Die Sache wurde gefährlich. Benno verlangte von Sibylle, sofort die Notbremse zu ziehen und auf Distanz zu Edward zu gehen. Der Polizist verstand die Botschaft und ließ sich nicht mehr blicken. Damit war allerdings auch das gerade erst angelaufene Projekt mit der Suppenküche für die Straßenkinder gestorben.

Ich verstand nie, warum wir die Stiftung lediglich zur Tarnung benutzten. Die hehren Ziele, die wir im Konzept der Stiftung festhielten, erschienen mir durchaus erstrebenswert. Auch mit dem Aufbau unserer Ranch konnte ich mich identifizieren. Die Arbeit mit den Tieren gefiel mir, die Umgebung war wunderbar. Es hätte alles so toll sein können, wenn wir uns nicht so seltsam verhalten hätten.

Wir lebten so isoliert auf der Ranch, dass ich oft monatelang keinen Fuß auf »fremdes Territorium« setzte. Die Pferde entschädigten mich zumindest ein bisschen. Wenn ich mit Kai und Julian ausritt, um eine große Kuhherde zu treiben, konnte ich mich austoben. Wir gebärdeten uns dann wild und ungestüm. Schöne Momente erlebte ich auch mit Kai allein. Wir ritten über die Weiden, suchten die neugeborenen Kälbchen und gaben ihnen Namen. Dann war ich dem Leben, so wie ich es fühlte, ganz nah.

Kai und ich waren nie besonders gesprächig, wir gehörten eher zu den ruhigen Charakteren. Wir redeten auch nie über unsere Gefühle und die Erlebnisse in der Großfamilie. Dabei hatten wir viele gemeinsame Erfahrungen, schliefen Matratze an Matratze und bekamen gegenseitig mit, was sich über und unter der Bettdecke abspielte.

Wahrscheinlich hatten wir die Gesetze schon verinnerlicht und führten deshalb kein persönliches Gespräch. Heute weiß ich, dass Kai die sexuellen Eskapaden mit Janet ebenfalls zusetzten. Unser Medium war alles andere als seine Traumfrau, und er musste sich all die Jahre hindurch überwinden.

Ich sprach auch nie mit meiner Mutter über persönliche Belange. Artig versuchte ich mich von ihr zu lösen, wie es die Gruppendoktrin verlangte. Es gelang mir recht gut. Dennoch machte mir ein einschneidendes Erlebnis in jener Zeit deutlich, dass ich gefühlsmäßig stärker von ihr abhängig war, als ich geglaubt hatte.

Es begann damit, dass Benno Lisa neckte. Zusammen mit anderen Männern legte er sie auf den Tisch und kitzelte sie. Außerdem leckte er ihr mit der Zunge das Gesicht ab. Benno gebärdete sich wild und Lisa fühlte sich bedrängt. Sie wehrte sich, was die Männer erst recht herausforderte. Meine Mutter wurde wütend und brach in Tränen aus.

Eigentlich wurde von uns in solchen Situationen erwartet, dass wir losließen und uns in das Schicksal fügten. Benno wollte sie auf ihr Fehlverhalten aufmerksam machen, doch meine Mutter ließ sich nicht beruhigen.

Es passierte nicht häufig, dass sich ein Familienmitglied wehrte. Ich konnte mich gut in Lisa einfühlen und litt mit ihr. Dabei spürte ich seit langem zum ersten Mal, dass uns mehr verband, als ich gedacht hatte.

Lisa stürmte wutentbrannt aus dem Zimmer. Sie kam auch am Abend nicht zurück. Ich hatte Angst um sie, da sie zu radikalen Reaktionen neigte, wenn sie sich verletzt fühlte.

Es wurde Nacht und sie kam nicht. Nach langer Diskussion starteten wir eine Suchaktion, aber Lisa war nicht auffindbar. Ich hatte eine schlaflose Nacht. Lisa tauchte auch am anderen Morgen nicht auf. Zumindest hatte ich die Gewissheit, dass sie das Land nicht verlassen hatte, da die Pässe eingeschlossen waren. Ich erinnerte mich sofort an das dramatische Erlebnis zu Hause, als meine Mutter mit Bauchschmerzen in den Wald geflüchtet war. Ich vermutete, dass sie sich irgendwo im Dschungel versteckt hatte. Hoffentlich lebt sie noch, betete ich. Am Mittag folgte endlich die Erlösung: Lisa kam zurück.

Meine Mutter war immer noch aufgebracht. Sie ging schnurstracks zu Benno und teilte ihm mit, dass sie ihre Sachen packen und in die Schweiz zurückkehren würde. Zu meiner Überraschung machte sie Benno keine Vorwürfe, sondern suchte die Schuld bei sich. Sie habe über sich nachgedacht und sei zum Schluss gekommen, dass sie die Voraussetzungen nicht erfülle, das anspruchsvolle Experiment zu bestehen. Mich zerriss es schier. Sie begann ihren Arbeitsplatz säuberlich aufzuräumen und ihre Abreise vorzubereiten.

Das war der große Moment für Benno. Er sprach wie ein gütiger Vater zu ihr und zeigte viel Verständnis für ihren Kummer. Seine Worte berührten sie zutiefst, sie brach erneut in Tränen aus. Bis Benno sie umstimmte und sie wieder lachen konnte.

Die Befreiung war ihr förmlich anzusehen. Sie blühte auf. Wenn das kein Beweis für den Erfolg unseres Experiments war! Sobald wir vom spirituellen Licht erfüllt waren und in unserer inneren Mitte ruhten, waren wir wie verwandelt. Seht ihr das Wunder, sagte Benno in solchen Situationen. Tatsächlich, musste ich mir eingestehen. Wir würden schnell altern, wenn wir »draußen« ein normales Leben führen würden, warnte er uns.

Ein Flugzeug

Eines Tages verriet mir Benno, er wolle ein Sportflugzeug kaufen. Ich schaute ihn ungläubig an. Das können wir uns doch nicht leisten, meldete ich leise Bedenken an. Ein weiterer Spleen. Benno hatte den lieben langen Tag Zeit, verrückte Ideen auszuhecken, die er Visionen nannte. Er hatte eine alte Cessna 182 im Auge. Sibylle und Janet unterstützten sein Vorhaben.

Und wer sollte die Maschine fliegen? Niemand in unserer Gruppe hatte einen Flugschein. Der Fall war klar. Benno wollte fliegen lernen. Mit einem Flugzeug könnten wir unser Grundstück aus der Luft kontrollieren, versuchte Benno den Nutzen der teuren Anschaffung zu erklären. Vor allem in der Trockenzeit könnte er Buschfeuer rasch ausfindig machen. Nach kurzer Zeit hatte er alle überzeugt, dass die Cessna eine absolute Notwendigkeit sei. Und so wurden wir ein Jahr nach unserer Ankunft stolze Besitzer eines Sportflugzeugs. Finanziert von dem Geld, das uns Verwandte zur Abzahlung der Ranch überwiesen hatten …

Wir hatten bald den Ruf, eine reiche Organisation zu sein. Die Anfragen nach Unterstützung und Spenden häuften sich. Auch Gemeinden und Behörden klopften bei uns an. So bat eines Tages sogar ein hochrangiger Politiker, der als korrupt galt, aber auch sehr einflussreich war, Sibylle um Hilfe beim Aufbau der Feuerwehr in seiner Gemeinde. Benno war sofort dafür, schließlich war sein Vater viele Jahre bei der Berufsfeuerwehr tätig gewesen. Sibylle nahm Kontakt zu der Betriebsfeuerwehr einer deutschen Firma auf, die gern bereit war, ein ausrangiertes Gefährt zu spenden. Die Feuerwehrleute freuten sich, direkte Entwicklungshilfe leisten zu können.

Sie waren so begeistert von unseren Videos, dass sich ein paar Männer kurzerhand entschlossen, uns im Urlaub zu besuchen und tatkräftig beim Aufbau des Projekts mitzuhelfen. Benno zögerte. Fremde Leute auf der Ranch? Das war eine heikle Angelegenheit. Doch wir konnten die Hilfe deutscher Fachleute gut gebrauchen.

Um den Feuerwehrleuten eine Unterkunft bieten zu können, mussten wir dringend zusätzliche Bungalows bauen. So stellten wir sechs kleine A-förmige Häuschen mit je einem Schlafzimmer für zwei Personen auf.

Die Feuerwehrmänner aus Deutschland erledigten für uns

zwar wichtige handwerkliche Aufgaben, aber es war aufreibend, fremde Leute zu beherbergen und ihnen etwas vorzuspielen. Niemand durfte einen Einblick in unser Gruppenleben erhalten. Abends beim Bier leisteten ihnen ein paar Gruppenmitglieder Gesellschaft. Benno hielt sich wie immer im Hintergrund. Er bestimmte, wer sich mit den Männern unterhalten musste. Ausgewählt wurden selbstsichere und schlagfertige Familienmitglieder. Trotzdem kam es immer wieder zu heiklen Situationen. Benno rastete jedes Mal aus, wenn im Umgang mit Außenstehenden etwas schief ging.

Mit Hilfe der deutschen Gäste wuchs auch schnell der Hangar für die Cessna, den wir am Rande eines Rollfeldes bauten. Einmal mehr zeigte sich: Wenn sich Benno etwas in den Kopf gesetzt hatte, musste es möglichst sofort umgesetzt werden.

Auch unsere Lobbyarbeit in Belize war erfolgreich. Dank den Imageaktionen von Sibylle gewannen wir Freunde in der einheimischen Oberschicht. Viele von ihnen besuchten uns und waren begeistert von unseren Projekten, aber auch von unserer Gruppe. Es gelang uns glänzend, alle Besucher bis hinauf zu Regierungsvertretern zu blenden.

Unsere Beziehungen retteten uns mindestens einmal vor einer existenzbedrohenden Situation. Mister Peterson, der ehemalige Besitzer der Maya-Ranch, war wütend, weil wir den Vertrag vor Gericht anfochten und die Raten nicht zahlten. Um uns die Hölle heiß zu machen und uns von der Ranch zu vertreiben, bestach er einen hohen Beamten. Dieser sollte eine Razzia auf unserem Gelände organisieren. Ein Bekannter von uns, Polizist bei einer Spezialeinheit, warnte uns rechtzeitig. Denn es stand zu befürchten, dass die korrupte Polizei Drogen auf unserem Gelände verstecken und bei der Razzia »zufällig« zutage fördern würde.

Es herrschte Alarmstimmung. In vielen Sitzungen gingen wir alle möglichen Szenarien durch und diskutierten Abwehrstrategien. Uns blieb jedoch nichts anderes übrig, wir mussten die Ranch durchsuchen. Stundenlang krochen wir auf den

Knien umher, schauten unter jedes Möbel, räumten jede Schublade aus, hoben jeden Gegenstand auf. Vergeblich. Wir öffneten Behälter, durchsuchten Fahrzeuge und Maschinen und durchstöberten die Lager. Irgendwann mussten wir erkennen, dass wir unmöglich in jede Ecke leuchten und das riesige Gelände auf den Kopf stellen konnten.

Die Lage war bedrohlich. Wir arbeiteten ein Notszenario aus, um zu verhindern, dass die ganze Familie verhaftet werden konnte. Die Bedrohung von außen schweißte uns noch stärker zusammen, die alltäglichen Probleme waren wie weggewischt. Selbst jene Gruppenmitglieder, die sonst eher verträumt wirkten, waren auf Draht.

Eines Abends schreckten uns Autolichter am Eingangstor auf. Die Polizei! Panikartig setzten wir den Fluchtplan um, den wir bis in alle Einzelheiten besprochen hatten. Wie ein aufgescheuchter Hühnerhaufen stoben wir aus dem Haus und in kleinen Grüppchen in alle Richtungen. Die Angst jagte mir den Puls in die Höhe. Ich rannte, als würde ich von einem hungrigen Löwen verfolgt. Die Dunkelheit kurbelte meine Angstfantasien noch an. Bilder von Knüppeln, Pistolen und Handschellen jagten durch meinen Kopf. Ich hörte Stimmen im Befehlston über das Gelände hallen und sah mich bereits in einer kleinen schmutzigen Zelle eingekerkert.

Ich konnte kaum etwas erkennen und rannte blindlings hinter Kai her. Plötzlich fand mein rechter Fuß keinen Halt. Ich trat in ein Loch und schlug der Länge nach hin. Hastig rappelte ich mich auf und humpelte weiter. Der Knöchel schmerzte fürchterlich. Ich fluchte leise vor mich hin, biss aber die Zähne zusammen. Kai hatte nichts bemerkt. Unser Plan bestand darin, uns eine Stunde lang zu verstecken und uns anschließend bei einem Bächlein im Wald zu treffen. Nur Sibylle und drei Männer blieben in den Häusern, um die Razzia zu beobachten und mit den Beamten zu verhandeln.

Plötzlich schreckte mich ein Motorengeräusch auf. Dann hallte eine laute Stimme durch die Dunkelheit. »Zurückkommen!« Ich fuhr zusammen. Was bedeutete das? Ich konnte mir keinen Reim darauf machen. »Fehlalarm!« Benno raste mit seinem Landcruiser über die Weiden und versuchte, uns zusammenzutrommeln. Ich atmete erleichtert auf und humpelte zu den Häusern zurück.

Bei dem mysteriösen Besuch handelte es sich tatsächlich um Polizisten, doch sie suchten keine Drogen, sondern guatemaltekische Gangster, die sich in der Gegend versteckt hielten. Die Beamten wollten von uns wissen, ob wir Fremde auf unserem Gelände beobachtet hätten.

Alle waren aufgeregt und sprachen wild durcheinander. Jeder musste seinen Schrecken loswerden. Ich beruhigte mich erst wieder, als ich im Bett lag.

Am nächsten Tag ging Sibylle zum Premierminister und bekam tatsächlich eine Audienz. Sie schilderte ihm unsere Sorgen und bat ihn dringend um Hilfe. Dabei erklärte sie ihm, dass die Foundation gefährdet sei und schlimmstenfalls die Hilfsprojekte zum Wohl seines Landes einstellen müsste. Wir hatten inzwischen mehrere Projekte organisiert oder unterstützt. Sibylle zog alle Register, um den Premierminister für sich zu gewinnen.

Er zeigte viel Verständnis und ließ Sibylle wissen, dass er der Stiftung wohlgesinnt sei. Später besuchte Sibylle auch einen hohen und einflussreichen Vertreter des Commonwealth und konnte auch ihn von unserem Projekt und unserer Arbeit überzeugen.

Die erfreulichen Signale von höchsten Regierungsstellen gaben uns neuen Mut. Benno interpretierte sie auch im Sinn unseres Experiments. Es sei ein Beweis, dass wir mit unseren geistigen Kräften ein positives Energiefeld schaffen und das Böse abwehren könnten.

Rituale

Unser Projekt und die Ranch wuchsen, und auch ich hatte das Gefühl, allmählich erwachsen zu werden. Ich begann mich zaghaft zu wehren. Ich gab Benno zu verstehen, dass er mich mit seinen Sticheleien auf die Palme trieb. Ich spürte, dass es mir gut tat, wenn ich ihm etwas entgegensetzen konnte. Es gelang mir vorerst aber nur, wenn ich aufgebracht war. Und beim Thema Sex wagte ich es immer noch nicht, ihm die Wahrheit zu sagen.

Immer wieder stellte ich mir vor, wie es wäre, irgendwo »draußen« zu leben. Ich konnte stundenlang davon träumen. Um wenigstens eine Ahnung davon zu bekommen, hing ich den anderen Gruppenmitgliedern an den Lippen, wenn sie von Erlebnissen aus ihrem früheren Leben berichteten. Ich konnte ihnen stundelang zuhören und löcherte sie mit Fragen. Ich bekam glänzende Augen, wenn mir jemand von früheren Zeiten erzählte.

Mein Wissensdurst war groß. Ich sog alles auf, was ich von den Erwachsenen erfahren konnte. Geistig lebte ich aus zweiter Hand. Ich bekam kaum mit, was sich in der Welt draußen abspielte. Benno war am besten informiert, da er einen beträchtlichen Teil seiner Zeit vor dem Fernseher verbrachte. Wichtige politische Ereignisse wurden in den Meetings erwähnt. So erfuhr ich beispielsweise, dass der US-Präsident Bill Clinton die Wahlen gewonnen hatte und Gerhard Schröder in Deutschland Helmut Kohl abgelöst hatte.

Meine Defizite in der Allgemeinbildung versuchte ich mit Hilfe von Zeitschriften auszugleichen. Familienmitglieder oder Besucher brachten sie aus Deutschland mit. Ich war richtig scharf auf die Illustrierten und stürzte mich darauf, wenn Benno und Janet sie gelesen hatten. Die Artikel halfen mir, in die fremde Welt einzutauchen. Selbst in den Klatschblättern las ich jeden Buchstaben. Gescheite Bücher gab es kaum, gelesen wurden vor allem Science-Fiction-Schinken, die mir aber wenig sagten.

Ab 1997 hielt dann die moderne Kommunikationstechnik bei uns Einzug. Wir gingen online. Das war eine Sensation. Es ging aber vor allem um den Mailverkehr. Außerdem brauchten wir für unsere Stiftung eine Homepage. Leider konnte ich die Möglichkeiten des Internets damals nicht nutzen. Surfen im Web gab es bei uns nicht.

Eine weitere Möglichkeit, wenigstens emotional aus dem Gruppenmief zu flüchten, bot sich mir beim Tanzen. Janet zeigte mir Samba-Schritte, und so tanzten wir gelegentlich in unserem kleinen Schlafzimmer. Ich versetzte mich in Gedanken in einen Tanzsaal und genoss es, die rhythmische Musik in mich aufzunehmen und in harmonische Bewegungen umzusetzen. Es bedeutete für mich Freiheit, obwohl wir kaum genügend Platz hatten, uns zu drehen. Es war die Freiheit, ein paar Gefühle auszudrücken, ohne mich kontrollieren zu müssen. Hier wurde meine Fantasie beflügelt, und ich konnte in eine fremde Welt flüchten. Mich durchströmte dann ein Glücksgefühl. Dabei störte mich nicht einmal der Umstand, dass ich mit der Frau tanzte, die mir das Leben ansonsten eher schwer machte.

Es folgten jedoch Meetings, die mich wieder auf den Boden holten. Benno fragte die beiden sechzehnjährigen Mädchen Karin und Linda: »Wie steht es eigentlich bei euch in Sachen Sex? Wollt ihr alte Jungfern werden?« Die beiden Mädchen waren überrumpelt, fingen sich aber rasch. Beide signalisierten ihm, dass sie dies auf keinen Fall wollten. Das war die Antwort, die Benno von ihnen erwartet hatte. Er hakte nach, wer unter den Männern denn ihr Favorit sei. Alle Augen ruhten auf den beiden Mädchen. Sie überlegten und rangen sich zu einer Antwort durch. Karin nannte Huba, der mit seinen 36 Jahren zur jüngeren Garde gehörte. Und Linda nannte Norbert, unseren Koch.

Benno wäre selbst auch nicht abgeneigt gewesen, diese »höhere Aufgabe« zu übernehmen. Er hatte stets einen Kult um die Entjungferung gemacht. Und er flirtete oft mit Karin. Mir gab er aber zu verstehen, dass ich keinen Grund zur Eifersucht hätte. Ich sei seine Traumfrau, er verehre meinen Körper, beteuerte er mir. Einzig meine glatten dunkelblonden Haare entsprächen nicht ganz seinem Wunschbild. Dunkle gelockte Haare, wie Karin sie habe, gefielen ihm ein bisschen besser …

Karin hätte wohl auch nichts dagegen gehabt, von Benno in die Welt der Sexualität eingeführt zu werden. Sie verehrte ihn über alle Maßen und war eifersüchtig auf mich. Du hast ja keine Ahnung, was es bedeutet, Bennos Geliebte zu sein, dachte ich.

Ich wusste nur zu gut, dass Benno auf junge Frauen oder Mädchen stand. Die Entjungferung war für ihn ein Mythos der höheren Art, der seine Fantasie enorm beflügelte. Bei jeder Gelegenheit schnitt er das Thema an. Er beteuerte mir zwar immer wieder, dass ich seine letzte Beziehung sei, nach mir gäbe es für ihn keine andere Frau mehr. Doch ich spürte, dass er ganz schön in Fahrt kam, wenn er mit Karin schäkerte. Dabei ertappte ich mich, dass ich trotz der bedrückenden Erlebnisse im Bett eifersüchtig wurde. Eine absurde Situation. Ich ekelte mich vor ihm und fühlte mich dennoch verletzt, wenn er mit Janet seine Sexspiele vollführte oder mit Karin flirtete.

Ich befürchtete, dass Benno sich auf Karin einlassen könnte, weil sie offenbar bereit war, auf Sexspiele der harten Art einzugehen. Sie machte kein Geheimnis daraus, wenn über sexuelle Vorlieben gesprochen wurde.

Huba erhielt den Zuschlag. Er sollte Karin die Unschuld nehmen. Doch Huba schien der Aufgabe nicht gewachsen zu sein. So jedenfalls schilderte sie es hinterher. Mit einer erstaunlichen Selbstsicherheit stürmte sie in unser Zimmer und beklagte sich bei Benno.

Huba stand arg unter Druck. Benno meinte vielsagend, am Schluss müsse er die Aufgabe selbst übernehmen. Es sei wichtig, dass Karin einen richtigen Mann bekomme, um beglückende Liebeserfahrungen zu machen. Ich wusste nicht, wie ich mit der demütigenden Situation umgehen sollte, und versuchte, die Geschichte mit mir selbst auszumachen.

Es kam dann doch nicht so weit. Nach mehreren Versuchen schaffte es Huba, Karin zu entjungfern, wie sie Benno erzählte. Sie machte aber kein Geheimnis daraus, dass sie es lieber mit Benno erlebt hätte.

Mit dem Kauf der alten Cessna begann eine endlose Geschichte, die typisch war für Benno. Er entschied eines Tages, dass das Flugzeug eine gründliche Überholung nötig habe. So machten sich er, unser Mechaniker Stefan und viele Helfer an die anspruchsvolle Aufgabe. Sie entdeckten immer neue Schwachstellen und zerlegten die Maschine Stück für Stück. Stefan benötigte über zwei Jahre, bis die Cessna wieder in Schwung gebracht war.

Es war eine seltsame Phase. Wir scherzten und lachten zwar häufig, doch es war eine aufgesetzte Heiterkeit. Benno war oft schlecht gelaunt, er nörgelte an uns herum und behauptete, wir würden keine Fortschritte in unserer geistigen Entwicklung machen. Wir fühlten uns bald als Versager.

Da manche von uns bis tief in die Nacht hinein an der Cessna arbeiten mussten, hatte ich gelegentlich ein paar Momente für mich allein. Ich hörte dann Kuschelrock und flüchtete in meine Welt, zu meinen Träumen und Sehnsüchten.

Benno plusterte sich in dieser Zeit auf wie ein Gockel. Seine Fantasien lebte er offen aus und schien auch noch Anklang damit zu finden. Mit einem Hartgummi-Stab verfolgte er die Frauen, die mit am Flugzeug arbeiteten, und versohlte ihnen den Hintern. Zunächst kreischten sie vor Vergnügen und genossen die besondere Aufmerksamkeit unseres geistigen Führers. Benno fühlte sich ermuntert und schlug härter zu. Ein Ritual zur Überwindung körperlicher Gebundenheit, wie es hieß. Einige der Frauen hielten ihren Po extra hin und wünschten sich freiwillig eine Tracht Prügel. Das gefiel Benno. Die Frau soll innerlich frei werden, damit sie Lust am Schmerz und der Demütigung empfinde, predigte er. Und wer provozierte Benno am meisten und konnte nicht genug Hiebe bekommen? Karin!

Das Ritual ging so weit, dass ein paar Frauen voll Stolz vor versammelter Runde ihren nackten, mit blauen Flecken übersäten Hintern zeigten. Wie können erwachsene Frauen sich so etwas antun, fragte ich mich. Und warum präsentierten sie auch noch die Spuren der Entwürdigung? Ich konnte es nicht verstehen. Allerdings schien ich die Einzige zu sein, die damit Mühe hatte, alle anderen kicherten vergnügt.

Benno wusste, dass mich so etwas abstieß. Ich hatte ja schon Probleme, wenn es ums Fesseln ging. Es war mir lange Zeit geglückt, seinen Wunsch nach seltsamen Sexspielen abzublocken. Doch er ließ nicht locker. Stundenlang schaute er Sexvideos, in denen Frauen gefesselt und geknebelt wurden. Obwohl mich die Szenen anwiderten, kam ich nicht darum herum, diesen »Anschauungsunterricht« über mich ergehen zu lassen. Welche Stellung würdest du am liebsten ausprobieren, fragte er mich, oder: Welche Szene würdest du gern nachspielen? Keine, hätte ich am liebsten geantwortet. Doch ich konnte ihm nicht entkommen. Ich druckste verlegen herum und suchte mir die harmloseste Version aus.

Aber auch dies war so ekelhaft, dass ich mich jedes Mal mies und verletzt fühlte.

Benno verlieh den Masospielen und Schmerzen eine höhere Weihe. Meine innere Blockade verrate eine Schwäche und deute auf verdrängte Probleme hin, erklärte er mir. Diese müssten wir unbedingt ergründen, sonst bleibe das geistige Wachstum blockiert. Er gab sich sehr fürsorglich und betonte immer wieder, dass er mir helfen wolle, mich innerlich zu befreien. »Du musst dich von den körperlichen Bindungen lösen, einfach nur loslassen«, waren seine Worte in solchen Situationen.

Die harmloseste Variante bestand darin, dass Benno mich an Fuß- und Handgelenken ans Bett fesselte. Allein schon der Anblick erregte ihn. Er konnte sich nicht satt sehen. Ich fühlte mich ohnmächtig und ausgeliefert. Beim normalen Geschlechtsverkehr hatte ich die Situation einigermaßen im Griff und konnte Bennos Begierden vorsichtig lenken. Doch gefesselt konnte ich nur beten, dass sein Trieb nicht mit ihm durchging.

Für Benno war es wichtig, Macht über Frauen zu haben. Wir mussten uns ihm alle ausliefern. Wenn nicht körperlich, dann seelisch. Er genoss es, wenn er uns demütigen konnte. Auch wenn es nur seine Sticheleien waren. Er schlug mich einfach so aus Spaß. Am liebsten auf den Oberschenkel. Eine »zärtliche« Geste, die schmerzte. Ich durfte es mir aber nicht anmerken lassen. Das wäre ein Makel gewesen. Unsere Gefühle hatten wir unter Kontrolle zu haben. Wer vor Schmerzen schrie, zeigte Schwäche. Wer empört reagierte, ließ weltliche Empfindungen zu. Aber wir waren göttlich.

Vor allem wir Frauen mussten Bennos Machtdemonstrationen ertragen und in allen Situationen Haltung bewahren. Sonst wurden wir mitleidig belächelt und gehänselt. Es war einfacher, den Schmerz hinzunehmen, als sich in langen Diskussionen zu rechtfertigen. Fast alles war mir lieber, als mit Benno auf der spirituellen Ebene arbeiten zu müssen.

Seine Macht musste Benno auch den Männern gegenüber beweisen. Männliches Balzgehabe gehörte zu den Gruppenritualen. Wer Frauen bezirzte und sexuell besonders aktiv war, zeigte seine männliche Kraft. Diese war wiederum Ausdruck der spirituellen Entwicklung. Als junge Frau und Partnerin von Benno wurde ich von den meisten Männern begehrt. Sie durften sogar um mich buhlen. Aber keiner hätte es gewagt, mir ernsthaft den Hof zu machen oder mich zu verführen.

Benno liebte dieses Spiel. Gern fragte er in die Runde: »Wo sind meine Herausforderer?« Er strahlte dann wie ein Sieger im Ring und genoss seine unangefochtene Machtposition.

Dass wir Frauen dabei beliebig verfügbar zu sein hatten, störte niemanden. Auch ich glaubte, das wäre Teil der weiblichen Rolle.

Als die Cessna überholt war und Benno seinen Flugschein gemacht hatte, konnten wir uns wieder der Infrastruktur zuwenden. Wir bauten aus zwei Schiffscontainern eine Bäckerei, die Werkstätten nahmen Gestalt an, wir erweiterten die Pferdestallungen. Der Fuhrpark wurde um weitere Nutzfahrzeuge aufgestockt, die wir von deutschen Kommunen und Großfirmen erhielten. Wir bekamen sogar zwei geländegängige Motorräder als Spende, damit wir auch in der Regenzeit Kontrollfahrten in unserem Regenwald-Schutzgebiet unternehmen konnten.

Die Liste der Spender und Sponsoren mit klingenden Namen wurde länger und länger. Stolz nannten wir die Namen im Abspann unserer Videos. Um den Anschein von Seriosität zu unterstreichen, führten wir an, dass uns das Finanzamt München und das Eidgenössische Departement des Innern in Bern die Gemeinnützigkeit zuerkannt hatten. Gut machte sich auch der Hinweis, dass der Premierminister von Belize uns persönlich unterstütze.

Ich fühlte mich immer unwohler in dem kleinen und dunklen Zimmer, in dem wir zu sechst wohnten. Oft war es voll mit Leuten, die etwas mit Benno besprechen wollten oder den Rat von Janet suchten. Dann kam ich nicht einmal an meinen Kleiderschrank. Es war so eng, dass ich mich aus dem Zimmer quetschen musste, um ins Freie zu gelangen. Wenn Benno mich fragte, warum ich beim Sex so zurückhaltend und nicht experimentierfreudig sei, gab ich das dunkle und schmuddelige Zimmer als Grund an. Ich glaubte, besser loslassen zu können, wenn wir allein wären und in einer angenehmen Atmosphäre schlafen könnten.

Da auch Janet ihm deswegen in den Ohren lag, unternahm er schließlich etwas. Andres plante und zeichnete, und es entstand bald ein Haus mit zwei Schlafzimmern. Endlich hatten Benno und ich ein eigenes Zimmer. Das zweite bezogen Janet und Kai.

Ich freute mich auf den Umzug und fühlte mich im neuen Haus und vor allem in dem eigenen Zimmer wie eine Prinzessin. Benno hatte meine Bedingung erfüllt, nun musste ich Wort halten und seinem Wunsch nachkommen. Mir wurde bang. Es hatte sich nur die Kulisse geändert. Bennos Körper behagte mir in der gemütlicheren Umgebung nicht besser. Er holte die Stricke hervor und schaute mich erwartungsvoll an. Mir gefror das Blut in den Adern.

Einzig die Spitzenunterwäsche, die mir Benno für die erste Nacht in unserem eigenen Zimmer geschenkt hatte, gefiel mir einigermaßen. Trotzdem hätte ich am liebsten schnell mein weißes T-Shirt übergestreift und mich in meine Decke gekuschelt.

Aber Benno gab nicht auf. Normaler Sex sei doch langweilig, redete er mir immer wieder zu. Entspanne dich, genieße das prickelnde Gefühlsbad, forderte er mich auf. Du wirst einen wunderbaren Rausch erleben. Nur verkrampfte Menschen haben keine Freude an solchen Spielen.

Er bearbeitete mich so lange, bis ich an mir zu zweifeln begann. Stimmte vielleicht mit meinen sexuellen Empfindungen etwas nicht? Ich war verunsichert und ließ mich von Zeit zu Zeit auf seine Sexspiele mit Stricken und Knebeln ein.

Benno wartete bald mit einer weiteren Überraschung auf. Sein vielsagender Blick ließ nichts Gutes erahnen. Schwungvoll öffnete er den Schrank und holte große Metallträger hervor. Ich wusste sofort, was es damit auf sich hatte. Das Requisit kannte ich aus einem Sexfilm. Da ich keinen anderen Ausweg wusste, hatte ich ihm gesagt, dass ich mir diese Szene am ehesten vorstellen könnte. Prompt ließ er ein solches Teil in der Werkstatt anfertigen und führte es mir nun stolz vor.

Benno steckte die Träger umständlich zusammen. Es war

ein Kreuz aus Edelmetall. Daran wollte er mich fesseln. Den Schreck in meinen Augen sah er nicht. Im Gegenteil, er verband sie mir. Und er steckte mir einen Knebel in den Mund.

Es war ein riesiges Kreuz. Aufrecht band er mich daran fest. Das Seil schnitt sich tief ins Handgelenk, ich hielt die Schmerzen kaum aus. Der Schmerz wurde jedoch mein Verbündeter. Er lenkte mich davon ab, was Benno mit meinem Körper anstellte. Mit Brustklemmen und anderen Werkzeugen traktierte er mich. Und mit weiteren Stricken, die er um Körper und Brust band. Es war die Hölle.

Benno war überzeugt, dass er es mir so richtig gut besorgt hatte. So jedenfalls stellte er es mir hinterher dar. Ich hätte heulen können, musste mich aber beherrschen, weil ich sonst weitere Lektionen über mich hätte ergehen lassen müssen.

Benno spürte, dass mich seine Sexspiele auch in der veränderten Umgebung nicht beglückten. Er warf plötzlich erneut ein Auge auf Karin. Damit begannen die nächsten Demütigungen. Sie hatte inzwischen Erfahrungen mit verschiedenen Männern in unserer Familie gesammelt und verhielt sich sehr herausfordernd. Im Gegensatz zu mir galt sie als temperamentvoll. Benno rieb es mir gern unter die Nase, dass Karin viel Leidenschaft ausstrahlte. Dann fragte er mich: »Lea, wo ist deine Leidenschaft?« Es machte mich wütend, vor allem, weil ich ihm gegenüber so hilflos war.

Immerhin gelang es mir inzwischen, gelegentlich einen Höhepunkt zu erleben. Doch das hatte weniger mit Benno zu tun als vielmehr mit meinen Fantasien. Ich stellte mir romantische Szenen vor und flüchtete gedanklich in die Arme eines attraktiven Mannes, bei dem ich mich geborgen fühlte. Der Wunsch, loslassen zu können und mich nicht immer kontrollieren zu müssen, war übermächtig. Überhaupt konnte ich dank meiner Vorstellungskraft viel kompensieren. Wahrscheinlich hielt ich es durch sie einigermaßen aus.

Als Benno eines Abends ins Zimmer kam, spürte ich sofort, dass etwas nicht stimmte. Er berichtete mir, dass sich Karin spontan auf seinen Schoß gesetzt und ihn geküsst habe. Es klang so, als sei es fast gegen seinen Willen geschehen. Ich war empört und zeigte ihm das. Ich sei richtig süß, wenn ich mich ärgere, war seine Reaktion. Und er beteuerte mir, dass ich die einzige Frau an seiner Seite sei und immer die Nummer eins bleiben würde. Doch es sei auch seine Aufgabe, alle Familienmitglieder beim geistigen Aufstieg zu fördern. Für Karin sei es ein immens wichtiger Schritt gewesen, sich mutig zu holen, was sie begehrte.

Ich hätte ihn ohrfeigen können. Er schob wieder einmal alles auf eine höhere Ebene. Und jemand anderem in die Schuhe. Benno war wie immer fein raus. Es kam ihm nicht in den Sinn, dass vielleicht auch er verantwortlich für sein Handeln sein könnte.

Benno hatte auch positive Seiten, sonst wäre es ihm wohl kaum geglückt, unsere Familie aufzubauen und zusammenzuhalten. Wenn er gut gelaunt war, konnte er sehr witzig sein. Diese Seite schätzte ich an ihm. Wir hatten lustige Momente und alberten oft. Er sagte mir immer wieder, dass er sich ein Leben ohne mich nicht mehr vorstellen könnte. Ich würde mit meiner fröhlichen und verspielten Art viel zur heiteren Atmosphäre der Familie beitragen.

Wenn er ins Zimmer kam, zog er sich sofort aus und legte sich nackt aufs Bett. Dann wollte er sich von mir verwöhnen lassen. Ich sorgte dafür, dass sich seine Stimmung aufhellte und massierte ihm die Füße.

Eines Nachmittags kam Karin in unser Zimmer und wollte Benno etwas erzählen. Das war nicht außergewöhnlich, denn dauernd kamen Familienmitglieder, um mit Benno über ihre Erlebnisse oder Sorgen zu reden. Häufig ging es um Konflikte in der Gruppe, es wurde getratscht und gelästert. Benno blieb nichts verborgen, er konnte in jedem von uns wie in einem offenen Buch lesen.

Da es für mich an der Zeit war, die Pferde zu füttern, schmiss ich mich in die Stallkleidung und verließ den Raum.

Ich hatte zwar ein ungutes Gefühl, die beiden allein zu lassen, doch fand ich auch Karins Gegenwart kaum erträglich.

Als ich zurückkam, war Benno allein. Hier stimmt etwas nicht, schoss es mir durch den Kopf. Ich schaute ihn fragend an. Er ließ sich Zeit mit der Antwort. Janet war inzwischen ins Zimmer gekommen. Erst dann beichtete Benno, Karin hätte sich an ihn geschmissen.

Ich hätte Benno am liebsten angeschrien. Doch ich kam noch nicht mal dazu, tief Luft zu holen, da hatte Benno dem Vorfall schon eine höhere Bedeutung zugemessen. Er könnte es sich selbst nicht recht erklären, meinte er, es müssten besondere Energien im Spiel gewesen sein. Er bat Janet, ihm zu helfen, die Sache spirituell zu deuten.

Ich war sofort eingeschnürt in meinem Korsett. Keinen Ton brachte ich hervor. Alles tat weh, ich fühlte ein heftiges Ziehen in der Brust.

Benno schlug eine Fahrt in den Dschungel vor. Ich saß verunsichert auf der Rückbank und hörte zu, wie Janet die Sache mit Karin interpretierte. Sie war in ihrem Element. Mit ihren spirituellen Ausführungen entlastete sie Benno. Wie stets vollführte sie ihren theatralischen Zauber. Ich wurde gar nicht wahrgenommen und musste meine Wut hinunterschlucken. Hätte ich mich gewehrt und Benno Vorwürfe gemacht, wäre ich zum Problemfall geworden, was zu endlosen Diskussionen geführt hätte.

Dennoch war ich irgendwann an der Reihe. Janet sagte, dass mein Schmerz Ausdruck mangelnder geistiger Reife sei. Es würde immer noch eine große Kluft zwischen Kopf und Herz bei mir klaffen. Ich müsste lernen, aus der engen, bürgerlichen Gefühlswelt auszubrechen. Diesen geistigen Anstoß habe mir Benno mit seinem Seitensprung geben wollen.

Ich hatte eine schlaflose Nacht. Auch am nächsten Tag fühlte ich diesen starken inneren Schmerz. Mir war, als sei ein Bulldozer über mich hinweggerollt. Ich konnte es nicht begreifen. Ich war ihm treu, obwohl er mich oft anwiderte, und er beschmutzte unsere Beziehung. Ausgerechnet er, der von sich behauptete, einen starken Willen zu haben und geistig weit entwickelt zu sein, konnte offensichtlich eine günstige Gelegenheit nicht ungenutzt lassen. Benno hatte auch dafür eine Erklärung: Eifersucht sei eine wichtige Erfahrung für mich. Ich müsste lernen, damit umzugehen. Ich hasste ihn für diese Worte.

Essstörungen

Ich war inzwischen neunzehn Jahre alt geworden und der übersinnliche Zauber faszinierte mich immer weniger. Ich schaffte es einfach nicht, den Verstand in die Pampa zu schicken. Doch ich zahlte einen hohen Preis dafür, denn die innere Zerrissenheit trieb mich fast in den Wahnsinn.

Ich war gespalten und reagierte mit psychosomatischen Störungen. Es begann damit, dass ich tagtäglich miterlebte, wie Janet gegen ihr Übergewicht kämpfte. Sie kontrollierte immer, wie viele Kalorien sie bei ihren Mahlzeiten zu sich nahm. Außerdem musste ich im Auftrag von Benno Shania beim Abnehmen helfen. Verschiedene Familienmitglieder hatten vergeblich versucht, ihre Esslust zu zügeln. Ich nahm die Aufgabe sehr ernst und war oft fix und fertig, wenn ich Shania ertappte, wie sie heimlich Hundefutter in sich hineinstopfte oder trockenes Pferdebrot stahl. Anfangs kostete mich die Betreuung von Shania viel Überwindung, da ich sie immer noch nicht leiden konnte. Doch mit der Zeit entwickelte sich eine Freundschaft zwischen uns. Mir gelang es, sie dazu zu bringen, kontrolliert zu essen. So schaffte sie es, in knapp einem Jahr etwa 18 Kilo abzunehmen.

Auch Benno zeigte ein auffälliges Essverhalten. Wie immer hatte er eine höhere Erklärung parat für seine Schwäche. Die Ursache seiner Fresslust liege in der geistigen und übersinnlichen Schwerarbeit, erklärte er uns. Er müsse also für Ausgleich sorgen. Und Janet machte uns weis, würde er die Nahrungszufuhr reduzieren, wäre er in Lichtgeschwindigkeit in die höheren Sphären aufgestiegen. Das Körpergewicht war in unserer Großfamilie deshalb oft ein Thema.

Eines Abends, ich hatte noch die Reste von Janets feinem Menü verdrückt, platzte ich fast und musste würgen. Ich rannte zur Toilette und half etwas nach. Mit einem Schlag fühlte ich mich erleichtert. Die Prozedur war nicht einmal anstrengend.

So entdeckte ich zufällig eine Methode, mir rasch Erleichterung zu verschaffen. Hatte ich zu viel gegessen, gab ich es wieder her. Das animierte mich, stets ein bisschen mehr zu essen als früher. Ich entleerte den Magen heimlich, denn mir war klar, dass meine Methode auf wenig Verständnis gestoßen wäre. Ich wusste ja selbst nicht, warum es mir nichts ausmachte, mich stets nach dem Essen zu erbrechen.

Zudem hatte ich den Verdacht, Janet wolle mich mästen. Jedenfalls tat sie alles, um weniger Gewicht auf die Waage zu bringen als ich. Ich aber hatte nun ein wirksames Mittel gefunden, ihr einen Strich durch die Rechnung zu machen.

Dass ich allmählich eine Bulimie entwickelte, wurde mir erst mit der Zeit bewusst. Dass es diese Krankheit gab und wie sie hieß, hatte ich in einer Zeitschrift gelesen. Bald wog ich trotz meiner 168 Zentimeter nur noch 49 Kilogramm. Ich fühlte mich zerbrechlich – körperlich und seelisch. Nach kurzer Zeit konnte ich überhaupt kein Essen mehr bei mir behalten. Wenn ich etwas im Magen hatte, fühlte ich mich unwohl und belastet. Ich hatte den unwiderstehlichen Drang, diese Last loszuwerden. Doch niemand ahnte etwas davon. Ich wurde zwar oft auf meinen Gewichtsverlust angesprochen, mit einer beschwichtigenden Antwort war die Sache aber abgetan.

Das Erbrechen nahm rasch dramatische Ausmaße an. Obwohl ich fast nur noch Haut und Knochen war, verlor ich weiter an Gewicht und Kraft. Ich musste mich sehr konzentrieren, um meine Arbeiten noch einigermaßen erledigen zu können. Abends war ich total erschöpft. Trotzdem ging ich nach jedem Essen wie von einer magischen Kraft getrieben aufs Klo. Mich plagte dennoch ein schlechtes Gewissen. Ich ahnte, dass mein Verhalten krankhaft war. Diese Krankheit begrüßte ich zugleich. Jetzt wusste ich endlich, woran ich litt.

Die Ranch und das Projekt der Stiftung waren so weit aufgebaut, dass der Betrieb fast reibungslos funktionierte. Probleme hatten wir allerdings immer noch mit dem ehemaligen Besitzer. Im Dorf machte das Gerücht die Runde, Mister Peterson versuche uns mit Hilfe von Voodoo-Flüchen von der Ranch zu vertreiben. Ein Mitarbeiter riet uns, eine Voodoo-Priesterin um Hilfe zu bitten. Er kenne eine Frau mit großem magischen Potenzial.

Nach langen Sitzungen entschlossen wir uns, die Voodoo-Frau zu engagieren. Benno und ich machten uns auf in die Nachbarstadt. Ich war schrecklich aufgeregt. Benno beauftragte mich, die Frau bei ihren Ritualen zu begleiten. Da saß ich dann in einem kleinen, einfachen Holzhaus neben Flo, der schwarzen Frau, und schaute zu, wie sie ihren Zauber entfaltete. Sie zündete eine rote und eine schwarze Kerze an, rauchte eine spezielle Zigarre und brabbelte einen unverständlichen Singsang. Plötzlich hielt sie inne und stach mit einer theatralischen Geste eine Nadel in ihren Glimmstängel. Sie wirkte wie in Trance, verzerrte das Gesicht und leierte unverständliche Verse vor sich hin. Mir kam das Ritual merkwürdig vor, und ich wollte schnell diesen düsteren Raum wieder verlassen.

Aber wir wollten Herrn Peterson endlich loswerden und hofften, der alte Mann würde bald sterben. Wir glaubten, er stünde mit den bösen, dunkeln Kräften in Verbindung, die gegen das Licht ankämpften.

Eine Woche nach dem Voodoo-Zauber verunglückte der Sohn des alten Peterson mit dem Auto. Er gehörte in unseren Augen zu den Drahtziehern, weil er befürchtete, sein Erbe zu verlieren. Als uns die Nachricht erreichte, waren wir dann doch ein wenig geschockt. Hatten Flos Voodoo-Künste tatsächlich den Unfall ausgelöst?

Wir gelangten zu der Überzeugung, dass Flo magische Kräfte besaß. Ich besuchte sie fortan regelmäßig und brachte ihr Lebensmittel, ab und zu auch einen Umschlag mit Geld. Ich zweifelte allerdings immer mehr daran, dass die Magierin mit ihren übersinnlichen Kräften Menschen beeinflussen oder gar verfluchen konnte.

Als in den nächsten Wochen die Prophezeiungen von Flo nicht eintrafen, wonach Herr Peterson bald das Zeitliche segnen sollte, sinnierte Benno im Rahmen unseres Führungsteams über kosmische Zusammenhänge und übersinnliche Kräfte. Er kam zu dem Schluss, dass wir uns nicht auf die Energien einer unbedeutenden Voodoo-Frau verlassen, sondern uns auf unsere eigenen Fähigkeiten besinnen sollten. »Wir haben doch auch manifestierende Kräfte und können selbst die negativen Energien abwehren«, sagte er. In solchen Situationen appellierte Benno an die Verantwortung von Janet. Denn wenn wir nicht einmal genug übersinnliche Energien besitzen würden, um die Dinge auf der Erde zu beeinflussen, wie sollten wir dann auf die höheren Sphären einwirken können?

Janet fühlte sich in die Ecke gedrängt. Sie drehte und wendete sich wie ein Wurm, der nicht wusste, in welche Richtung er sich davonmachen sollte. Ich spürte deutlich, dass unser Medium selbst manchmal an ihren übersinnlichen Fähigkeiten zweifelte.

Trotz unserer Abgeschiedenheit war die Foundation in Belize und den deutschsprachigen Ländern bekannt. Viele Politiker und Manager verfolgten unsere Arbeit. Ein Highlight war für uns der Besuch des berühmten Regisseurs Francis Ford Coppola, der in Belize ein Feriendorf besaß. In der Regenzeit musste er gelegentlich unsere Landebahn benutzen, weil seine Piste unter Wasser stand.

Prominente Gäste wurden von Sibylle durch unsere schöne Kulisse geführt. Eventuelles Misstrauen verschwand spätestens dann, wenn sie mit eigenen Augen sahen, was wir alles erschaffen hatten. Und das war zweifellos beeindruckend.

Wir hatten denn auch das Gefühl, nach außen immer »irdischer« und angepasster zu wirken. Die hohen Besuche gaben uns die Bestätigung, sogar im weltlichen Sinn bedeutend und wirkungsvoll zu sein. Damals hatte ich keine Skrupel, dass wir sie schamlos täuschten und hinters Licht führten. Ich glaubte Bennos Argumenten, dass die im Materiellen verhafteten Menschen unsere hehren spirituellen Absichten nicht verstehen könnten. Deshalb müssten wir uns ihrem geistigen Niveau anpassen und die gesellschaftlichen Gepflogenheiten, soweit sie für uns nützlich waren, übernehmen.

Wir wurden immer mutiger und organisierten einen großen Empfang für die High Society von Belize auf unserer Ranch. Schließlich engagierten wir uns unter anderem für den Regenwald und die Ausbildung junger Belizer. Der Empfang war ein großer Erfolg.

In der Gruppe herrschte Aufbruchstimmung. Nur mir ging es schlecht. Ich spürte, dass meine Essstörung gefährlich war, doch ich wusste nicht, wie ich diesen Teufelskreis durchbrechen konnte. Je schwächer ich wurde, desto weniger brachte ich die Kraft auf, das Essen bei mir zu behalten. Ich funktionierte zwar nach außen einigermaßen und erledigte meine Arbeit mit den Pferden, doch ich fühlte mich leer und schleppte mich durch den Alltag.

Irgendwann war meine Verzweiflung so groß, dass ich allen Mut zusammennahm und mich Benno offenbarte. Ich achtete darauf, dass auch Kai im Zimmer war. Von ihm erhoffte ich moralische Unterstützung. Trotzdem wurde es ein schlimmes

Erlebnis. Benno schob mein Problem mit ironischen Sprüchen beiseite. Es konnte nicht sein, dass ich als geistig hoch entwickeltes Wesen und seine Partnerin unter etwas litt. Er machte sich lustig über meine Brechorgien.

Benno setzte noch einen drauf. Es ist doch so, sagte er, dass Frauen mit Essstörungen keine Chance auf Besserung haben, wenn man ihre Krankheit nicht ernst nimmt, oder? Das war der Gipfel an Zynismus. Und er wusste, wie ich reagieren würde. Denn ich wollte ja stark sein.

Ich verstand einmal mehr, dass ich nicht auf Unterstützung von ihm hoffen konnte. Ich musste mich selbst aus dem Sumpf ziehen.

Es wurde ein langer und harter Kampf. Mein Magen rebellierte, er wollte nichts behalten. Ich musste mich zwingen, etwas hinunterzuschlucken. Kaum war das geschafft, rebellierte er. Er wollte alles wieder hergeben. In dieser Zeit blieb auch die Menstruation aus. Ein weiteres Signal meines Körpers.

Ich vertrug nur leichte Kost. Wochenlang aß ich nur Früchte, Reis und Salat. Bei anderen Nahrungsmitteln drehte es mir den Magen um. Benno und Janet hänselten mich oft deshalb, doch ihre Sprüche perlten inzwischen an mir ab.

Mein Körper bedankte sich bald dafür, dass er wieder Vitamine und Spurenelemente bekam. Langsam kehrte ein Teil der verlorenen Energie zurück. Das machte mir Mut. Ich hatte gelernt, dass ich mir selbst helfen musste. Das stärkte mein Selbstwertgefühl mehr als alle Komplimente, nach denen ich früher so gelechzt hatte.

Keine Grenzen

Unsere finanzielle Situation war trotz der Spenden oft so angespannt, dass wir immer wieder Krisensitzungen abhalten mussten. Gemeinsam überlegten wir dann, von welchen Eltern oder Verwandten wir weiteres Geld erbetteln könnten. Das war natürlich nur möglich, wenn wir die potenziellen Spender überzeugten, dass wir ihr Geld in ein sinnvolles Projekt der Stiftung investierten. Mit unseren herzerweichenden Videos gelang es uns immer wieder, Spenden zu erwerben. Dass wir das Geld vor allem für unseren Lebensunterhalt brauchten, ahnte niemand.

Manche Familienangehörige oder Verwandte besuchten uns, um sich vor Ort ein Bild zu machen. Da die meisten skeptisch waren, bewirteten wir sie königlich und spielten ihnen eine heile Welt vor. Besuche aus der Schweiz bedeuteten für mich immer eine Belastung. Es freute mich zwar, meiner Großmutter, meinem Cousin oder Onkel die Ranch und die wunderschöne Gegend zu zeigen. Ich war stolz, ihnen meine Arbeit mit den Pferden vorzuführen. Doch der Rest war ein Horror, weil ich nicht offen sein konnte, sondern ihnen etwas vorspielen musste. Ich führte sie in »mein« schönes Zimmer, das wir vorher entsprechend hergerichtet hatten. Lisa und Andres mimten die stolzen Eltern, wir gaben das Bild einer glücklichen Familie ab, obwohl wir nur noch wenig miteinander zu tun hatten. Wir blendeten die Leute mit fröhlichen Gesichtern, erzählten ihnen von unseren Plänen, ein Leben im Einklang mit der Natur zu führen.

Meine Beziehung zu Benno war streng geheim. Er mahnte uns auch eindringlich, kein Wort über unsere spirituellen Ziele zu verlieren. So erzählten wir unseren Verwandten erfundene Geschichten über unser Hilfswerk. Ich war völlig blockiert und hielt mich zurück, weil ich Angst hatte, mich mit einer spontanen Antwort zu verplappern und die Gruppe zu verraten. Es war die reine Tortur. Obwohl ich mich immer auf den Besuch meiner Verwandten freute, hoffte ich schon kurz nach ihrer Ankunft, sie würden bald wieder abreisen.

In Wirklichkeit waren wir auch selten die harmonische Gruppe, als die wir uns unseren Besuchern präsentierten. Das zeigte sich beispielsweise bei einem Ritual zur Disziplinierung von Ute. Der Grund war eigentlich banal. Ute entsprach nicht dem Idealbild der weichen, sanften Frau. Sie verhielt sich den Männern gegenüber zickig und zeigte ihre störrische Seite. Benno warf ihr vor, es würde ihr an Demut mangeln.

Das war ein Fall für unser Medium. Janet dachte sich ein Ritual aus, das Ute läutern sollte. Ute musste an den Pranger.

Unsere »geistige Quelle« leitete heimlich alle Schritte in die Wege. In solchen Situationen war sie in ihrem Element. Ute hatte keine Ahnung, was sie erwartete. Daniel und Huba mussten sich ganz in Schwarz kleiden und maskieren. So schlichen sie nachts ins Schlafzimmer von Ute, zerrten sie aus dem Bett und schleppten sie ins Freie. Die beiden Männer fesselten Ute an ein Kreuz, das Janet hatte aufstellen lassen. Ute wehrte sich anfänglich heftig, fügte sich aber dann in ihr Schicksal.

Zwei Stunden lang hing Ute am Folterinstrument. Sie wurde mit Nichtbeachtung bestraft. Anschließend forderte Janet uns auf, Ute zu »besuchen«. Wir mussten der gekreuzigten »Zicke« ungeschminkt unsere Meinung ins Gesicht schleudern und sie beschimpfen. Eine unglaubliche Szene. Am meisten entsetzte mich, dass die Familienmitglieder sich hemmungslos ins Zeug legten und Ute mit Lust demütigten. Alle waren froh, dass »die andere« am Pranger stand und sie selbst verschont blieben.

Angewidert schlich ich mich in mein Zimmer. Es wäre mir nie in den Sinn gekommen, Ute zu beschimpfen. Als ich später nochmals hinaus ging, traute ich meinen Augen nicht. War das möglich? Janet hetzte uns auf, Ute nicht nur mit Worten zu demütigen, sondern ihr faules Gemüse und Dreck an den Kopf zu werfen. Tim, unser Amerikaner, der ohnehin dazu tendierte, Frauen zu quälen, ging aus sich heraus und war wie von Sinnen. Er riss ihr die Kleider vom Leib, entblößte ihre Brüste und verspottete sie. Ute sagte immer nur: »Oh Gott!« Mehr brachte sie nicht hervor.

Der Anblick der gepeinigten Ute war schrecklich. Ihr Gesicht war verschmiert, sie schaute gequält vom Kreuz. Janet musste Tim bremsen. Er hätte Ute halb zu Tode gequält. Die spinnen, dachte ich. Die sind wahnsinnig. Und es scheint ihnen sogar Spaß zu machen. Niemand protestierte.

In diesem Moment hasste ich Janet zutiefst. Da Benno nicht anwesend war, schwang sie das Zepter. Sie hatte das Ritual angeordnet. Es war mir egal, dass es uns Familienmitgliedern eigentlich verboten war, sich ein Urteil zu bilden oder jemanden zu verurteilen.

Als zwei Männer Ute endlich losbanden, war sie kaum noch wiederzuerkennen. Sie sah schlimm aus. Janet begann, Ute die Gründe für die Läuterung am Pranger darzulegen.

Ute hörte ihr regungslos zu. Sie wusste, was Janet und die ganze Familie von ihr erwartete. Sie musste sich demütig geben und ihre Wut hinunterschlucken. Alles andere wäre ihr als Schwäche, Uneinsichtigkeit und spirituelles Unvermögen angelastet worden. Ute nickte immer nur. Die Gesichter der Familienmitglieder hellten sich allmählich auf. Die Atmosphäre entspannte sich. Ute hatte begriffen! Dann fing sie an zu weinen.

Sie, die burschikos wirkte und harte Züge aufwies, ließ die »weichen Energien« wieder fließen, wie dies von uns Frauen verlangt wurde. Sanft und hingebungsvoll sollten wir sein, so verlangte es Ramtha. Und so gefiel es Benno. Plötzlich ergriff Ute die Flucht nach vorn und begann zu lachen. Damit zeigte sie, dass sie die Erniedrigung akzeptiert und die Lektion begriffen hatte. Ich war froh, dass der Albtraum vorbei war. Gleichzeitig gab Ute ein Bild ab, das mich erschütterte: Verschmutzt und geschunden stand sie da und lachte!

Als Ute ihre Stimme wieder gefunden hatte, begann sie sich bei Janet zu bedanken. Damit gab sie dem Wahnsinn genau die höhere Bedeutung, die Janet bei solchen Ritualen erwartete. Utes wundersame Verwandlung von der hässlichen Rebellin zur sanften Frau war für uns der Beweis, dass die Aktion am Pranger sie geläutert hatte. Und dass sie geistig gewachsen war.

Das Erlebnis mit Ute führte mir wieder vor Augen, dass ich nicht aufging in der Gruppe. Mir fehlte die Geborgenheit. Von Zeit zu Zeit erlebte ich aber auch kleine Momente des Glücks, die mich mit dem Schicksal vorübergehend versöhnten. Benno war manchmal wie eine Wundertüte für mich. So auch, als ich in einem deutschen Pferdemagazin ein Inserat entdeckte, in dem ein Tier mit riesigem Stockmaß angeboten wurde. Das muss ein besonderes Pferd sein, malte ich mir aus. Ich rannte zu Benno, um ihm das Inserat zu zeigen. Eigentlich hätte ich erwartet, dass er diesem Inserat keine große Aufmerksamkeit schenken würde. Doch er war sofort beeindruckt und beauftragte Sibylle, nach Deutschland zu telefonieren. Sie erfuhr, dass Amadeus, der Shire-Horse-Hengst, noch nicht verkauft war.

Ein paar Wochen später reisten Benno und Janet nach Deutschland, um sich Amadeus anzuschauen. Eine verrückte Aktion, denn wir konnten uns das 10 000 DM teure Pferd gar nicht leisten. Zumal die Flugtickets und der Transport hinzukamen. Ich hätte die beiden gern begleitet, um den stattlichen Hengst zu begutachten, schließlich hatten Benno und Janet kaum Pferdekenntnisse. Doch ein weiteres Flugticket hätte das Budget gesprengt.

Als Benno abgereist war, packte mich tiefe Melancholie. Ich stellte mir vor, wie schön es wäre, wenn er nicht mehr zurückkäme. Wenn ich mit meinen Eltern und meinem Bruder zusammen wieder eine glückliche Familie bilden könnte. Ein solches Leben hätte ich mir durchaus auch auf der Ranch vorstellen können.

Ich wagte es nicht, diesen »frevlerischen« Gedanken auszusprechen, denn ich wusste nur zu gut, dass mich niemand verstanden hätte. Ja, ich rügte mich selbst, dass ich solchen Gedanken nachhing. Die Vorfreude auf Amadeus lenkte mich ab. Ich stellte mir vor, wie toll es wäre, auf diesem wunderbaren Hengst zu reiten.

Ich machte Luftsprünge, als Benno anrief und verkündete, sie hätten Amadeus gekauft. Was für eine Verrücktheit! Doch das passte zu Benno. Je unvernünftiger, desto cooler. Wir waren eben nicht so kleinkariert wie die Spießer da draußen. Nur fragte keiner, woher das Geld kam, das uns solche Eskapaden erlaubte. Ich damals auch nicht.

Es war eine irre Übung, Amadeus per Flugzeug nach Belize zu transportieren. Ich war total aus dem Häuschen, als wir zum Flughafen fuhren, um das Pferd abzuholen.

Der Hengst war tatsächlich eine Pracht. Die Fahrt von Belize City zur Ranch war wie ein Triumphzug. Die Leute schauten dem Hengst, der im offenen Pferdetransporter stand, ungläubig und bewundernd nach. Ein solch stattliches Tier wurde in Belize noch nie gesehen.

Wir zeigten allen, was ein gutes deutsches Pferd ist. Vor allem der Peterson-Clan, unsere Erzfeinde, erblasste. Ich erfuhr erst jetzt, dass das Imponiergehabe eine wichtige Motivation von Janet und Benno war, einen solchen Aufwand zu betreiben. Nur die höchsten Ziele waren für sie gut genug. Amadeus war ein sichtbares Symbol dafür.

Doch unser Triumph sollte nicht lange währen. Amadeus erkrankte schon bald an Salmonellen. Wir mussten ihn vier Wochen lang auf einer separaten Weide in Quarantäne halten. Ich verbrachte Stunden bei ihm und bangte um seine Gesundheit. Ich wäre so gern auf seinem Rücken über die Weiden galoppiert, doch Benno beanspruchte den ersten Ausritt für sich.

Aber so weit sollte es nicht kommen. Die Krankheit schwächte Amadeus. Wir integrierten ihn auf Drängen von

Benno in die Herde, was Amadeus in eine zusätzliche Stresssituation brachte. Ich war untröstlich.

Das schöne Pferd starb nach zwei Monaten. Wir waren zutiefst erschüttert. Ich war todtraurig und dachte, das sei das Ende des Experiments. Amadeus war für uns mehr als nur ein Pferd, Benno stilisierte den Hengst zum Symbol für unser umfassendes Potenzial. Ja, er sagte sogar, wir müssten unser Experiment als gescheitert betrachten, falls Amadeus sterben würde.

Durch den Schmerz keimte ein Funken Hoffnung. Wenn Benno seine Ankündigung wahr machen sollte, könnte ich demnächst ein neues Leben beginnen. Was das konkret bedeuten würde, fragte ich mich nicht. Ich hoffte nur, dass es mit mehr Freiheit verbunden wäre.

Doch einmal mehr hatte ich mich getäuscht. Benno interpretierte den Tod von Amadeus kurzerhand um. Sein Ableben sei ein wichtiges Signal. Es müsse uns endlich aufrütteln, unsere Visionen vom geistigen Aufstieg umzusetzen. Beschwörend forderte er uns auf, aufzuwachen und voll da zu sein. Es sei unsere letzte Chance, das Experiment zu retten.

Ein beklemmendes Schweigen herrschte, wir fühlten uns wieder mal schuldig. Alle saßen mit gesenktem Blick da. Dann deutete Janet den Tod von Amadeus aus ihrer übergeordneten Sicht. Die Gesichter in der Runde hellten sich langsam auf. Zum Schluss bekamen wir die Botschaft aus den kosmischen Sphären, dass es noch nicht zu spät sei für den Aufbruch.

Janet blickte erwartungsvoll in die Runde. Ihre Augen funkelten, als sie rief: »Wollt ihr den Erfolg des Experimentes?« Es gab nur eine Antwort, und alle gaben sie erleichtert: »Ja«, schrien wir wie aus einem Mund.

Es waren Momente des kollektiven Taumels. Doch Janet war noch nicht zufrieden. Sie wollte ein lauteres »Jaaaa«. Nun brüllten alle aus Leibeskräften. Dann war der Bann gebrochen. Wir lachten übermütig und fielen uns in die Arme.

Nur ich wusste nicht so recht, was ich von dieser neuerlichen Wende halten sollte. Benno bog seine Ideen und Versprechen nach Belieben zurecht. Und immer so, dass sie seinen Bedürfnissen entsprachen. Mit dem übersinnlichen Vokabular ließ sich alles begründen. Auch das Gegenteil. Gerade so, wie es die Situation erforderte.

Nach solchen Meetings flüchtete ich am liebsten zu meinen Tieren. Ihnen konnte ich einen Teil meiner Gefühle mitteilen. Zu meinen Lieblingen in jener Zeit gehörte auch ein winziges Tigerkätzchen. Es war eine junge Margay, die kleinste belizische Wildkatze, ein Arbeiter hatte sie uns gebracht.

Hätten wir dieses Geschöpf nicht aufgenommen, wäre es gestorben. Ich war sofort Feuer und Flamme. Eine zahme Wildkatze auf unserer Ranch versprach für mich Abwechslung und eine neue, spannende Aufgabe. Mit großen, runden Augen schaute es mich ängstlich an. Am Anfang fauchte das Kätzchen laut und furchterregend. Ich musste Handschuhe anziehen, um es aufnehmen zu können. Mit seinem flaumigen, schwarz gepunkteten Tigerfell wirkte es wie ein Wollknäuel.

Benno freute sich, dass ich das temperamentvolle Wildkätzchen aufzog, denn er wollte es auch in seiner Nähe haben. Überglücklich begann ich, das Tigerchen, das wir Leela tauften, aufzupäppeln. Was mitunter schwierig war, denn das Kätzchen war verängstigt und fauchte mich an, wenn ich mich ihm näherte. Doch ich besaß viel Ausdauer und Geduld. Mir war klar, dass es bald sterben würde, wenn es mir nicht gelänge, es zum Fressen zu animieren.

Ich nahm Leela auf den Arm und versuchte, ihr kleingeschnittenes Hühnerfleisch in den Mund zu stopfen. Ich redete ihr zu und streichelte sie ausdauernd. Allmählich wurde Leela zutraulich. Das war ein gutes Zeichen. Und plötzlich fing sie mit ihren kleinen spitzen Zähnen an, an einem Fleischstückchen herumzubeißen. Ich jubelte.

Wir hatten Leela ein Plätzchen in einem großen Karton neben unserem Bett eingerichtet, aber ich konnte keine Nacht ruhig schlafen. Mindestens dreimal vollführte das nachtaktive Tier einen solchen Lärm, dass ich aufstehen musste.

Es war ein verspieltes Temperamentsbündel, das seine überbordende Energie an mir ausließ und mir die Arme zerkratzte. Ich ging mit Leela spazieren und genoss die Stille und Einsamkeit. In diesen Momenten empfand ich einen inneren Frieden wie selten zuvor. Ich hätte am liebsten die Nacht umarmt. Auf unseren gemeinsamen Spaziergängen hat Leela mir die Dunkelheit nahe gebracht, ich begann sie zu lieben.

Leela verhalf mir auch sonst zu mehr Freiraum. Das Kätzchen beschäftigte uns abends so sehr, dass Benno nicht mehr oft an Sex dachte. Das kleine »Baby« brauchte unsere ganze Aufmerksamkeit, was mir natürlich mehr als recht war.

Benno wurde immer ungeduldiger, weil sich auf der spirituellen Ebene die Erfolge nicht einstellen wollten. Vom höheren Bewusstsein, dem geistigen Wachstum und dem Aufstieg war wenig zu spüren. Es gab auch keine Anzeichen der Transformation und des neuen Zeitalters. Benno war deprimiert. Mir war inzwischen aber bewusst, dass er das Experiment nicht sterben lassen konnte, weil seine ganze Existenz an unserem Projekt hing. Seine Spielwiese war die Ranch. Er betrachtete sie als riesigen Sandkasten, in dem er sich wie ein kleines Kind austoben konnte. Dieses Bild bemühte er selbst gern.

Janet passte es nicht, dass wir so viel Energie in weltliche Belange investierten. Sie beklagte sich immer wieder, dass die Lichtarbeit viel zu kurz komme. So wünschte sie sich einen intimen Ort, um sich zurückziehen und meditieren zu können.

Unser Medium wollte in die Höhe. Ein Baumhaus musste es sein. Dort oben würde es ihr leichter fallen, Kontakt zu den übergeordneten Instanzen und aufgestiegenen Meistern aufzunehmen. So bauten wir ein idyllisches Baumhaus in einen hohen Wipfel.

Leela war meine ständige Begleiterin geworden. Das Kätzchen hellte meinen Alltag ungemein auf. Das ging monatelang gut. Doch dann erkrankte das Tigerchen an einer bakteriellen Magen-Darm-Infektion. Es verlor rasch an Gewicht und wurde schwach. Hinzu kamen weitere Krankheitssymptome. Ich wagte kaum mehr aus dem Haus zu gehen.

Während ich unser Rehkitz Lisa mit dem Fläschchen fütterte, überfiel mich plötzlich ein Gefühl tiefer Trauer. Mir war, als würde Leela mich rufen. Ich ließ alles liegen und stehen und rannte zum Zimmer zurück. Das Kätzchen lag ermattet in meinem Kleiderschrank. Ich setzte mich zu ihm und streichelte es innig. Ich spürte, dass es meine Zuneigung brauchte. Nach einer Weile begann ich zu weinen. In diesem Moment machte es seine letzten Atemzüge. Ich war tief berührt, ja überwältigt. Es war für mich ein einmaliges Geschenk, dass ich eine so innige Beziehung zu diesem Tier hatte aufbauen dürfen, das als nicht domestizierbar galt.

Benno machte ein riesiges Theater um Leelas Tod. Zuerst rührte mich seine Anteilnahme, mit der Zeit ging mir seine Gefühlsduselei auf den Wecker. Er hörte nicht auf, von Leelas Tod zu sprechen. Mir kam es vor, als sei ein Familienmitglied gestorben. Er wollte den Katzenkörper verbrennen und veranstaltete ein Ritual zu Leelas Ehren. Mit Hingabe baute er einen Scheiterhaufen und drapierte ihn mit Kristallen und Spielsachen des Kätzchens. In einer spirituellen Zeremonie verabschiedeten wir Leelas Seele und begleiteten sie geistig auf eine andere Ebene. Benno schwärmte noch lange von der tollen Feier. Das denkwürdige Ritual habe uns geistig weiter verschmelzen lassen.

Benno markierte in unserer Gruppe zwar den selbstsicheren Führer, die Öffentlichkeit aber scheute er nach wie vor. Wenn sich Besuch ankündigte, verkroch er sich und schickte Sibylle vor. Sie war quasi unsere Außenministerin.

So war es auch bei der Hochzeit von Gary. Er war der Polizist, der uns vor der geplanten Razzia gewarnt hatte. Benno konnte solche Anlässe nicht ausstehen und sah es auch nicht gern, wenn wir daran teilnahmen. Doch wir konnten die Einladung nicht ausschlagen, das wäre für die Einheimischen ein Affront gewesen.

In der Regel musste ich Benno bei solchen Gelegenheiten zu Hause Gesellschaft leisten. Er hatte dann meist eine Stinklaune und war unruhig. Er befürchtete, es könnte etwas schief laufen. Um ihn abzulenken, massierte ich ihm die Füße.

Da Janet unsere Delegation begleitete, durfte ich auch am Fest teilnehmen. Ich fühlte mich aber nicht wohl, weil ich nicht wusste, wie ich mich verhalten sollte. Uns allen saß die Angst im Nacken. Es gab nichts Schlimmeres, als im Kontakt mit der Außenwelt einen Fehler zu begehen.

Die Aufregung war überflüssig, wir überstanden das Fest ohne heikle Situation. Nicht aber unsere Mägen. Am nächsten Morgen lagen wir mit einer Lebensmittelvergiftung im Bett. Auch mir ging es mies. Ich hatte fürchterlichen Durchfall und fühlte mich elend. Da ich trotz der überwundenen Bulimie immer noch untergewichtig war, zehrte mich die Krankheit erst recht aus.

Als es mir wieder etwas besser ging, wollten Benno und Janet mich mästen. Ich bekam leckere Spezialmenüs und musste doppelte Portionen verschlingen. Mir schwante, dass Janet mich zum Pummelchen aufpäppeln wollte, weil sie mich um meine Figur beneidete. Einmal mehr unterzog ich mich dem idiotischen Spiel, wehrte mich jedoch auf meine Art. Ich suchte mein Heil im Sport und trainierte die überzähligen Kalorien konsequent ab. Bei jeder Gelegenheit stieg ich auf den Hometrainer oder joggte.

Als Benno das Essritual entnervt abbrach, war dies mein Sieg. Ich hatte mich endlich einmal durchgesetzt, wenn auch auf Umwegen. Benno wollte wissen, weshalb ich mich so sehr sträubte, ein paar Pfunde zuzulegen. Ich zögerte mit der Antwort. Findest du meinen dicken Bauch abstoßend, fragte er mich. Niemals hätte ich mich getraut, dies zuzugeben.

Psychisch blieb ich instabil. Ich konnte mir nicht erklären, was mich derart umtrieb. Plötzlich bedrängten mich dunkle

Gedanken und Ängste. Bisher hatte ich es immer geschafft, solche Vorstellungen wegzudrängen. Diesmal war ich ihnen ausgeliefert.

Ich entwickelte regelrecht Todessehnsüchte. Ich erhängte mich im Geist unzählige Male mit einem Strick.

Diese Zwangsbilder wurden zur Hölle. Ich begriff überhaupt nicht, was mit mir los war. Es ging mir doch gut. Ich hatte die Tiere, die ich so sehr liebte, die schöne Ranch, an der ich hing, die herrliche Umgebung.

Heute weiß ich, dass die Todessehnsüchte ein Aufschrei meiner geschundenen Seele waren. Da ich keine Möglichkeit sah, in diesem Leben frei zu werden, schien mir der Tod der einzige Weg in die Freiheit zu sein. Doch damals konnte ich diese Zusammenhänge nicht erkennen.

Ich hatte gelernt, seelische Schmerzen als Prüfung zu interpretieren und die Fehler bei mir zu suchen, also richtete ich auch alle Aggressionen gegen mich. Ich redete mir ein, dass Benno mich liebte und nur das Beste für mich wollte. Natürlich wusste ich, dass Benno nicht der ideale Liebhaber für mich war. Aber er sorgte für mich und beschützte mich. Dank ihm genoss ich Privilegien und Ansehen in unserer Familie.

Ein Jungtier holte mich aus meiner Verzweiflung. Ich hatte zwar nicht geglaubt, dass ich nach dem Tod von Leela so schnell wieder eine innige Beziehung zu einem Tier würde aufbauen können, doch es sollte anders kommen. Ich saß in unserem Essenszelt, das wir als Restaurant für Gäste gebaut hatten, als mir Kai einen flauschigen Wollknäuel in den Schoß legte. In meinen Händen krabbelte ein winziger Waschbär, ein putziger kleiner Wicht. Mein Gesicht hellte sich sofort auf. Der kleine Racoon, wie Waschbären in Belize heißen, eroberte auf Anhieb mein Herz. Er war etwa drei Wochen alt, einer unserer Angestellten hatte ihn gefunden.

Es war keine Frage, wer die Mutter des Bärchens würde. Da Waschbären mit ihren dunklen Zeichnungen um die Augen den Anschein erwecken, als würden sie eine Maske tragen, nannten wir den Pelzknäuel Zorro. Das verspielte Tier brauchte viel Aufmerksamkeit und brachte wieder etwas Freude in mein Leben.

Mein zwanzigster Geburtstag, der in jene Zeit fiel, ließ meine Laune wieder in den Keller sausen. Ich hatte mich so auf das magische Datum gefreut, denn nun war ich endlich erwachsen. Benno hatte jedoch eine Stinklaune. Er hatte eine Phase, in der er alles scheiße fand. Wir konnten ihm nichts recht machen. Die einzige Geburtstagsgeste kam von Huba und Karin. Sie brachten mir am Morgen einen Blumenstrauß. Benno zeigte kaum eine Regung, Janet auch nicht. Und selbst meine Eltern nicht. Es war trostlos.

Verliebt

Der Alltag erhielt einen neuen Farbtupfer mit Alyson. Benno hatte ihn als Pferdetrainer engagiert. Alyson war ein attraktiver junger Mann, schlank und sportlich. Ich schätzte ihn auf etwa 30 Jahre. Seine feinfühlige und liebenswürdige Art faszinierte mich. Ich war begeistert, dass er mit Pferden umgehen konnte und die Gabe hatte, die Vierbeiner in seinen Bann zu ziehen. Er spürte meine Bewunderung und fühlte sich geschmeichelt. Und da die einheimischen Männer ihre Gefühle nicht versteckten, begann Alyson mit mir zu flirten. Ich hatte mich daran gewöhnt, dass mir die jungen Angestellten den Hof machten. Doch Alyson warf mich mit seinen Blicken und Späßen völlig aus dem Konzept. Es gelang mir zwar, seine Annäherungsversuche eine Weile abzublocken, doch er ignorierte meine Abwehr konsequent. Er schaffte es mit der Zeit sogar, Sehnsüchte in mir zu wecken. Bald wusste ich nicht mehr, wie ich mich verhalten sollte. Alyson schien meine Verlegenheit zu spüren und verstärkte seine Charmeattacken. Ich konnte mich ihm kaum mehr entziehen und spürte, dass mein Bauch voller Schmetterlinge war. Er weckte Gefühle in mir, die ich bisher nicht gekannt hatte. Eines Tages musste ich mir eingestehen, dass ich verliebt war.

Wir begegneten uns nur im Stall und mussten unsere Zuneigung verstecken. Mit kleinen Gesten und innigen Blicken drückten wir unsere Sehnsucht aus. Wir suchten die Nähe zueinander, wann immer dies möglich war. Alyson ging mir oft zur Hand und unterstützte mich vor allem bei den schweren Arbeiten.

Unser sechzehnjähriger Teenager Joshua, der mich bei der Stallarbeit unterstützte, spürte als Erster, dass es zwischen Alyson und mir gehörig funkte. Er wusste natürlich, dass dies gar nicht im Sinne des Experiments war. Schließlich hatte uns Benno immer wieder vor Außenkontakten gewarnt. Joshua, sonst eher schüchtern, nahm seinen ganzen Mut zusammen und tat, was ihm sein Gewissen auftrug: Er teilte Benno seine Beobachtungen pflichtbewusst mit.

Als wir abends allein im Zimmer waren, ging es los. Benno fixierte mich und wollte wissen, was es mit Alyson auf sich habe. Ich war überrumpelt. Seine Frage kam für mich aus heiterem Himmel. In mir zog sich alles zusammen. Ich erstarrte so, dass Benno sofort wusste, was geschehen war. Sein Tonfall und seine durchdringende Stimme lösten bei mir Panik aus. Tausend Gedanken rasten mir durch den Kopf, doch ich brachte keinen Ton hervor. Ich hätte am liebsten geweint, aber ich war wie versteinert.

Als ich mich wieder etwas gefasst hatte, wollte ich mich herausreden. Ich merkte aber rasch, dass es keinen Zweck hatte, meine Gefühle für Alyson zu vertuschen. Benno spürte mein schlechtes Gewissen und nahm das Heft in die Hand. Er las wie in einem offenen Buch in mir. »Es ist völlig absurd von dir, dich in einen anderen Mann zu verlieben«, tadelte er mich. »Du musst das Kribbeln, das du bei Alyson spürst, auf mich übertragen. Mit deiner Willenskraft und dem spirituellen Potenzial schaffst du das.« Ich war verzweifelt und wusste nicht, wie ich reagieren sollte. Ich mobilisierte allen Mut und sagte ihm, dass mir dazu die Kraft fehle. Doch er beharrte darauf. Schließlich finde alles im Kopf statt.

»Es gibt nur eine Lösung: Du musst die Situation mit Alyson regeln«, forderte er mich auf. Und zwar sofort. Ich wusste, was dies bedeutete: Ich musste auf der Stelle einen Schlussstrich ziehen.

Benno erklärte mir, wie ich es Alyson beibringen und wie ich mich ihm gegenüber verhalten sollte, um glaubwürdig zu wirken.

Es wäre schön, wenn ich für Benno körperlich mehr empfinden würde, dachte ich. Ich wünschte mir sogar, dass ich mich in ihn verlieben könnte. Das hätte mir die Sache so ungeheuer erleichtert.

Ich ging mit dem Auftrag zum Pferdestall, die Sache mit Alyson zu klären. Das Gespräch verlief recht gut, fast genau so, wie Benno es prophezeit hatte. Ich sagte Alyson, dass ich einen Freund in Deutschland habe und vergeben sei. Doch meine Gefühle sprachen eine andere Sprache. Wir standen während des Gesprächs Hand in Hand da und drückten uns immer fester. Ohne es zu merken. Alyson hörte wortlos zu. Er lächelte mich an. Unsere Herzen verstanden die Worte nicht und nahmen sie auch nicht richtig auf.

Ich kämpfte tapfer gegen meine romantischen Gefühle. Natürlich war ich immer noch in Alyson verliebt, doch ich versuchte, meine Sehnsüchte zu unterdrücken. Schließlich hatten wir über Jahre gelernt, unsere ursprünglichen Regungen und Bedürfnisse zu kontrollieren.

Mein Wunsch zu sterben lebte wieder auf. Ich hätte Tag und Nacht schreien können vor Verzweiflung, doch mir fehlte die Energie dazu. Ich hielt diese innere Zerrissenheit kaum mehr aus. Da half auch die Liebe zu den Pferden, zum kleinen Zorro und zur Ranch nicht viel. Der Schmerz übertönte alles.

Als ich wieder einmal allein mit Alyson war, schaute er mir tief in die Augen und fragte mich, warum wir nicht einfach unsere Herzen sprechen und unseren Gefühlen freien Lauf lassen würden. Wir könnten uns doch abends heimlich auf der Weide treffen.

Sein Vorschlag wühlte mich auf. Zu meiner eigenen Überraschung wehrte ich den Gedanken nicht ab. Vielmehr produzierte meine Fantasie tausend Bilder. In mir tobte ein Kampf. Was würde passieren, wenn unsere Beziehung auffliegen würde? Dann müsste ich wohl tun, was ich mir schon lange vorgenommen hatte: mir das Leben nehmen.

Dennoch konnte ich nicht anders, ich vereinbarte mit Alyson einen Treffpunkt.

Meine Gefühlswelt spielte total verrückt, ich konnte nicht mehr klar denken. Ich musste mich zusammenreißen, damit Benno mir nichts anmerkte. Zur unbeschreiblichen Vorfreude kamen Angst und Schuldgefühle. Mein Vorhaben war ein großer Verrat an unserer Familie. Ich galt als Verkörperung unseres übersinnlichen Projektes, als Vorbild. Und nun wollte ich mich auf einen »gewöhnlichen« Menschen einlassen, einen Angestellten, einen Einheimischen, einen Farbigen! Das war ungeheuerlich. Ich wusste es, konnte mich aber nicht dagegen wehren. Meine Gefühle waren stärker.

Zur verabredeten Zeit schlich ich mich in der Dunkelheit davon und rannte über die Weide. Auf dem Arm hatte ich Zorro, denn das putzige Kerlchen war noch zu klein, als dass ich es hätte allein lassen können. Bist du wahnsinnig, sagte ich mir immer wieder und rannte trotzdem weiter. Zurück konnte ich nicht mehr, die Sehnsucht trieb mich vorwärts. Nur das schlechte Gewissen haftete mir an den Fersen.

Mein Herz schlug bis zum Hals. Alyson wartete schon auf mich. Ich zitterte am ganzen Körper. Verrückt, dachte ich, ich bin total verrückt.

Alyson nahm meine Hand, und wir küssten uns leidenschaftlich. Wir fielen förmlich übereinander her und liebten uns innig. Das erste Mal in meinem Leben erlebte ich einen wirklich schönen Liebesakt.

Wir saßen noch eine kurze Zeit eng umschlungen zusammen. Als der heftige Rausch etwas verklungen war, meldete sich die Angst. Vermisste mich Benno schon? Suchte mich die Gruppe? Eigentlich hätte ich aufspringen und zurückrennen müssen, doch ich wollte den Moment des unbeschreiblichen Glücks noch ein wenig auskosten.

Ich erzählte Alyson, dass ich Bennos Geliebte sei. Deshalb sei das Liebesabenteuer für mich so gefährlich. Er schaute mich entgeistert an. Ein Verhältnis mit dem alten Mann? Ich wollte sein Bild von Benno korrigieren und gab ihm zu verstehen, dass er viele Qualitäten habe und wir den Aufbau der Ranch und unsere Visionen ihm verdanken würden. Alyson schüttelte nur den Kopf. Unsere Gruppe erinnere ihn an ein Militärcamp, sagte er. Die Einheimischen wunderten sich, dass wir so isoliert lebten und nie eine Disco oder ein Fest besuchen würden. Wir gälten als sonderbare Gemeinschaft, die nicht durchschaubar sei. Ich entgegnete ihm, dass unsere Ziele nur erreichbar seien, wenn wir strenge Regeln und Ordnungen einhalten würden.

Ich wurde immer nervöser und drängte auf den Abschied. Bis zum nächsten Mal, flüsterten wir uns zu. Dann rannte ich mit meinem flauschigen Fellknäuel in der Hand zu den Wohnhausern zurück. Ich jubelte und hüpfte vor Freude. Ich fühlte mich wie neugeboren und spürte plötzlich wieder eine unbändigende Energie in mir.

Benno saß in unserem Zimmer, umringt von einer Schar Familienmitglieder. Ich huschte ins Badezimmer, um mein zerzaustes Haar zu kämmen. Die Gruppe war so vertieft in ihre Diskussion, dass sie mich kaum wahrnahm. Ich atmete tief durch und ging zu Benno. Wie beiläufig gab ich ihm einen Begrüßungskuss, nahm ein T-Shirt aus meinem Schrank und ging zurück ins Bad. Als ich unter der Dusche stand, wusste ich nicht, ob dies alles ein Traum gewesen war. Das Wasser prickelte aber so sehr auf meiner Haut, und ein Gefühl tiefer Befriedigung machte sich in mir breit, dass ich wusste: So leicht fühlt man sich, wenn man glücklich ist. Und die Leidenschaft kennen gelernt hat.

Niemand schien meine Abwesenheit bemerkt zu haben. Dabei hatte ich mir alle möglichen Ausreden zurechtgelegt. Endlich meinte es das Schicksal mal gut mit mir.

Obwohl ich ein Tabu gebrochen hatte, stellte sich das schlechte Gewissen nur zögerlich ein. Vielmehr freute ich mich, die Grenzen gesprengt zu haben und ein schönes Geheimnis in mir zu tragen. Das war neu für mich. Etwas nur für mich zu haben, einen Schatz, der nur mir gehörte. Es war wunderbar. Alyson und ich teilten eine kostbare Erfahrung, an der niemand sonst teilhaben konnte, die ganz allein uns gehörte. Ich hatte mich endgültig verliebt.

Ich hatte das Tor in eine fremde Welt aufgestoßen und wusste augenblicklich, dass damit das übersinnliche Experiment für mich erledigt war. Das wirkliche Leben war viel aufregender. Ich dachte nicht daran, die heimliche Liebesbeziehung zu Alyson abzubrechen.

Und so trafen wir uns regelmäßig unter unserem Liebesbaum. Der Rausch riss uns stets von neuem fort, verstärkt durch das Abenteuer des Heimlichen. Ich staunte immer wieder, wie gut wir harmonierten. Es war, als legte eine höhere Macht einen Schutzmantel über uns. Wir wurden nicht entdeckt, niemand wurde misstrauisch. Nicht einmal Benno, der sonst alles intuitiv zu spüren schien und mich meistens durchschaute, kam hinter unser Geheimnis.

Das Alibi lieferte mein kleiner Freund Zorro. »Ich mache noch einen Spaziergang mit dem wilden Kerl«, sagte ich stets zu Benno. »Wenn Zorro Energie loswird, haben wir eine ruhigere Nacht.«

Ich täuschte Benno ohne Skrupel. Plötzlich fiel es mir nicht mehr so schwer, seine Geliebte zu spielen. Hauptsache, er merkte nichts von meiner heimlichen Liebschaft. Die Rolle als Geliebte war der Preis für die Freiheit, mich mit Alyson zu treffen. Das Doppelspiel gab mir ein wenig das Gefühl der Überlegenheit. Manchmal beschäftigte es mich schon, dass ich Benno gegenüber so berechnend war. Ich tröstete mich damit, dass ich mich bei Alyson gehen lassen und meine Gefühle ausleben konnte. Auch mein Körper reagierte auf die neue Lebensenergie. Plötzlich setzte die Menstruation wieder ein. Nach über einem Jahr.

Benno hatte hingegen seine extreme Phase. Er surfte tagelang im Internet und suchte »heiße Seiten«, wie er sich ausdrückte. Ich hasste es, wenn er geifernd vor dem Bildschirm saß und hemmungslos gefesselte Frauen in obszönen Stellungen begaffte. Er bat mich dann, mich neben ihn zu setzen. Dabei wusste er genau, dass mich die Szenen anwiderten. Zum Glück hatte ich meine eigene Welt mit Alyson, in die ich gedanklich immer wieder flüchten konnte. Ich gewann auch immer mehr Abstand zu unserer Großfamilie. Da mich das Experiment nicht mehr interessierte, konnte ich mich besser behaupten. So gab ich Benno deutlicher als früher zu verstehen, dass mich seine sexuellen Fantasien nicht antörnten. Ich hatte mich oft genug auf seine Fesselspiele einlassen müssen und ihm bewiesen, dass ich innerlich frei genug für diese Grenzerfahrung war. Nun wehrte ich mich bis zu dem Punkt, bei dem Benno noch keine Grundsatzdiskussion vom Zaun brach.

Ich hatte durch ihn gelernt, flexibel zu sein. Nun nutzte ich meine Erfahrungen, um mir möglichst viele Freiheiten zu verschaffen. Ich wagte auch das erste Mal, Bennos Verhalten schonungslos zu betrachten. Der Typ ist krank, dachte ich nun, wenn er sich stundenlang an obszönen Bildern aufgeilte.

Benno war von Natur aus faul und bequem. Er ließ sich gern bedienen und bekam sogar das Essen an den Computer serviert. Oft fühlte er sich von den Familienmitgliedern belästigt, die wegen jeder Kleinigkeit seinen Rat suchten. Dann sei ich seine Oase, sagte er zu mir, denn das Experiment zehre an ihm. Dabei wusste er genau, weshalb die Leute mit allen Fragen zu ihm kamen. Sie hatten Angst, eigene Entscheidungen zu treffen, da er sie dauernd belehrte. Ein kleiner Fehler und schon war Benno in Rage. Er wünschte sich zwar selbstständige Gruppenmitglieder, gleichzeitig wollte er alles und jeden kontrollieren. Und immer allein entscheiden. Er ärgerte sich über den »Kindergarten«, den er selbst verantwortete.

Mein Vertrauen in Benno bröckelte immer mehr. Ich erkannte plötzlich Widersprüche und konnte mir eingestehen, dass er sich und uns etwas vorspielte und nicht ehrlich war.

Benno kannte unsere Defizite und konnte mit unseren Gefühlen spielen. Wir glaubten, er könne unsere Gedanken lesen. Das gab ihm Macht über uns.

Da ich ihm am nächsten stand, kannte ich auch seine Launen und Schwächen am besten. Gleichzeitig spürte er in dieser Zeit, dass ich mich veränderte und mich innerlich immer stärker von ihm und der Gruppe entfernte. Ich hatte gelernt, Abwehrstrategien zu entwickeln und mich vor seinem Röntgenblick zu schützen. Ich legte mir ein zweites Gesicht zu. Meine Veränderung gab ihm Rätsel auf.

Ich war einfach nur glücklich. Dank Alyson. Die Schmetterlinge verdrängten das schlechte Gewissen. Mein kleiner Zorro lieferte mir weiterhin eine glaubwürdige Ausrede.

Benno wollte mir plötzlich unbedingt meine langen Haare schneiden. Ich war stolz darauf, sie brachten mir viel Bewunderung ein. Sie waren im Laufe der Jahre bis über den Po gewachsen. Ich hatte mich lange erfolgreich gegen Bennos Ansinnen gewehrt, doch nun erhöhte er den Druck. Seine ironischen Sprüche wurden immer spitzer. Außerdem warf er mir vor, ich würde zu sehr an meinen Haaren hängen und mich damit an die materielle Welt binden. Irgendwann war mir der ewige Streit zu blöd und ich gewöhnte mich an die Vorstellung, dass meine Haare vielleicht nur noch bis zur Mitte des Rückens reichen würden.

Triumphierend holte Benno die Schere und machte sich ans Werk. Er war aufgekratzt wie selten. Als ich nach der Prozedur in den Spiegel schaute, hätte ich losheulen können. Meine Haare fielen nur noch bis auf die Schultern. Ich fühlte mich verstümmelt und gedemütigt. Ich hatte ihm deutlich gesagt, dass er nur ein kleines Stück abschneiden dürfe.

Ich war so unglücklich über die neue Frisur, dass ich meine Enttäuschung nicht überspielen konnte und auch gar nicht wollte. Ich sagte ihm offen, dass ich nicht begeistert sei über sein Werk. Er konnte es nicht verstehen, da er stolz auf seine Schneidekunst war. Er habe einen inneren Fluss gespürt und die Haare intuitiv auf der richtigen Höhe abgeschnitten. Ich hätte ihn ohrfeigen können.

Als ich eines Abends von einem weiteren Treffen mit Alyson zurückkehrte, stand Benno vor unserem Haus. Ich war noch ganz erfüllt und ging überschwänglich auf ihn zu. Als ich ihm einen Kuss geben wollte, reagierte er ungewohnt kühl, ja abweisend. »Wie lange machst du schon mit Alyson rum«, fragte er in schneidendem Ton. Ich erstarrte innerlich. Oh Gott, jetzt ist es aus. Angst überfiel mich, ich konnte keinen vernünftigen Gedanken mehr fassen. Wie in Trance folgte ich Benno ins Zimmer. Er schaute mich durchdringend an und löcherte mich mit Fragen. Doch ich war unfähig zu antworten, meine Stimme versagte. Mein Kopf glühte, alles in mir und um mich herum kreiste. Benno sagte, Alyson und ich seien von weitem eng umschlungen gesehen worden.

Mein Traum von der wahren Liebe war geplatzt. Benno raste vor Wut. Ich saß wie angewurzelt da und brachte immer noch keinen Ton hervor. Er bohrte immer weiter, doch der Schock blockierte mich total. Ich wäre am liebsten im Boden versunken und gestorben. »Ich habe mich seit zweieinhalb Monaten heimlich mit Alyson getroffen«, gab ich endlich kleinlaut zu. »Wie oft?«, fragte Benno mit durchdringender Stimme. Ich zuckte verlegen mit den Schultern. »Drei Mal oder zwanzig Mal?« »Eher zwanzig«, gestand ich und schaute zu Boden. »Schau mir in die Augen«, befahl er mir. »Hast du mir gegenüber die Liebe nur vorgespielt? Waren deine Gefühle unecht?« Ich war verzweifelt und schwieg. Seine Augen zeigten eine Mischung aus Wut und Verzweiflung.

»Ich will gehen«, sagte ich nach einer Weile. Es hörte sich an, als spreche eine fremde Stimme. Benno wusste genau, was ich meinte. Ja, ich hatte in meiner ausweglosen Situation plötzlich den Mut, diesen Gedanken laut auszusprechen. »Ich will die Familie und das Experiment verlassen.« Doch Benno ließ nicht locker und redete weiter auf mich ein. Schweigend saß ich auf dem Balkon vor unserem Schlafzimmer und hörte mir seine Standpauke an. Mein Schweigen machte ihn rasend. Plötzlich sprang er auf und zog seine Pistole aus dem Hosenbund, die er ständig mit sich trug. »Ich knüpfe mir diesen Alyson vor und erschieße ihn«, fauchte er und stürmte los.

Ich schnellte hoch und rannte Benno hinterher. »Lass Alyson aus dem Spiel«, rief ich, »komm zurück.« Im Rennen feuerte er Schüsse ab. Glücklicherweise nur in die Luft. Dann blieb er stehen und schaute mich wutentbrannt an. »Wenn es um Alyson geht, dann findest du plötzlich deine Stimme wieder«, warf er mir vor und kehrte zum Haus zurück.

Es ist aus, überlegte ich und folgte ihm. Endgültig aus. Ich wollte nicht mehr leben. Die Beziehung zu Alyson konnte ich vergessen, und zurück in die Familie wollte ich nicht. Ich sah keinen Ausweg mehr, vor mir öffnete sich der Abgrund. Ich wollte nur noch sterben.

Benno setzte sich auf die Bettkante und starrte grimmig gegen die Wand. Seine Pistole hielt er immer noch in der Hand. Mit erstickter Stimme sagte er mir, dass er sich auf der Stelle erschießen werde, wenn ich ihn verlassen oder mich umbringen würde. Seine Worte erreichten mich nicht richtig. Er schien es zu spüren und steckte sich den Lauf der Pistole in den Mund. Ich war schockiert, und doch blieb ich seltsam unberührt. Benno hatte einen Teil seiner Macht über mich verloren.

Benno war verstört. Er hatte erwartet, dass ich mich vor ihm auf den Boden werfen und ihn um Verzeihung bitten würde. Er nahm die Schusswaffe aus dem Mund und schaute mich an. »Was muss ich tun, um dich zurückzugewinnen?« Ich zuckte mit den Schultern. Da saß der Mann, der uns und die ganze Menschheit befreien wollte, und flehte mich verzweifelt an. Mich, die junge Frau, die er nach seinen Wünschen geformt hatte.

Aber Benno gab nicht auf. Er wolle mir das größte Geschenk machen, das er mit seinem ganzen Sein und all seiner Macht kreieren könnte. Damit weckte er meine Neugier doch ein wenig. Was lässt er sich wohl diesmal einfallen, fragte ich mich. Tränen rollten über seine Wangen. Benno sagte, er wolle mir sein Leben schenken.

Die Szene war grotesk. Benno, der erleuchtete Meister, wollte mir undankbarem Geschöpf alles zu Füßen legen. Er versprach mir, mich mit seiner ganzen Liebe, seinem Wissen und seiner ganzen Kraft auf dem Weg zum höheren Ziel zu unterstützen. Ich würde einen enormen Energieschub erfahren. Er würde mich auf Händen tragen und mich begleiten auf dem Pfad der spirituellen Tugend und Erleuchtung.

Ich war am Ende. Mein Kopf fühlte sich an, als wäre er stundelang gegen eine Wand geschlagen worden. Ich fing an zu weinen. Benno schaute mich herzerweichend an. Meine Schutzmauer begann zu bröckeln. Ich wusste nicht mehr ein noch aus und willigte ein, Bennos Geschenk anzunehmen.

Benno verbeugte sich vor mir und nahm mich schluchzend in seine Arme. »Hut ab vor dieser mutigen Entscheidung«, sagte er, als ob ich eine Wahl gehabt hätte.

Alyson wurde noch am gleichen Tag fristlos entlassen.

Ich bat Benno, kurz mit Alyson reden zu dürfen. Es sei für mich wichtig, ihm mitzuteilen, weshalb wir uns nicht mehr treffen könnten. Vergiss endlich diesen blöden Belizer, entgegnete er unwirsch.

Mir ging es nur noch mies. Alyson spukte dauernd in meinem Kopf herum. Was denkt er wohl? Ist er wütend auf mich? Ich hatte das Gefühl, unsere Liebe verraten zu haben.

Zwei Tage später, am frühen Abend, hielt ich es nicht mehr aus. Benno, Janet und noch ein paar Gruppenmitglieder waren in unserem Zimmer versammelt und diskutierten eifrig. »Ich möchte noch kurz mit Zorro eine kleine Runde drehen«, sagte ich zögernd zu Benno und wartete auf seine Einwilligung. Er wolle mich begleiten, entgegnete er. Ich wagte einen weiteren Vorstoß und sagte, ich bräuchte dringend frische Luft. Benno traute mir nicht. Er schaute mich eindringlich an und fragte, ob ich ihm versprechen könne, dass ich bald wieder zurück sei. »Ich verspreche es«, antwortete ich knapp. »Dann warte ich hier, bis du wieder bei mir bist.«

Ich atmete erleichtert auf und ging rasch hinaus. Nur weg aus dieser erdrückenden Atmosphäre. Zorro trottete hinter mir her, als ich mit schnellen Schritten zum Eingangstor unserer Ranch marschierte. Ich hatte mich dort gelegentlich mit Alyson getroffen und hoffte von ganzem Herzen, dass er auf mich warten würde. Ich musste ihm dringend sagen, was passiert war. Nur er hätte mich trösten können. Ich wäre mit ihm fortgegangen. Egal wohin. Einfach weg.

Alyson war nicht am Tor. Es gab mir einen Stich ins Herz. Ich hätte losschreien können vor Schmerz. Mir war klar, dass ich nicht gezögert hätte, wenn Alyson vor mir gestanden hätte und seine Hände nach mir ausgestreckt hätte. Er hatte mir mehrmals vorgeschlagen, gemeinsam abzuhauen. Doch ich hatte stets gezögert. Meine Angst war zu groß. Ich wusste nicht, was mich erwartet hätte. Die Belizer lebten in sehr einfachen Verhältnissen und hatten eine ganz andere Mentalität. Hätte ich doch nur früher den Mut gehabt, sagte ich mir in meiner Verzweiflung.

Ich nahm die letzte Kraft zusammen und zwang mich, zum

Haus zurückzukehren. Bennos Misstrauen wollte ich nicht weiter schüren, sonst hätte ich den letzten Freiraum verloren.

Die folgenden Tage waren der reine Horror. Geplagt von Eifersucht, ließ Benno mich nicht mehr aus den Augen. Ich war gefangen, mein Liebeskummer erdrückte mich. Zu den Pferden durfte ich nicht gehen, da die Tiere als emotionale Brücke zu Alyson galten. Benno wollte mich rund um die Uhr in seiner Nähe haben. Es gehe nun um unsere totale Verschmelzung. Wir müssten wieder lernen, blindes Vertrauen zueinander zu haben und als Paar zu funktionieren. Benno ließ mir keine Ruhe, er wollte wissen, was ich mit Alyson getrieben hatte, bis in die Einzelheiten. Dann versuchte er, sich mir körperlich zu nähern, doch ich reagierte nicht. Das machte ihn fast rasend.

Unser Führungsteam aus Janet, Kai, Sibylle und Jochen war entsetzt, als Benno von meiner heimlichen Liebesaffäre mit Alyson berichtete. Die vier konnten nicht glauben, dass ich mich mit einem Stalljungen eingelassen hatte. Schließlich gehörte auch ich zur geistigen Elite unserer Großfamilie. Mir war klar, dass sie mich für mein illoyales Verhalten verurteilten, aber mich beschäftigten ganz andere Probleme. Ich durfte nicht mehr zum Pferdestall und lebte wie in einem Käfig. Keinen Schritt durfte ich tun, ohne mich rechtfertigen zu müssen. Der letzte Rest meines ohnehin kleinen Freiraums wurde mir genommen.

Benno wusste, dass ich in meiner Verzweiflung zu allem fähig war. Ich hatte nicht einmal mehr die Energie, gute Miene zum bösen Spiel zu machen. Mir war scheißegal, was er und das Führungsteam von mir dachten.

Benno konzentrierte sich ganz auf mich und redete pausenlos auf mich ein. In seiner Panik spürte er nicht, dass ich seine Worte satt hatte und er mich damit nur noch mehr in die Verzweiflung trieb. Er glaubte, Missverständnisse zwischen uns ausräumen zu müssen. Als alles nichts nützte, entschied er, die ganze Gruppe einzusetzen, um den Druck auf mich zu erhöhen. Schließlich hätten die anderen Gruppenmitglieder über meine Beziehung mit Alyson noch nichts erfahren.

Ich ahnte, was mich erwartete.

Als Benno und Janet die Gruppe aufklärten, blickte ich in lauter fassungslose Gesichter. Benno bat jedes Familienmitglied um seine Meinung. Norbert, der schon einige Krisen durchgestanden hatte und oft unglücklich wirkte, war verunsichert. »Lea war doch immer der leuchtende Stern am Himmel unseres Experiments«, sagte er. »Wenn ich entmutigt war und dachte, alles sei Scheiße, dann musste ich nur Lea begegnen und hatte wieder Hoffnung, die Erleuchtung doch noch zu schaffen.«

Die anderen Familienmitglieder schilderten ihre Eindrücke auf ähnliche Weise. Alle waren bitter enttäuscht, Einzelne gar entrüstet. Ihre Zeugnisse berührten mich trotz allem. Ich war völlig überrascht davon, welche Bedeutung mir die Familienmitglieder zumaßen und welches Gewicht ich in unserer Gruppe hatte. Immer wieder brachten sie zum Ausdruck, dass ich mit meinem fahrlässigen Verhalten das Experiment gefährde. Am verwerflichsten fanden sie meine Suizidabsichten.

Zum Schluss fragte Benno plötzlich, ob noch andere Personen von Suizidgedanken verfolgt seien. Zu meinem Erstaunen streckten ein paar Kids ihre Hände hoch. Auch drei Erwachsene bekannten sich dazu, unter ihnen sogar meine Mutter. Ich war perplex. Damit hatte ich nicht gerechnet. Ich spürte zum ersten Mal, dass ich nicht allein war mit meinen Nöten und Ängsten. Das erschreckte nicht nur mich.

Meine Beichte vor der Gruppe sollte den moralischen Druck auf mich erhöhen und die übrigen Familienmitglieder warnen. Doch mein Geständnis löste bei einigen auch die Zunge. Sie wagten auszusprechen, was ihnen lange Zeit auf der Seele gelegen hatte. Ihre Aussagen machten deutlich, dass manche an den übersinnlichen Zielen zweifelten und unter der Isolation und der Gruppennorm litten. Benno geriet in die Defensive. Eine unbekannte Situation für ihn. Aber er fasste sich auch diesmal rasch. Unser Projekt sei ein Experiment, sagte er. Da wisse man nie genau, ob alles planmäßig funktioniere. »Wir haben also nichts zu verlieren«, schloss Benno. Und schon rückten die Gruppenmitglieder wieder zusammen und machten sich gegenseitig Mut und Hoffnung. Und die Gesichter hellten sich allmählich auf.

In mir sah es jedoch weiterhin düster aus. Diesmal ließ ich mich nicht anstecken von der inszenierten Erleichterung. Ich konnte und wollte mich nicht wieder umbiegen lassen. Mir war es zu eng in dem kleinen Raum mit den vielen Leuten, die mich mit ihren Erwartungen erdrückten. Sie gingen mir auf den Geist. Ich wollte nur noch raus, mich irgendwo verkriechen. Einfach niemanden sehen. Allein sein.

Als das Meeting endlich überstanden war, schlich ich in Janets Baumhaus. In mir brodelte es. Ich musste meine chaotischen Gefühle zügeln und den Schmerz dämpfen. Wehmütig schaute ich über die Pferdeweiden und weinte still vor mich hin. Noch nie hatte ich mich so einsam gefühlt. Es schüttelte mich, als ich zur Weide hinüberschaute, auf der Alyson und ich uns geliebt hatten. Dann packte mich eine unbändigende Wut auf Benno.

Der ließ mich sofort suchen. Er wusste genau, dass ich mich in einem labilen Zustand befand. Es dauerte eine Weile, bis sie mich im Baumhaus entdeckten. Benno kam zu mir hinauf. Er müsse mit mir sprechen, um mich aus meinem Zustand der geistigen Starre zu befreien, wie er sagte. Ich blieb stur, wollte einfach nur dort oben bleiben. Und nie wieder hinuntersteigen.

Benno war irritiert, weil er mich nicht erreichte. Ihm war rasch klar, dass er behutsam ans Werk gehen musste. Vorsichtig begann er, mir mit Fragen zuzusetzen. Was mit mir los sei, was ich fühle und welche Pläne ich hätte. Vor allem aber wollte er mich verunsichern und in die Enge treiben. Doch ich blieb stur. Ich schwieg und starrte an ihm vorbei, bis mir irgendwann der Kragen platzte. »Ich will hier im Baumhaus bleiben und meine Ruhe haben«, schrie ich ihn an. Eigentlich wusste ich selber nicht, was ich wollte. Oder ob ich überhaupt noch etwas wollte. Am liebsten wäre ich auf der Stelle tot umgefallen.

Benno gab nicht auf. Er setzte all seine Überredungskünste ein, um mich umzustimmen. »Wie hast du dir das mit Alyson vorgestellt? Es war eine sinnlose Trotzreaktion, dass du dich auf ihn eingelassen hast. Der ungebildete Bursche ist doch nichts als ein dahergelaufener Weiberheld, ein gewöhnlicher Belizer, der dir nichts bieten kann.«

Ich hätte Benno anspucken können.

»Die Realität hätte dich schnell aus deinen Träumen gerissen, wenn du in der kleinen Bretterbude von Alyson aufgewacht wärst. Dann hättest du bald gemerkt, dass du in seiner Welt nicht existieren kannst.«

Bennos Worte verfehlten ihre Wirkung nicht. Ich hatte mir oft Gedanken darüber gemacht, was ein Leben in einer einheimischen Familie für mich bedeuten würde. Wenn ich überzeugt gewesen wäre, dass eine feste Beziehung mit Alyson eine Zukunft gehabt hätte, wäre ich wahrscheinlich abgehauen. Aber ich wusste ja nicht einmal, wie Alyson lebte.

Ich spürte eine große Leere in mir und war wie gelähmt. Benno verlangte von mir, dass ich mich zusammenreißen und mit ihm hinuntersteigen sollte. Nein, antwortete ich bestimmt, ich bleibe hier oben. Ich wollte um keinen Preis mit ihm ins Zimmer gehen. Wenn er mich zwingt, springe ich ins Leere, schwor ich mir.

So hatte mich Benno noch nie erlebt. Er warf mir vor, dass ich mich total danebenbenehmen würde wegen ein bisschen Liebeskummer. »Deine Trotzhaltung ist absolut bekloppt, du bist reif für die Klapsmühle«, sagte er entnervt. Seine spitzen Worte trafen tief. Zum ersten Mal war Benno bei mir am Ende seines Lateins. Das war eine neue Erfahrung für ihn. Er verließ das Baumhaus.

Ich war aber nicht lange allein. Benno schickte nun Janet

und Kai zu mir hoch. Das Medium und mein Bruder sollten richten, was Benno nicht geschafft hatte.

Es war eine Tortur. Die beiden redeten fast drei Stunden auf mich ein. Anfänglich verschloss ich mich auch ihnen gegenüber, doch mit der Zeit bröckelte mein Widerstand. Janet und Kai gaben mir immer wieder zu verstehen, wie wichtig ich für sie und die ganze Familie sei. Sie überschütteten mich mit Komplimenten und Liebe.

Ich wusste nicht mehr ein noch aus, mir liefen die Tränen. Janet und Kai machten mir verschiedene Lösungsvorschläge und ermunterten mich, gemeinsam mit ihnen einen Weg zu suchen. So ließ ich mich überreden, mein Refugium zu verlassen und mit ihnen hinabzusteigen.

Benno gegenüber verhielt ich mich aber nach wie vor reserviert. Er gab sich alle Mühe und warb wie ein frisch verliebter Lover um mich. Doch ich ertrug ihn schlecht. Vor allem die körperliche Nähe setzte mir zu. Schon wenn ich mich von ihm küssen lassen musste, schnürte es mir den Hals zu.

Ich sagte Benno offen ins Gesicht, dass mich seine schlampige Erscheinung und sein übergewichtiger Körper abstießen. Er versprach mir, sofort abzunehmen. Mir zuliebe werde er auf sein Idealgewicht reduzieren. Auch im Bett nahm er Rücksicht auf mich. Immerhin fühlte er, dass er mir etwas Raum geben musste. Ich war nicht mehr bereit, mich auf seine sexuellen Sonderwünsche einzulassen.

Die Ausweglosigkeit meiner Situation gab mir den Mut, vermehrt zu mir zu stehen und Benno meine Meinung zu sagen. Ich beichtete ihm endlich, dass es für mich stets eine Last gewesen sei, mit ihm zu schlafen. Es war mir plötzlich wichtig, ihm meine wahren Gefühle zu zeigen. Ich erklärte ihm sogar, dass die Leidenschaft, die ich mit Alyson erlebt hatte, für mich etwas Einmaliges gewesen sei.

Meine Worte trafen ihn ins Mark. Benno starrte mich entgeistert an. Jahrelang hatte er geglaubt, mich im Bett zu beglücken. Und nun musste er erfahren, dass ich mich stets geekelt und ihm etwas vorgegaukelt hatte. Er, der große spirituelle Meister mit den übersinnlichen Fähigkeiten hatte es nicht bemerkt und sich von einem Teenager täuschen lassen. Das war ein Tiefschlag. Er fasste sich zwar schnell und versuchte, meine Enthüllungen zu beschönigen, doch ein Blick in sein fahles Gesicht verriet mir, dass er sehr gekränkt war.

Benno verkraftete die Niederlage schlecht. Um sich zu revanchieren, gestand er mir, ebenfalls ein Geheimnis vor mir gehabt zu haben. Er habe sich schon des Längeren heimlich mit Karin getroffen. Sie sei eben nicht so verschlossen gewesen wie ich und habe sich in einer Weise auf ihn eingelassen, wie er es sich von mir stets gewünscht habe. Ich wusste, was er meinte.

Seine Beichte traf mich nur für einen kurzen Moment. Meine Abneigung gegen ihn wurde jedoch noch stärker. Es war fast wie eine Befreiung: Jetzt hatte ich allen Grund, ihn von mir zu stoßen, meinen Ekel gegen ihn zuzulassen. Sein Geständnis nahm mir auch das schlechte Gewissen, das ich wegen der Affäre mit Alyson gehabt hatte.

Trotzdem wurde ich meine Gewissensbisse nicht ganz los. Ich glaubte immer noch, Benno für seine Liebe und Unterstützung dankbar sein zu müssen. Er hatte mir zu oft beteuert, wie sehr er mich liebe und nur das Beste für mich wolle. Und ich zweifelte trotz seiner heimlichen Orgien nicht daran, dass ich ihm sehr viel bedeutete. Denn seine Eifersucht war offensichtlich.

Eine Woche nach seinem Rausschmiss tauchte Alyson beim Pferdestall auf. Kai hatte ihn entdeckt und meldete es Benno. Mein Herz schlug sofort höher. Ich wollte ihn unbedingt sehen, um ihm die Situation zu erklären und mich von ihm zu verabschieden. Benno und Janet reagierten unwirsch. Ich solle die Affäre geistig endlich abschließen und nicht wieder alte Gefühlsverstrickungen aufwärmen. Benno schickte Janet mit der Mission zu Alyson, in meinem Namen mit ihm zu reden.

Ich hätte die beiden auf den Mond schießen können.

Janet erzählte Alyson, dass ich ihn nicht mehr sehen wollte und deshalb ihre beste Freundin geschickt hätte. Ich wäre mir nun im Klaren, wie viel mir meine Beziehung zu Benno bedeutete. Die Liebe zu ihm wollte ich auf keinen Fall aufs Spiel setzen.

Diese verlogene Aktion kotzte mich an. Ich wurde nicht gefragt, was Janet Alyson erzählen sollte. Er drückte ihr beim Abschied ein kleines Abschiedsgeschenk für mich in die Hand.

Die schnöde Art, wie Janet und Benno Alyson abservierten, wühlte mich auf. Ich wollte das nicht einfach hinnehmen. Alyson sollte nicht glauben, ich sei ein Feigling. Heimlich ließ ich ihm über einen einheimischen Arbeiter eine Nachricht zukommen und teilte ihm mit, dass ich ihn gern treffen würde.

Ich fieberte dem Zeitpunkt entgegen. Wird er kommen, fragte ich mich immer wieder. Ich konnte es kaum erwarten. Würde ich unbemerkt abhauen können? Benno kontrollierte mich fast rund um die Uhr. Ich setze alles daran, um Alyson zu treffen, schwor ich mir.

Nachdem es dunkel geworden war, verließ ich unter dem Vorwand das Haus, mit Zorro spazieren zu gehen. Bevor ich eine Antwort erhielt, schlich ich mich davon. Ich fieberte vor Freude und Aufregung, als ich draußen stand. Würde Alyson beleidigt sein? Mir Vorwürfe machen? Meine Gedanken und Gefühle galoppierten davon. Ich hoffte, er würde mich verstehen und mich in seine Arme nehmen. Doch durfte ich das zulassen? Ich war hin- und hergerissen.

Plötzlich heulte ein Motorrad auf, und ein Lichtkegel holte mich ein. Nein, schoss es mir durch den Kopf, das nicht auch noch. Vermutlich wollte Benno mich zurückholen. Die Maschine hielt vor mir, der Scheinwerfer blendete mich. Zu meiner Überraschung war es Kai. »Benno hat mich geschickt«, gestand er. »Warum musst du ausgerechnet zur Ausfahrt gehen«, wollte mein Bruder wissen. Er mache sich Sorgen um mich. Du meinst wohl Benno, gab ich ihm in Gedanken zur Antwort. Ich wusste jedoch, dass er Bennos Sichtweise teilte. Außerdem verzieh er mir die Affäre mit Alyson nicht. Ich hatte damit viel Unruhe in die Gruppe gebracht, und er hatte einen seiner besten und liebsten Mitarbeiter verloren. »Komm mit mir zurück, es ist das Beste für dich«, redete er mir ins Gewissen.

Ich ließ mich nicht erweichen und versicherte meinem Bruder, dass ich nur einen Spaziergang mit Zorro unternehmen würde. Fahr zurück, ich komme bald nach, versprach ich ihm. Ich scheute mich nicht, Kai anzuschwindeln, denn ich musste Alyson unbedingt noch einmal treffen.

Kai traute mir nicht. Er drehte eine Kontrollrunde, um zu prüfen, ob sich Alyson irgendwo versteckte. Hoffentlich ist er nicht schon am Tor, bangte ich. Dann wäre der Teufel los gewesen. Kai hielt beim Tor und schaute sich um. Dann gab er Gas und brauste zu den Wohnhäusern zurück. Mir fiel ein Stein vom Herzen.

Ich ging zum Eingang und wartete voll Sehnsucht. Meine Unruhe konnte ich kaum bändigen. Wenn er nicht bald kommt, muss ich zurück. Für Benno wird jeder Augenblick zur Ewigkeit, überlegte ich. Ich wusste, dass ich mich spätestens nach einer halbe Stunde mit meinem Funkgerät bei ihm melden musste. Meine Freiheit hatte sich auf dreißig Minuten beschränkt. Über Funk war ich permanent mit ihm verbunden.

Alyson kam nicht. Ich war niedergeschlagen. Er ist wohl zu sehr enttäuscht von mir. Vielleicht war er wütend auf mich. Du musst ihn aus deinem Kopf verbannen, sagte ich mir. Es hat keinen Sinn, du machst dich sonst noch ganz verrückt. Dabei hätte ich mich so gern anständig von ihm verabschiedet.

Ich hätte schreien können. Warum verbot mir Benno, Alyson adieu zu sagen? Warum behauptete er, dass ich es nicht schaffen würde, ihm ins Gesicht zu sagen, dass ich die Beziehung abbrechen wollte?

Deprimiert kehrte ich zu Benno zurück. In dieser Nacht lag ich lange wach, ich sehnte mich so sehr nach Geborgenheit.

Als Benno ein paar Tage später einen Testflug mit seiner Cessna machte, zog es mich fast magisch zum Pferdestall. Ich hatte meine geliebten Pferde mehr als zehn Tage nicht gesehen. Die belizischen Mitarbeiter, deren Vorgesetzte ich immer noch war, freuten sich riesig. Sie umarmten mich und fragten, wie es mir gehe. Sie hätten sich große Sorgen um mich gemacht. Sie hatten natürlich das Drama um Alyson mitbekommen und befürchteten, ich sei bestraft worden. Die herzliche Begrüßung und die Anteilnahme taten mir gut. Ein Freund von Alyson kam zu mir, nahm meine Hand und flüsterte mir zu, Alyson würde heute Abend am Eingangstor auf mich warten.

Ich schaute ihn ungläubig an. Damit hatte ich nicht gerechnet. Schließlich war er das letzte Mal nicht gekommen. Mein Herz raste. Jetzt würde ich ihm doch noch alles erklären und mich von ihm verabschieden können. Ich konnte den ganzen Tag über kaum etwas Vernünftiges tun und fieberte dem Abend entgegen.

Nach dem Abendessen schlich ich mich mit Zorro davon und eilte zum Tor. Von weitem erkannte ich die Umrisse von Alyson. Überglücklich fiel ich ihm in die Arme. Wir umklammerten uns und wollten uns nicht mehr loslassen. Plötzlich sagte Alyson: »Verlass dieses Gefängnis und komm mit mir.« Ich hatte es befürchtet. Die ewigen Moralpredigten und Einschüchterungen von Benno, Janet und Kai waren nicht wirkungslos geblieben, ich zögerte.

Alyson flehte mich an. Er sagte, ich sei verwirrt, weil man mich zu sehr unter Druck setze. Da hatte er sicher Recht, und mein Herz gehörte immer noch ihm. Trotzdem spürte ich, dass die Flucht keine Lösung war.

In unserem Schmerz fielen wir übereinander her und liebten uns mitten auf der Wiese noch einmal leidenschaftlich. Es war der gleiche Ort, an dem wir uns zum ersten Mal getroffen hatten. Sollte sich der Kreis hier schließen?

Ich wurde nervös, denn es war schon fast eine Stunde vergangen. Ich befürchtete, Benno könnte bereits wieder auf hundert sein. Alyson und ich umarmten uns ein letztes Mal, dann rannte ich mit Tränen in den Augen zurück zum Haus.

Ich ahnte, dass es für mich dort eng werden würde. Die Spannung lag förmlich in der Luft. Ich hörte von weitem, dass Benno außer sich war. Angsterfüllt öffnete ich die Zimmertür. Benno tobte und trat mit den Füßen gegen die Wände, dass das Leichtbauhäuschen erzitterte. Er würdigte mich keines Blickes und tigerte im Zimmer umher. Plötzlich blieb er stehen und schaute mich wutentbrannt an. »Bist du denn von allen Sinnen? Wieso bist du so lange weggeblieben? Was hast du dir dabei gedacht?« Er ließ mir zum Glück keine Möglichkeit, die Fragen zu beantworten. »Niemand wusste, wo du warst. Wo hast du dich herumgetrieben?« Ich versuchte, ihn zu beschwichtigen. Er habe sich wahnsinnige Sorgen um mich gemacht, sagte er, als er sich ein wenig beruhigt hatte.

Ich atmete erleichtert auf. Die Freude über die Begegnung mit Alyson klang in mir nach. Es freute mich, dass ich es trotz aller Widerstände und Hindernisse geschafft hatte, mich von Alyson zu verabschieden. Das gab mir die Energie, mich auf den Drahtseilakt mit Benno einzulassen.

Ich nahm Benno in meine Arme, schaute ihm tief in die Augen, lächelte ihn an und sagte, dass alles in Ordnung sei. Ich spürte, wie sich seine Anspannung löste. Meine gespielte Zuneigung bewirkte Wunder.

In dieser Nacht wollte Benno unbedingt mit mir schlafen. Er fühlte, dass ich zum ersten Mal seit der Affäre mit Alyson etwas gelöster war. Ich spielte mit, so gut es ging. Hauptsache, Benno beruhigte sich wieder. In Gedanken war ich an einem anderen Ort.

Mein Ungehorsam, ja meine Rebellion hatten etwas Befreiendes. Zwar hatte ich mit meiner Affäre und den Suizidfantasien in der Gruppe an Nimbus verloren. Zu meiner eigenen Überraschung wirkte es jedoch erlösend, dass ich nicht mehr einem Idealbild entsprechen musste.

Ein paar Gruppenmitglieder suchten das Gespräch mit mir. Es beschäftigte sie, dass ausgerechnet ich ausgeschert war und mit persönlichen Dingen zu kämpfen hatte. Sie hatten angenommen, ich sei glücklich an der Seite von Benno. Zum ersten Mal konnte ich über meine Probleme sprechen. Über meine Essstörungen und die Niedergeschlagenheit. Ich konnte ihnen auch klar machen, dass Benno nicht so unfehlbar war, wie er sich gab.

Dennoch musste ich meine Kritik an Benno geschickt verpacken, um meine Gesprächspartner nicht zu brüskieren. Sie wären sonst auch sofort zum ihm gerannt und hätten mich verraten. Deshalb konnte ich mich noch nicht restlos öffnen. Außerdem glaubten sie immer noch an die übersinnlichen Phänomene und an den Weg ins Licht.

Das galt auch für meinen Bruder. Er gehörte zum Führungsclan und war gegenüber Benno und Janet absolut loyal. Mir war klar, dass ich mich niemandem wirklich anvertrauen durfte. Die stille Post funktionierte immer noch und alle Informationen landeten früher oder später bei Benno.

Ich erhielt nach dem letzten Ausbruch von Benno keine Chance mehr, von seiner Seite zu weichen. Außerdem musste ich ihm beim Abnehmen helfen, denn er bekam die Fressattacken nicht in den Griff. Er hatte auch diesmal eine »logische« Begründung. So behauptete er, er müsse die Energie kompensieren, die er durch die vielen Problemlösungen für uns verbrauche. Ich durchschaute ihn. Er war einfach unfähig, Verzicht zu leisten. Schon bei der kleinsten Anstrengung wurde er übellaunig.

Wie immer suchte er einen Ausweg und erfand kurzerhand eine neue Diät. Er nannte sie Konvertieren. Wir mussten ihm tonnenweise Essen servieren, noch viel mehr als sonst. Er saß auf seinem Bett und stopfte genüsslich alles in sich hinein. Dann folgte sein Trick: Benno kontrollierte seinen Schluckreflex und spuckte die fein säuberlich zerkauten Lebensmittel in einen Eimer. Stolz präsentierte er mir seine »geniale Erfindung«.

Ich war fassungslos. Was für ein ekelerregendes Bild, wenn er den Brei in den Abfalleimer fließen ließ. Ich empfand seine »Diät« als krankhaft. Für Benno war sie eine Zeremonie. Deshalb ließ er sich das Essen ans Bett servieren. Und wirklich: Seine Laune besserte sich erheblich, und er nahm auch ab.

Seine »Diät« wirkte sich handfest auf meinen Alltag aus. Ich verbrachte viel Zeit in der Küche und half unserem Koch, Bennos Essen zuzubereiten und es ihm zu servieren. Zwischendurch musste ich ihm die Füße massieren, die durch sein Übergewicht oft taub wurden. Tatsächlich stand er seine »Esstechnik« mehrere Monate durch und verlor etwa dreißig Kilo.

Ein Bekenntnis

Seit ich mich von Alyson hatte verabschieden können, ging es mir besser. Benno hatte seine Eifersucht weitgehend im Griff, dennoch konnte er es nicht lassen, beleidigende Bemerkungen über Alyson zu machen. Ich hätte ihm dann immer den Hals umdrehen können.

Benno fand, es sei an der Zeit, offiziell zu unserer Beziehung zu stehen. Da ich inzwischen längst volljährig geworden war, musste er keine Geheimniskrämerei mehr betreiben. Wir spazierten demonstrativ Hand in Hand auf der Ranch umher, sodass uns alle Angestellten sehen konnten.

Mir war das extrem peinlich. Ich hätte vor Scham im Boden versinken können. Innerhalb der Gruppe hatte ich keine Mühe, mich als Bennos Partnerin zu geben, an diese Rolle hatte ich mich gewöhnt. Doch in der Öffentlichkeit war er für mich wie ein Fremdkörper.

In jener Zeit bekamen wir wieder Schwierigkeiten mit dem ehemaligen Besitzer unserer Ranch. Wir verloren den Prozess und wurden verurteilt, die ausgesetzten Raten zu zahlen. Auch wenn wir wussten, dass Mister Peterson Schmiergelder gezahlt hatte, war die Gerichtsentscheidung für uns bindend. Der Peterson-Clan konnte uns zwar nicht ohne weiteres vom Land vertreiben, aber unsere Lage wurde ungemütlich. Benno nahm das Urteil als Zeichen, um über einen Ortswechsel nachzudenken. Da solche Gespräche meist nur im Führungsteam stattfanden, gehörte ich zu den wenigen Geheimnisträgern. Die Stiftung sei für uns nicht mehr tragbar und überfordere uns, sagte Benno bestimmt. Wir würden zu tief in der Materie stecken und könnten unmöglich an unserem Aufstieg arbeiten. Damit rannte er bei Janet offene Türen ein.

Eines Tages, ich half gerade Johann, unserem Bäcker, besuchte uns Edward. Der Polizist, mit dem wir die Suppenküche für arme Kinder aufgebaut hatten. Vor vier Jahren war er plötzlich verschwunden. Nun stand er unerwartet vor uns.

Eigentlich war Sibylle seine Kontaktperson gewesen, doch sie hatte einen dringenden Termin. Deshalb musste ich mich um Eddie, wie wir ihn nannten, kümmern.

»Ich habe dich gesucht«, sagte er und strahlte über das ganze Gesicht. Ich schaute ihn mit großen Augen an. Sein Kollege hielt sich abseits, sodass wir ungestört reden konnten. Er sei gekommen, um mich zum Tanzen einzuladen. Ich war perplex. Reflexartig winkte ich ab. Ich wusste, dass Benno dies nicht zulassen würde. Außerdem war Eddie bereits fünfunddreißig Jahre alt. Doch er ließ sich nicht abwimmeln und setzte seinen ganzen Charme ein. Er schob seine dunkle Sonnenbrille nach unten und schaute mir tief in die Augen.

»Dann entführe ich dich«, sagte er mit einem schelmischen Lächeln.

Benno wollte von mir wissen, worüber Eddie mit mir gesprochen hatte. Als ich ihm sagte, er habe mich zum Tanzen eingeladen, richtete er sich auf. Bei ihm schrillten die Alarmglocken. Eine heikle Situation, meinte er dann, denn Eddie sei ein anderes Kaliber als Alyson. Benno war beunruhigt. »Du musst sehr vorsichtig sein, Eddie ist ein Frauenschwarm«, warnte er mich. »Er flirtet gern.«

Eddie besuchte uns fortan häufiger, er verhielt sich dabei stets sehr vorsichtig. Er sprach mit mir nur, wenn es sich zufällig ergab. Trotzdem spürte ich, dass er meinetwegen kam. Er flirtete auf charmante, diskrete Art. Ich fühlte mich geschmeichelt, dass ein so attraktiver und von vielen Frauen begehrter Mann mir den Hof machte. Einmal mehr hatte ich nicht die Disziplin, meine Gefühle zu verdrängen, wie Benno es von mir verlangte. Ich wusste eigentlich wenig über Eddie. Er hatte mir nur erzählt, dass er sich von seiner Frau und den beiden Kindern getrennt habe.

Unerwartet stellte er mir eine Frage, die sich als schicksalhaft erweisen sollte: »Bist du mit jemandem liiert?« Ich schaute ihn leicht verlegen an. Sein Blick verriet mir, dass er nicht erstaunt war. »Benno?«, fragte er und beobachtete mich gespannt. Ich nickte unmerklich. Hatte er es geahnt? »Ich will dich nicht in Schwierigkeiten bringen«, sagte er mit ernster Miene, »aber wann immer du diesen Ort verlassen willst, empfange ich dich mit offenen Armen.«

Ich war zutiefst irritiert. Eine Stimme in mir warnte mich. Ich wollte nicht ins nächste Abenteuer schlittern und reagierte gehemmt. Beim Abschied sagte er mir, ich solle mir eine geheime E-Mail-Adresse einrichten und ihm eine Nachricht schicken. Meine Herz galoppierte.

Am nächsten Tag ging ich tatsächlich ins Büro und setzte mich an den Computer. Es war riskant, denn es befanden sich stets mehrere Leute im Raum. Schweißperlen traten mir auf die Stirn, meine Hände zitterten. Ich atmete erleichtert auf, nachdem es mir gelungen war, mir eine E-Mail-Adresse zu besorgen.

Eddie und ich schrieben uns regelmäßig ein paar kurze unverfängliche Zeilen. Als ich Norbert, der auch unser Computerspezialist war, eines Abends stirnrunzelnd vor dem Bildschirm sitzen sah, wurde ich nervös. Normalerweise machte er einen Spruch, wenn wir uns begegneten. Doch heute war er sehr vertieft und reagierte nicht. Vielleicht hatte er ein Problem mit unserem Netzwerk, versuchte ich mich zu beruhigen.

Ich konnte die Nervosität nicht recht zügeln. Nachdem ich die Rehe versorgt hatte, ging ich zurück. Durch das Fenster sah ich Norbert heftig mit Benno diskutieren. Eine Hitzewelle durchströmte meinen Körper. Ich nahm allen Mut zusammen, holte tief Luft und trat ins Zimmer.

Benno war außer sich vor Wut. Sein Blick durchbohrte mich. Er reagierte sich ab, indem er mich mit Vorwürfen überhäufte. »Ich habe dir mein Leben geschenkt und du missbrauchst mein Vertrauen schon wieder«, fauchte er mich an.

Benno wartete auf eine Erklärung. Doch ich schwieg. Der Kloß im Hals war zu groß. »Bist du tatsächlich so bescheuert, dass du nach Alyson gleich dem nächsten Mann in die Arme fliegst? Glaubst du, dass du die wahre Liebe bei Eddie findest? Du bist doch nicht so blöd und nimmst an, dass Eddie es ernst meint! Das ist doch nichts als ein doofes Spiel von ihm.«

Ich hatte nicht den Mut, Benno anzuschauen und ihm zu sagen, dass ich mir durchaus vorstellen könnte, mit Eddie eine Beziehung anzufangen. Ich kam mir bloßgestellt und erniedrigt vor. Benno wartete weiter auf ein Zeichen von mir. »Bist du wirklich so bescheuert?«, wiederholte er.

Ich hielt das Verhör und die Vorwürfe nicht mehr aus und flüchtete ins Bad. Dort kauerte ich mich auf dem Boden zusammen.

Janet und Benno kamen ins Bad und verlangten Rechenschaft von mir. Sie warfen mir vor, dass ich erneut unser Experiment gefährden würde.

Ich war wieder einmal am Ende. Benno berief eine Krisensitzung mit Janet, Sibylle und Kai ein, die im Bad stattfand. Ich wusste, dass sie mir wieder schlimm zusetzen würden. Wie sollte ich diesen neuerlichen Verrat an der Familie erklären?

»Eddie würde doch jede Frau aus unserer Familie nehmen, die er kriegen kann«, schleuderte mir Benno entgegen. »Du gibst wieder einmal das traurige Bild einer schwachen Frau ab.« Er wusste, dass mich dieser Vorwurf treffen würde. Und dann spielte er auf der übersinnlichen Klaviatur, um mich zur Besinnung zu bringen. Ob ich denn nicht an die höheren Botschaften glaubte, die Janet uns vermittle? Unser Geistwesen betone doch immer wieder die Bedeutung, die meine Beziehung zu Benno für das Experiment habe.

Es gelang Benno einmal mehr, mich weich zu klopfen. Die Verzweiflung raubte mir die Widerstandskraft, ich begann zu weinen. Dann brach es aus mir heraus. Ich beichtete, dass ich kurz nach meiner Abmachung mit Benno wieder auf Abwege geraten war. Benno schaute mich entgeistert an. Er ahnte, was nun kommen würde. »Ja, ich habe mich noch einmal mit Alyson getroffen, um mich von ihm zu verabschieden und die Beziehung abzuschließen. Das habe ich dann auch geschafft. Es war die einzige Möglichkeit, Alyson aus meinem Kopf zu bekommen und meine Ruhe zu finden.«

Benno schäumte. Janet griff sofort ein. Die Geschichte mit Eddie sei nur passiert, damit ich gezwungen war, die heimliche Begegnung mit Alyson zu gestehen, beschwichtigte sie Benno. Das sei eine Fügung der übersinnlichen Mächte. Damit eröffne sich für mich die große Chance, mit allem abzuschließen und wieder auf eine höhere Frequenzebene zu gelangen.

Benno starrte vor sich hin, er brachte keinen Ton hervor. Ich hörte mein Herz schlagen. Dann endlich sagte er, dass ich mir etwas einfallen lassen und den Beweis für meine Reue und Umkehr erbringen müsse. »Worte reichen nicht aus«, fügte er an, »es muss eine Tat folgen.«

Alle schauten mich erwartungsvoll an. Sie erwarteten eine Antwort, doch ich war wie gelähmt. Ich suchte krampfhaft nach einer Lösung, aber je länger das Schweigen dauerte, umso verzweifelter wurde ich. »Tu endlich etwas, wir warten«, hörte ich Bennos Stimme von weit her. Ich kauerte wie ein Häufchen Elend auf dem Boden. Schließlich richtete ich mich ein wenig auf und hob leicht den Kopf.

Dann robbte ich auf allen vieren zu Benno, der auf dem Klodeckel saß. Ich nahm seine nackten Füße in meine Hände und küsste sie. Etwas anderes fiel mir nicht ein. Ich war unsicher, ob Benno dies als Beweis meiner Einsicht akzeptieren würde. Wohlwollend schaute er mich an und nickte. Für den Moment sei es in Ordnung, sagte er, ich müsse aber ab sofort aufhören, sein Vertrauen mit Füßen zu treten. Dann deutete er mit einer Handbewegung an, dass ich mich auf seinen Schoß setzen sollte. »Es sei dir verziehen«, sagte er und schloss seine Arme um mich. Ich war einfach nur erleichtert, dass die Erniedrigungen überstanden waren.

Zu meiner Überraschung sagte Benno, dass ich Eddie weiterhin schreiben sollte. Er wolle nicht, dass der Polizist misstrauisch werde und zu schnüffeln beginne. Ich musste Benno alle Mails von Eddie vorlegen – und meine Antworten. Ich wusste nicht, wie ich mit der verkorksten Situation umgehen sollte. Der zensierte Kontakt mit Eddie schien mir sinnlos, doch Benno bestand darauf.

An Weihnachten veranstalteten wir für unsere Angestellten und belizischen Freunde ein Barbecue. Benno trug mir auf, auch Eddie einzuladen. Er wollte die Beziehung zu einem einflussreichen Polizisten nicht aufs Spiel setzen. Eddie sagte zu und kam mit seinen beiden Kindern. Ausnahmsweise mischten sich auch Benno und Janet unter die Gäste.

Ich begrüßte Eddie zurückhaltend. Mir war klar, dass Benno und Janet mich beobachteten. Um Benno zu signalisieren, dass alles in Ordnung sei, ging ich zwischendurch zu ihm, legte meine Hand auf seine Schulter und flüsterte ihm zu, dass die Begegnung mit Eddie völlig easy sei. Benno grinste zufrieden.

Gegen Ende des Festes schlenderte Eddie wie zufällig an mir vorbei, blieb kurz stehen und fragte mich: »Ist etwas geschehen?« Seine Intuition verblüffte mich erneut. Ich nickte, was ich natürlich nicht hätte tun dürfen. Es widerstrebte mir, ihn anzulügen, und so sagte ich ihm in knappen Worten, dass Benno unseren Briefwechsel entdeckt habe. Ich war erleichtert, ihm die Wahrheit sagen zu können. Nun wusste er auch, weshalb ich mich so reserviert verhielt. Gleichzeitig meldete sich bei mir das schlechte Gewissen, hatte ich doch schon wieder das Vertrauen von Benno und unserer Familie missbraucht.

Eddie nickte verständnisvoll, er schien dies vermutet zu haben. Dann ließ er mich stehen und mischte sich rasch unter die anderen Gäste.

Ich fragte mich, warum ich mich nicht an die Regeln halten konnte. Ich wusste nur eines: Mein Herz war wieder einmal stärker als die Vernunft.

Am Abend saßen Benno, Janet, Kai und ich zusammen und sprachen über das Fest. Janet sagte vorwurfsvoll, dass kein Mann meinem sehnsüchtigen Blick widerstehen könne. Ich hatte das nicht bemerkt. Offenbar hatte sie mich sehr genau beobachtet. Ich schwieg. Inzwischen konnte ich mich gut abfinden mit ihren spitzen Bemerkungen. Soll sie mich doch verurteilen, dachte ich. Benno sagte, es müsse mir doch aufgefallen sein, wie viele Frauen Eddie angebaggert hätte.

Benno warf mir vor, ich würde nicht mit offenen Karten spielen und hinter seinem Rücken heimlich Dinge drehen. Stimmt, gab ich in Gedanken zu. Aber hatte ich eine Wahl? Gern würde ich zu meiner Meinung und zu meinen Gefühlen stehen! Das Versteckspiel war anstrengend.

Über die Festtage hatte ich kaum Kontakt zu Eddie, in meinen Gedanken jedoch war er sehr präsent. Sein Versprechen, mich mit offenen Armen zu empfangen, klang in meinen Ohren nach. Ich malte mir immer wieder aus, wie das Leben mit ihm wäre. Mir war klar, dass ich einen Job suchen müsste. Dieser Gedanke machte mir Angst. Da war einerseits der unbändige Drang, endlich aus dem Gefängnis auszubrechen, aber andererseits auch die Furcht vor der unbekannten Welt.

Die Chance

Nach etwa zwei Wochen besuchte uns Eddie zusammen mit ein paar Kollegen. Als ich sie sah, schlenderte ich wie zufällig an ihnen vorbei. Eddie forderte mich auf, mich zu ihnen zu setzen und etwas zu trinken. Er schaute mir in die Augen und fragte mich, ob ich daran zweifle, dass er mich glücklich machen könnte. Vielleicht konnte er nicht verstehen, dass ich von seinem Angebot bisher keinen Gebrauch gemacht hatte. Ich zögerte eine halbe Ewigkeit. Und doch glaubte ich zu spüren, dass er es ernst meinte. Und ich wünschte mir nichts so sehr, als mit einem Mann glücklich zu werden. Mein Herz klopfte bis zum Hals und die Knie wurden weich, als ich Eddies intensiven Blick erwiderte. Ich brachte kein Wort hervor, sondern nickte nur. Eddie fixierte mich und sagte: »Ich denke, dass Benno hier der Boss ist und die Leute manipuliert.« Der Satz traf mich wie ein Blitz. Ich wagte nicht, ihm zu antworten, doch er las die Bestätigung in meinen Augen.

»Wann kommst du endlich zu mir?«, fragte Eddie. Ich glaubte, in seiner Stimme auch Sorge herauszuhören. Er sei doch verheiratet, sagte ich und deutete meine Unsicherheit ihm gegenüber an. Er räumte meine Bedenken mit der Antwort aus, dass er schon seit einiger Zeit von seiner Frau getrennt lebe.

Ich bemerkte, dass einzelne Familienmitglieder auf uns aufmerksam geworden waren. Ich wurde unruhig, was Eddie bewog, aufzubrechen. Er gab seinen Kollegen zu verstehen, ihm zu folgen. »Begleitest du mich noch zum Auto?«, fragte mich Eddie.

Ich stand auf und ging neben ihm zum Parkplatz. Er wirkte stattlich in seiner Uniform. Ich fühlte mich sicher an seiner Seite. »Ich würde dich nie im Stich lassen«, flüsterte er mir zu. »Ich wäre immer für dich da und würde dir nie wehtun.« Ich sog seine Worte auf. Bisher war ich vielleicht ein wenig verliebt in ihn, doch nun glaubte ich, ihm vertrauen und mich auf ihn verlassen zu können. Wir schauten uns beim Abschied wieder tief in die Augen. Ich war glücklich, dass am Horizont ein neues Licht aufging. Vielleicht kann Eddie meine Wünsche erfüllen, überlegte ich. Mir wurde leicht ums Herz.

Doch die Angst vor weiteren Eifersuchtsdramen mit Benno steckte tief in meinen Knochen. Wann immer ich in Gedanken von der Ranch flüchtete, tauchte vor meinem geistigen Auge die Szene auf, als Benno sich seine geladene Pistole in den Mund geschoben hatte.

Eddie hatte mir immer wieder zu verstehen gegeben, dass er mich heimlich treffen möchte. Nach den schmerzlichen Erfahrungen mit Alyson wagte ich es aber nicht, obwohl ich große Sehnsucht hatte. Ich hätte auch keine Möglichkeit dazu gehabt, da ich permanent von Benno kontrolliert wurde.

Als Benno mir ein paar Tage später sagte, er wolle mit seiner Cessna in den Süden von Belize fliegen, wurde ich unruhig. Er wird eine Weile unterwegs sein, überlegte ich. Und ich schöpfte Hoffnung, mich mit Eddie treffen zu können. Meine Gedanken kreisten bald nur noch darum, wie ich abhauen könnte. Mir blieb allerdings wenig Zeit, ich musste mich schnell entscheiden. Wie in Trance beschloss ich, Eddie anzurufen. Meine Knie zitterten. Ist Eddie auf der Polizeistation? Hat er überhaupt Dienst? Kann er so kurzfristig die Arbeit verlassen und mich abholen?

Eddie nahm das Telefon ab. Natürlich könnte er es einrichten, sagte er mir. Seine Überraschung war unüberhörbar. Ich jubelte.

Am Morgen des Tages seines Ausflugs änderte Benno plötzlich seine Pläne. Er habe keine Lust zu fliegen, verkündete er, zumal das Wetter nicht optimal sei. Ich war niedergeschmettert, den Treffpunkt mit Eddie hatte ich bereits vereinbart. Hatte sich denn alles gegen mich verschworen?

Benno verbrachte wie so häufig den halben Tag im Bett und verschlang Vampirbücher. Er träumte davon, mit seiner spirituellen Potenz in den Körper eines starken, attraktiven Mannes zu gleiten. Seine Augen glänzten, wenn er über dieses Experiment sprach. Die Sehnsucht nach der Unsterblichkeit hatte ihn immer schon umgetrieben.

Mir hingegen waren solche Vorstellungen zu absurd, um auch nur darüber zu diskutieren. Ich wollte gar nicht unsterblich sein. Ich überließ es Janet, mit Benno über den Austausch des Körpers zu spekulieren.

Ich saß wie auf Kohlen. Wie sollte ich abhauen? Ich suchte krampfhaft nach einer plausiblen Ausrede. »Ich habe gesehen, dass die Wallache kein Wasser mehr haben, ich fülle die Tränke schnell auf«, sagte ich zu Benno und drückte ihm einen Kuss auf die Lippen. Ich wollte ihm keine Zeit für einen Einwand geben. »Muss das wirklich sein?«, fragte er mich. Beim Verlassen des Zimmers antwortete ich, ich sei bald zurück. Plötzlich zog ein tropisches Gewitter über die Ranch, es begann wie aus Kübeln zu schütten. Ich rannte die Landebahn entlang und sah von weitem Eddies weißes Auto. Mein Herz schlug immer heftiger.

Ich kletterte über den Zaun und stieg ins Auto. Eddie fuhr in eine ruhige Nebenstraße und hielt an. Wir wechselten kaum ein Wort. Dann fielen wir uns in dem engen Auto in die Arme. Ich war zwar sehr nervös und konnte mich nicht recht entspannen. Trotzdem sträubte ich mich nicht, als Eddie mich auszuziehen begann. Wir liebten uns stürmisch auf dem kleinen Autositz.

Warum darf ich nicht einfach in Frieden mit einem Mann zusammen sein, den ich liebe, fragte ich mich, als wir uns verrenkten. Ich konnte das Zusammensein mit Eddie nicht richtig genießen, weil ich Angst vor Bennos Wutausbruch hatte. Sicher suchte er mich schon. Ich verabschiedete mich hastig von Eddie und rannte zu den Wohnhäusern zurück.

Mir zitterten die Knie, als ich unser Schlafzimmer betrat. Zu meiner Verblüffung schaute Benno, der immer noch in sein Buch vertieft war, nicht einmal auf. Er hatte gar nicht bemerkt, wie lange ich weg war. Erleichtert zog ich trockene Kleider an und kuschelte mich an Benno. Erst jetzt breitete sich ein Gefühl der Befriedigung und Erlösung in mir aus. Ich konnte kaum glauben, dass ich Eddie hatte treffen können, ohne mir ein weiteres Drama einzuhandeln.

Eddie schickte mir ein Gedicht – wir hatten eine neue E-Mail-Adresse eingerichtet –, das er nach unserem Treffen für mich geschrieben hatte. Ich war tief berührt. Nun war es endgültig um mich geschehen. Ich wusste, dass da draußen ein Mann war, der mich liebte und auf mich wartete.

Es waren erneut Tage der Schmetterlinge. Sie bevölkerten meinen Bauch und schienen sich von Tag zu Tag zu vermehren. Eddie schrieb mir, ich solle endlich flüchten, doch ich wagte den Sprung ins Ungewisse nicht.

Es hatte auch mit meiner Großmutter zu tun, die uns in zwei Monaten besuchen wollte und den Flug schon gebucht hatte. Sie wäre maßlos enttäuscht und beunruhigt gewesen, wenn sie mich nicht angetroffen hätte. Ich wusste nicht, was ich tun sollte.

Inzwischen war das Jahr 2002 angebrochen. Und weit und breit keine Spur von der versprochenen spirituellen Transformation. Verunsicherung war in der Gruppe zu spüren. Trotzdem arbeiteten wir schwer. Am meisten verausgabte sich meine Mutter. Sie wirkte sehr unglücklich. Aber auch ich hatte mich wieder in einer depressiven Stimmung verfangen.

Einige Tage vor meiner Flucht kam Janet schon früh in unser Zimmer. Sie müsse uns eine wichtige Erkenntnis mitteilen, sprudelte sie sofort los. Es gehe um mich und meine Persönlichkeitsentwicklung. Sie habe sich immer wieder gefragt, weshalb ich stecken geblieben sei. Nun habe sie die Antwort.

Ich schaute sie fragend an. Ich machte mich auf eine schwülstige Weisheit gefasst. Ein bestimmter Persönlichkeitsanteil in mir habe sich nicht entwickeln können, weil ich schon im Alter von dreizehn Jahren eine feste Beziehung zu Benno eingegangen sei. Zwar sei ich dadurch in vielen Belangen reifer als meine Altersgenossinnen, in manchem aber das junge, unschuldige Mädchen geblieben. Dann kam die große Überraschung: Diese Kombination sei der Schlüssel des Experiments. Ich hätte vorgemacht, wie wir das Kind in uns bewahren können. Janet war total begeistert von ihrer bahnbrechenden Erkenntnis und schaute uns erwartungsvoll an. Benno nickte anerkennend.

Ihre Worte trafen mich wie kleine Nadeln. Wut machte sich in mir breit.

Ich ließ mir nichts anmerken und ließ Janets euphorisches Geschwätz stoisch über mich ergehen. Doch tief in mir brodelte es gewaltig. Während unser Medium immer noch theatralisch seine geistigen Ergüsse über meine »kindliche Unschuld« vortrug, war ich geistig weit weg. Ich wusste, dass ich fliehen musste.

Auch aus der zeitlichen Distanz erscheint es mir immer noch wie ein Wunder, dass mir die Flucht geglückt ist. Ich hatte das Schicksal, das sich über all die Jahre gegen mich verschworen hatte, endlich auf meiner Seite.

Ich saß also nach meiner Flucht in Eddies Auto und bebte

vor Glück und Stolz. Ich hatte den Sprung in die Freiheit tatsächlich geschafft und das Leben in meine eigenen Hände genommen. Und nichts sollte mich dazu bewegen können, zurück auf die Ranch zu gehen. So jedenfalls hämmerte ich es mir ein.

Ich hoffte, dass meine Flucht wie eine Bombe einschlagen und die Gruppe auseinander brechen würde. Im Geist sah ich Benno wie einen Irren durch die Gegend rennen und mit seiner Knarre herumfuchteln. Sollte er doch toben vor Eifersucht.

Im Moment war mir das alles egal. Ich genoss einfach mein Glück. Es kümmerte mich auch wenig, was Kai und meine Eltern über mich dachten. Ich hatte mehr als genug gelitten und kostete das Gefühl der Leichtigkeit aus.

Zum Teufel mit dem geistigen Aufstieg und dem ewigen Leben. Das wahre Leben findet hier und jetzt statt, freute ich mich. Lasst mich doch in Frieden mit euren spirituellen Fantasien. Meine Flucht war das Beste, was mir bislang passiert ist. Und ich habe sie selbst inszeniert.

Freiheit

Als Eddie vor seinem Haus hielt, schaute ich zunächst ungläubig. Es war ein winziges Steinhaus mitten im Städtchen Benque Viejo. Um Eddie nicht zu enttäuschen, ließ ich mir nichts anmerken. Die äußeren Umstände sind Nebensache, beruhigte ich mich. Nur die Freiheit und das Zusammensein mit Eddie zählten. Als ich das Häuschen betrat, schreckte ich doch ein wenig zurück. Die Räume waren klein, düster und ziemlich schmuddelig. Das ungepflegte Heim eines alleinstehenden Mannes. Das Haus hatte ihm die Regierung zur Verfügung gestellt.

Nach einem kurzen Rundgang drängte es Eddie hinaus. Er wollte mir meine neue Welt zeigen. Wir machten uns auf den Weg nach Belize City. Eddie hielt unterwegs und zeigte mir ein wunderschönes Grundstück mit ein paar Hügeln und einem kleinen Holzhaus. »Das gehört mir«, sagte er stolz. Die traumhafte Lage und die schöne Aussicht machten mich sprachlos. Eddie erzählte mir von seinen Visionen und Plänen. Ich konnte mir sehr gut vorstellen, hier mit Eddie ein kleines Paradies zu schaffen. Wir umarmten uns innig auf seinem Grundstück.

Die Vergangenheit holte mich ein, bevor ich so richtig in der Gegenwart gelandet war. Als wir wieder im Auto saßen, klingelte Eddies Mobiltelefon. Sein Blick verriet mir, dass es um mich ging. Es war Sibylle. Benno hatte wieder jemanden vorgeschoben, war mein erster Gedanke. Sibylles Stimme klang sorgenvoll. Ich sei spurlos verschwunden, sagte sie. Die ganze Gruppe sei verzweifelt und habe eine große Suchaktion gestartet. Ob er ihr weiterhelfen könne?

»Lea ist bei mir«, antwortete Eddie knapp. »Ihr müsst euch keine Sorgen machen.« Da die Verbindung schlecht war, versprach er, dass wir uns bald melden würden und legte auf.

Eddie schaute mich prüfend an und fragte mich, ob ich unter Essstörungen leiden würde. Ich schüttelte energisch den Kopf. »Sibylle hat behauptet, du seiest schwer krank und in höchster Gefahr, ich müsste dich dringend auf die Ranch zurückbringen.« Was für eine Scheißbande! Alle wussten doch genau, dass ich die Krankheit längst überwunden hatte. Ich konnte Eddie zum Glück davon überzeugen, dass mit mir alles in Ordnung war.

Unterwegs hielt er bei einem Freund, damit ich mit Sibylle telefonieren konnte. Mein Herz klopfte bis zum Hals, als ich den Hörer in die Hand nahm. Ich hatte keine Ahnung, was ich sagen sollte und was mich erwarten würde. Benno war am Apparat. Seine Stimme schnürte mir die Kehle zu. »Lea, wo bist du?«, fragte er in eindringlichem Ton. »Ich bin bei Eddie und bleibe bei ihm«, antwortete ich. »Lea, was ist in dich gefahren, komm sofort zurück.« Er legte seine ganze Verzweiflung in die Stimme. Mich schüttelte es. Als er merkte, dass seine Worte bei mir nicht verfingen, begann er mir zu drohen. »Ich steige in die Cessna und stürze mit ihr auf Belize City ab.« Ein Gefühl zwischen Ohnmacht und Wut überkam mich. Reflexartig hängte ich den Hörer auf.

Als ich wieder klar denken konnte, holte mich doch die Angst ein. Was passiert, wenn er seine Drohung wahr macht? Wenn er seine Maschine in ein Haus rammt und Ahnungslose mit in den Tod reißt? Hört denn der Terror nie auf? Gibt es eine perfidere Methode, mich erneut in die Knie zu zwingen? Ich hätte schreien können. Ich traute Benno viel zu, wenn er durchgeknallt war. Doch Eddie beruhigte mich.

Kaum saßen wir wieder im Auto, da klingelte das Handy erneut. Nicht schon wieder, stöhnte ich. Diesmal war es Andres, mein Vater. Eddie reagierte kühl und sagte, ich sei momentan nicht zu sprechen. Ich dankte ihm seine Gelassenheit. Zum Glück ist Eddie Polizist, sonst würde mich Benno bis ans Ende der Welt verfolgen oder mich entführen lassen, ging es mir durch den Kopf.

Am Abend lud mich Eddie in ein schönes Restaurant ein. Ich konnte mein Glück kaum fassen. Wir turtelten verliebt und strahlten uns an. Bin ich tatsächlich frei, fragte ich mich. Wenn ich mich in den dunklen Augen des verliebten Eddie verlor, gab es keine Zweifel. Es war unbeschreiblich.

Nach dem Essen besuchten wir Eddies Lieblingsclub. Zum ersten Mal betrat ich eine Diskothek. Ich zögerte. Benno hatte mir eingetrichtert, die Atmosphäre in diesen Etablissements sei niederfrequent, also sehr weltlich und binde die Besucher stark an die irdische Realität. Dort werde geraucht und getrunken, die Leute würden sich anbaggern, es sei ein einziger Aufriss. Das sei ein Vergnügen für Menschen ohne innere Reife.

Eddie zerstreute meine Bedenken schnell. Er sprühte vor Temperament und tanzte so hinreißend, dass mir keine Zeit zum Grübeln blieb und ich mich der prickelnden Atmosphäre überließ.

Als wir müde waren, fuhren wir zu einem Haus außerhalb der Stadt. Es gehörte einem Freund, der im Ausland weilte. Bevor wir ins Bett schlüpften, nahmen wir uns nochmals fest in die Arme. »Lass mich nie wieder gehen«, beschwor ich Eddie, »bitte, gebe mich nie auf.« Eddie schwieg, schaute mir tief in die Augen, drückte mich fest an sich und sagte, dass er immer zu mir halten werde. Es war ein göttliches Gefühl, in den Armen dieses attraktiven Mannes zu liegen. Es war wie eine Erlösung.

Am Sonntag besuchten wir Eddies Familie. Und alle waren sie da: Eltern, Großeltern, Geschwister, Cousinen, Nichten. Obwohl ich nun schon seit über sieben Jahren in diesem Land lebte, tauchte ich jetzt erst in das belizische Leben ein und lernte die Mentalität der Einheimischen kennen. Ich saß in der einfachen Stube eines Holzhäuschens auf einem alten schäbigen Sessel und war umringt von fröhlichen Menschen, die temperamentvoll miteinander palaverten. Fasziniert betrachtete ich ihre Mimik und das Gespräch mit den Händen. Es war ein eigenartiges Gefühl, Teil dieser fremden Welt zu sein. Ich verstand das tiefe Kreol, das die Belizer sprachen, schon recht gut. Doch Eddies Familie unterhielt sich in einem Slang, der mir unbekannt war. Obwohl die Verwandten von Eddie in sehr einfachen Verhältnissen lebten, strahlten sie eine erfrischende Lebensfreude und Herzlichkeit aus. Ich wurde von allen sehr freundlich aufgenommen.

Mir fielen Bennos warnende Worte wieder ein, der bei jeder Gelegenheit betont hatte, wir spirituellen Wesen würden in einem solchen Umfeld krank. Eddies Familienmitglieder waren zwar weder gebildet noch reich, doch sie wirkten äußerst lebendig und gesund. Das Elitedenken und die Arroganz unserer Gruppe kam mir da wie ein Hohn vor.

Abends fuhren Eddie und ich wieder nach Benque Viejo in unser kleines Haus. Ich schaute dem einsamen Alltag mit gemischten Gefühlen entgegen. Die Zeit verging jedoch schnell, denn ich war vollauf damit beschäftigt, das Haus aufzuräumen und gründlich zu reinigen. Außerdem rief mich Eddie täglich mehrmals an.

Bei einem seiner Anrufe erkundigte er sich nicht nach meinem Befinden, sondern sagte, dass Kai bei ihm auf der Polizeistation sei und mich gern sehen würde. Ich wusste nicht, ob ich mich freuen oder ärgern sollte. Natürlich hätte ich liebend gern mit Kai gesprochen und ihm meine Beweggründe erklärt, doch ich befürchtete, dass er im Auftrag von Benno unterwegs war. Trotzdem wollte ich Kai sehen. Mein Bruder bedeutete mir immer noch sehr viel. Außerdem war ich neugierig und wollte erfahren, was sich nach meiner Flucht auf der Ranch abgespielt hatte.

Kai und ich fielen uns sofort in die Arme und hielten uns lange fest. »Schön, dich zu sehen«, begrüßte er mich.

Dass es ihm nicht gut ging, konnte ich sehen. Er wirkte gehemmt und druckste herum. Es war offensichtlich, dass er in einer unangenehmen Mission gekommen war. Außerdem belastete ihn die Krise, in die ich die Gruppe mit meiner Flucht gestürzt hatte. Wir saßen nebeneinander auf dem Sofa und hielten uns die Hand. Es war das erste Mal, dass wir über unsere Gefühle und Ängste sprachen. Obwohl wir uns immer sehr verbunden fühlten, hatten wir uns nie voreinander geöffnet. Kai merkte nun, dass er mich gar nicht richtig kannte.

Dann platzte er heraus: »Ich muss dir einen Vorschlag machen.« Ich wappnete mich. »Komm mit mir nach Deutschland. Ein Tapetenwechsel täte dir gut.« Ich starrte Kai ungläubig an. Dann kullerten mir Tränen über die Wangen. Sein Angebot bewegte mich. »Was soll ich in Deutschland? Dort habe ich wirklich nichts zu suchen«, erwiderte ich. »Ein Vorschlag von Benno?« Kai nickte. Benno und Janet seien auch in Deutschland, gestand er kleinlaut. »Was!«, entfuhr es mir.

»Sie sind bereits in Deutschland?« Sie seien bereits wenige Tage nach meiner Flucht geflogen, bestätigte Kai.

Ich war fassungslos. Damit hatte ich nicht gerechnet.

Kai erzählte mir, dass in der Gruppe Panik ausgebrochen war. »Alle haben Angst, dass du unser Projekt auffliegen lässt und das Experiment zerstörst.«

Ich machte Kai klar, dass er sich die Deutschlandreise abschminken müsse. »Keine zehn Pferde bringen mich zurück zu Benno. Ich habe mich endlich aus seinen Klauen befreit. Ich liebe Eddie und bleibe hier.« Es war eine Wohltat, so sprechen zu können. Dennoch gab Kai nicht auf. Janet und Benno hätten erkannt, dass vieles schief gelaufen sei. Meine Flucht sei notwendig gewesen, um einen wichtigen Prozess ins Rollen zu bringen. »Benno und Janet haben die Fehler wirklich geschnallt, sie sind bereit, einen neuen spirituellen Raum zu kreieren. Nun wird alles anders. Besser.«

»Du bist naiv«, sagte ich enttäuscht. »Sie haben diesen angeblichen neuen Raum schon hundert Mal kreiert. Und was hat sich geändert? Nichts! Ich habe die endlosen Diskussionen um den geistigen Aufstieg und die spirituelle Entwicklung gründlich satt. Ich will endlich leben. Verstehst du? In Freiheit leben. Selber bestimmen, was ich denken und tun will. Und vor allem: Ich habe bei Eddie endlich erfahren, was wirkliche Liebe ist, und bleibe bei ihm.«

Kai gab sich geschlagen. »Pass gut auf dich auf«, sagte er beim Abschied. Mit hängenden Schultern verließ er das Haus. Es gab mir einen Stich, doch ich war nicht mehr bereit, zurückzukehren.

Am Abend spürte ich einmal mehr, dass ich in der schönen neuen Welt gelandet war. Eddie kam übermütig heim und drehte die Musik auf. Nach einer innigen Begrüßung ging er in die Küche, um mir ein kreolisches Mahl zuzubereiten. Wir alberten, tanzten ausgelassen in der kleinen Küche, lachten, küssten uns – ich hätte vor Glück platzen können. Als Eddie merkte, dass ihm einige Zutaten fehlten, bat er mich, in den

Supermarkt zu gehen. Er beschrieb mir den Weg und drückte mir Geld in die Hand. Ich musste allen Mut zusammennehmen. Seit wir die Schweiz verlassen hatten, war ich nicht mehr allein einkaufen gegangen. Da ich ehrgeizig war, ließ ich mir meine Angst nicht anmerken und nahm die Herausforderung an. Als ich das Haus verließ, wurde mir heiß und kalt. Es war wie eine Offenbarung: Ich kann hinaustreten in die große weite Welt. Einfach so. Mich frei bewegen. Mich unter die Leute mischen. Ohne Angst haben zu müssen. Selbst bestimmen, ob ich nach rechts oder links marschieren will. Großartig. Ein unbeschreibliches Glücksgefühl durchströmte mich.

Ich schaffte den Einkauf und ging voll Stolz heim.

Als wir am Tisch saßen, erzählte ich Eddie vom Gespräch mit Kai und der Flucht von Benno und Janet. Wir unterhielten uns auf Englisch, was recht gut klappte. »Die Gruppe fliegt früher oder später auseinander«, sagte ich Eddie. Ich erzählte ihm auch, dass wir einen einzigartigen Fleck auf dieser Erde erschaffen wollten. Die eigentlichen Motive unserer Gruppe, also die spirituellen Projekte, verschwieg ich. Ich wusste nicht, wie ich diesen Wahnsinn hätte erklären sollen. So stellte ich uns als eine Gruppe von Idealisten dar. Es kostete mich viel Überwindung, »meine« Großfamilie und ihr Geheimnis zu »verraten«. Von mir fiel aber ein riesiger Ballast ab, als ich über die Missbräuche, Intrigen und Lügen sprechen konnte.

Am nächsten Tag rief Kai an und fragte, ob er mich noch einmal besuchen dürfe. Ich war gespannt, was er nun vorzutragen hatte.

Als er auf unser Häuschen zukam, fiel mir auf, wie mitgenommen er aussah. Er hatte an Gewicht verloren und wirkte deprimiert.

Kai erzählte mir nun in allen Einzelheiten, was sich nach meiner Flucht auf der Ranch ereignet hatte. Der Aufruhr war riesig, als mein Verschwinden entdeckt wurde. Janet hatte vergeblich versucht, mich per Funk zu erreichen. Alle Familienmitglieder wurden befragt, doch niemand hatte mich gesehen. Als Janet mein ausgeschaltetes Funkgerät neben meinem Bett entdeckte, herrschte Alarmstimmung. Sofort wurde eine große Suchaktion gestartet. Benno war immer noch mit seiner Cessna unterwegs und wusste noch nichts von meiner Flucht. Per Pferd und Motorrad wurde die Ranch abgesucht. Vergeblich.

Als Benno zurückkehrte, war endgültig die Hölle los. Er hat getobt wie ein Irrer, berichtete Kai. Benno vermutete, dass Alyson hinter meiner Flucht steckte. Mein Bruder musste ihn sofort zu Hause aufsuchen. Ergebnislos. Als Sibylle mit ihrem Anruf herausfand, dass ich zu Eddie geflüchtet war, war der Schock groß. Alle wussten sofort, dass sie mich nicht so leicht zurückholen konnten und die Gruppe in ihrer Existenz bedroht war.

Die Führungscrew hielt stundenlange Krisensitzungen ab. Viele Gruppenmitglieder waren am Boden zerstört, die Frauen weinten hemmungslos, die Angst war groß. Janet erstickte fast. Sie weinte so heftig, bis ihr die Luft ausging. Sie fühlte sich für meine Flucht verantwortlich.

Die ganze Nacht hindurch wälzten sie verschiedene Szenarien und Strategien, um die Gefahr abzuwenden. Dabei wurde entschieden, dass Janet und Benno so schnell als möglich abtauchen müssten. »Es war ein riesiges Drama«, fasste Kai seine Eindrücke zusammen. Ich konnte mir die Situation sehr gut vorstellen und war heilfroh, dass ich den Wahnsinn nicht hatte miterleben müssen.

Dann kam Kai zur Sache. Er bat mich, mit ihm in die Schweiz zu reisen. Da sich unsere Wege nun trennen würden und er verstanden habe, dass er mich eigentlich gar nicht richtig kannte, wünschte er sich diese Reise. »Wir werden irgendwo in die Berge gehen, nur wir zwei.« Es schien sein Herzenswunsch zu sein. Trotzdem vermutete ich, dass der Vorschlag einen Haken hatte. Kai machte es mir schwer, denn ich wollte Eddie unter keinen Umständen verlassen. Gleichzeitig wusste ich, dass es für Kai und mich wichtig war, die Erlebnisse zu verarbeiten. Auf jeden Fall wollte ich zuerst mit Eddie darüber sprechen.

Eddie kam die Sache nicht geheuer vor. »Wenn die Reise für dich wichtig ist, werde ich deine Entscheidung akzeptieren und warten, bis du wieder zu mir zurückkommst«, sagte er. »Das werde ich. Und wenn ich über den Atlantik schwimmen muss«, schwor ich ihm.

»Was ist, wenn Benno dich in den Schweizer Bergen besucht«, fragte mich Eddie. »Ich habe keine Angst, weil ich weiß, dass er das Spiel verloren hat«, beruhigte ich ihn. »Er hat keine Macht mehr über mich.«

»Und wenn er am Flughafen wartet, um dich an der Rückreise zu hindern?«

»Dann schreie ich und mache ihm eine Szene, bis die Polizei kommt. Außerdem habe ich Verwandte in der Schweiz, die mir helfen würden.«

Angst hatte ich nur davor, noch einmal mit Benno konfrontiert zu werden. Ich befürchtete, dass mir ein weiterer Kampf um meine Freiheit bevorstand.

Trotz meiner Bedenken willigte ich in die Reise ein, und Kai buchte die Flüge. Um von günstigen Konditionen profitieren zu können, sei eine Rückreise erst nach drei Wochen möglich, erklärte mir Kai. Wieder eine Finte? Kai flehte mich an, jetzt keinen Rückzieher zu machen. Mit gemischten Gefühlen gab ich nach.

Eddie und ich sorgten vor. Wir erstellten Videoaufnahmen, in denen ich die sexuellen Missbräuche schilderte. Damit wollten wir Benno drohen, falls er mich festhalten würde. Außerdem hätte Eddie damit eine Strafanzeige einreichen können. Ich musste schmunzeln, denn er war ganz in seinem Element als Polizist. Witzig, dass mir das Schicksal ausgerechnet einen Gesetzeshüter beschert hatte.

Allmählich getraute ich mich, ihm von unseren übersinnlichen Zielen zu erzählen. Es war schwierig, aber ich musste es versuchen. Wie erklärt man jemandem, der sich noch nie mit esoterischen Fragen beschäftigt hat, eine spirituelle Welt? Eddie versuchte, mich zu verstehen, doch er schüttelte immer wieder ungläubig den Kopf. Ich begriff nun die Aussage von Benno und Janet, dass normale Menschen uns nicht verstehen könnten. Die Frage war nur, wer »normal« war. Es war mir schrecklich peinlich, Eddie zu erzählen, was wir all die Jahre getrieben hatten. Auch mir gingen die Augen erst jetzt richtig auf, als ich den Wahnsinn einem Außenstehenden erklären musste.

Ein Versuch

Am Abend vor unserer Abreise besuchte uns Kai. Eddie kochte eine belizische Spezialität, danach spielten wir Billard und gingen rechtzeitig zu Bett, denn unser Flug war früh am Morgen. Eddie und ich konnten aber noch lange nicht einschlafen. Ich tauchte noch einmal tief in das Gefühlsbad der Liebe und fühlte mich bereits als Teil von Eddie. Als ob wir schon ewig zusammen wären.

Ich verabschiedete mich am anderen Morgen innig von ihm. Auf der Fahrt zum Flughafen erzählte mir Kai, dass unsere Mutter es nicht fassen könne, dass ich ausgerechnet mit einem Kerl wie Eddie durchgebrannt sei. Wie die übrigen Familienmitglieder vermutete auch sie, dass ich nicht wirkliche Liebe für ihn empfinde, sondern nur den Beschützer in ihm sehe. Alyson hätte viel besser zu mir gepasst.

Ich starrte Kai ungläubig an. Das ist der Gipfel der Verlogenheit. Ich kochte vor Wut. Nun soll Alyson plötzlich zu mir gepasst haben ... Alyson, der damals so verflucht und in den Dreck gezogen worden war.

Das Gespräch machte mir deutlich, dass Kai hin- und hergerissen war. Seine Worte verrieten den Einfluss von Benno und Janet. Gleichzeitig versuchte er, mich zu verstehen. Trotzdem konnte er meine seelische Not, die mich zur Flucht veranlasst hatte, nicht recht nachvollziehen. Er wollte auch nicht wahrhaben, dass ich an eine Zukunft mit Eddie glaubte.

Im Flugzeug verlangte Kai meinen Pass. Es sei besser, wenn er alle Papiere in seiner Obhut habe. Ich reagierte misstrauisch, wollte ihn aber nicht brüskieren. Ich malte mir immer wieder aus, wie es für mich wäre, wenn Benno auf dem Zürcher Flughafen auf uns warten würde. Ich sah mich bereits toben und schreien. Meine Freiheit gebe ich um keinen Preis mehr her, dafür werde ich kämpfen wie ein wildes Tier. An Kais Seite fühlte ich mich trotz der leichten Entfremdung geborgen. Ich glaubte, dass ich mich im Notfall auf ihn würde verlassen können.

Auf dem Zürcher Flughafen schaute ich mich ängstlich um. Mein Misstrauen war zum Glück unbegründet, weit und breit kein Benno. Kai und ich studierten Prospekte und entschieden uns, nach Grindelwald ins Berner Oberland zu fahren, wo wir vor etwa zwölf Jahren Ferien verbracht hatten. Die Umgebung mit Eiger, Mönch und Jungfrau hatten wir als traumhaft in Erinnerung. Kai strahlte mich an und sagte, wir könnten im Schnee spazieren, Schlitten fahren, Eis laufen und vielleicht sogar Skier mieten. Nur um zu schauen, ob wir das Skifahren in all den Jahren nicht verlernt hatten. Ich entspannte mich und freute mich erstmals über die Reise und die Zeit mit Kai. Auch wenn ganz tief ein Rest an Unbehagen blieb.

Die Schweiz war mir fremd. Plätze, die ich noch von meiner Kindheit her kannte, kamen mir unbekannt vor. Wir mieteten uns in einer einfachen Herberge ein und freuten uns wie kleine Kinder über den Winter und die herrliche Berglandschaft. Wir verstanden uns blendend und kamen uns langsam näher.

Wir waren die tiefen Temperaturen nicht mehr gewöhnt und erkälteten uns nach kurzer Zeit. Das Fieber band uns ans Bett. Ich wollte unbedingt Eddie anrufen, da die Sehnsucht von Tag zu Tag stärker wurde. Ich musste seine Stimme hören. Kai wollte es mir zuerst ausreden, doch dann ließ er mich gewähren. Ich war total aufgeregt, als ich die Nummer wählte. Eddie freute sich riesig über meinen Anruf, und ich war glücklich, ihn zu hören.

Spannungen mit Kai gab es auch, wenn ich ein Internetcafé aufsuchte, um Eddie eine E-Mail zu schicken. »Kannst du nicht einmal den Moment mit mir genießen? Immer hast du Eddie im Kopf«, warf er mir vor. Da war wieder dieser Druck, vor dem ich geflüchtet war. Ich reagierte verärgert.

Als Kai einmal das Zimmer verließ, ging ich zu seinem Nachttischchen und nahm meinen Pass und das Flugticket an mich. Sicher ist sicher, dachte ich.

Ich musste wohl eingeschlafen sein, denn als ich erwachte, kam Kai ins Zimmer. Er telefonierte. Mir war sofort klar, dass er mit Janet sprach. Seine Stimme verriet ihn. Er säuselte, wie sehr er sie vermisse und liebe. Ich konnte es nicht fassen, dass Kai noch so stark an Janet hing. Konsterniert stellte ich fest, dass mein Bruder immer noch total von Janet abhängig war. Gefangen in dieser einseitigen, erzwungenen Beziehung.

Plötzlich nahm Kai das Telefon vom Ohr und sagte zu mir gewandt, dass Janet sich nichts sehnlicher wünsche, als einige Tage mit uns in den Schweizer Bergen zu verbringen. Ob ich etwas dagegen hätte. In meiner Fieberschwere willigte ich ein. Ich sagte mir, dass sie bei mir ohnehin nichts mehr ausrichten könne.

Ich fragte Kai, woher er das Mobiltelefon habe. Es gehöre zur Herberge, antwortete er. Und woher kannte er Janets Nummer? Andres habe sie ihm beim letzten Gespräch gegeben. Sie habe sich in Belize gemeldet und eine Nachricht für ihn hinterlassen.

Kai bemerkte kurz darauf, dass ich meinen Pass an mich genommen hatte. »Warum vertraust du mir nicht?«, fragte er. Ich war verunsichert, denn ich wollte meinem Bruder vertrauen. Also gab ich ihm Pass und Billett zurück.

Bereits am nächsten Tag trudelte Janet bei uns ein. Ich war sehr gespannt auf die Begegnung. Mir war, als hätte ich sie eine halbe Ewigkeit nicht gesehen.

Ich erschrak, als Janet unser Zimmer betrat. Sie sah aus, als sei sie um zehn Jahre gealtert. Ihr Gesicht wirkte eingefallen.

Janet schloss mich in ihre Arme. Sie weinte vor Freude, mich wiederzusehen. Ich reagierte zurückhaltend. Sie habe mich so vermisst, sagte sie mir. Ich schwieg. Mit Genugtuung stellte ich fest, dass ich mich stark fühlte. Ich musste ihr nichts mehr vorspielen.

Die Atmosphäre blieb angespannt. Mir war klar, dass Janet meinetwegen nach Grindelwald gekommen war. Wir wussten, was gespielt wurde, auch wenn der wahre Grund ihres Besuchs unausgesprochen blieb. Eigentlich hatte mich Kai unter falschen Versprechungen in diesen Hinterhalt gelockt.

Wir unterhielten uns über Unverfängliches, über das Wetter und die schöne Landschaft. Als wären wir Fremde und müssten uns zuerst einmal abtasten. Als wir ins Bett gingen, schlugen Kai und Janet vor, ich solle doch meine Liege neben ihr Doppelbett schieben. Es wäre doch schöner, nebeneinander zu schlafen. Ich lehnte das Angebot ab, denn ich hatte genug von diesen Ritualen. Immer diese Demonstration von Harmonie! Ich hatte sie satt und brauchte Distanz. Früher hätte Janet mich so lange bearbeitet, bis ich »einsichtig« geworden wäre. Doch nun operierte sie vorsichtiger.

Sie war schließlich nicht zum Vergnügen zu uns in die Berge gefahren. Am nächsten Morgen setzte sie sich auf mein Bett. »Ich muss dir ganz liebe Grüße von Benno ausrichten«, fing sie an und streckte mir einen zauberhaften Bergkristall hin. Zum ersten Mal fiel sein Name. »Benno hat ihn mit all seiner Liebe für dich ausgesucht.« Ich zögerte, nahm dann aber den Kristall entgegen. Janet schaute mich fragend an. Als ich nicht reagierte, sagte sie, dass sich Benno nichts sehnlicher wünsche, als mich nochmals zu sehen.

Darauf hatte ich gewartet. Erstmals wagte ich es, Janet den jahrelang aufgestauten Frust an den Kopf zu werfen. Es brach förmlich aus mir heraus. »Nie mehr werde ich einen solchen Irrsinn mitmachen«, sagte ich zu ihr. »Nie wieder!«

Janet wurde nachdenklich. Die Gefühle überwältigten mich, ich musste weinen. Sie nahm mich in die Arme und sagte, sie verstehe mich. Ich gestand ihr auch, dass ich mit ihren spirituellen Spekulationen von den höheren Ebenen und dem geistigen Aufstieg nicht mehr viel habe anfangen können.

»Bleib, wie du bist, das ist gut so«, besänftigte sie mich. »Niemand will dich ändern.« Benno und sie hätten nach meinem Weggang viele neue Erkenntnisse gehabt, sodass sie nun einen neuen freien Raum kreieren könnten.

»Bitte, versteh doch«, sagte ich zu Janet. »Ich habe genug, ich will nicht aufsteigen, sondern frei sein.«

Diese Worte kosteten mich so viel Kraft, dass ich mein Gesicht ins Kissen vergrub und zu heulen begann. Lasst mich doch einfach in Ruhe, schrie ich in mich hinein, ich kann wirklich nicht mehr. Janet war ratlos, Kai litt. »Lass es gut sein«, sagte er schließlich, »akzeptiere doch Leas Entscheidung.« Er schlug eine Schlittenfahrt vor.

Als wir draußen an der frischen Luft waren und die Hänge hinunterrasten, lockerte sich die Stimmung. Wir lagen im Schnee und lachten. Die aufgestauten Gefühle verschafften sich Luft.

Nach dem Abendessen holte Janet den nächsten Trumpf aus der Hinterhand. Sie überreichte mir ihr Lieblingscollier. Ein in Gold gefasster Wasseropalhänger, den Benno ihr geschenkt hatte und der ihr sehr viel bedeutete. Mir war nicht wohl bei der großzügigen Geste von Janet. Es sei ihr Herzenswunsch, mir dieses Collier zu schenken, sagte sie. Deshalb wagte ich es nicht, das Geschenk abzulehnen. Ich lasse mich aber nicht kaufen, schwor ich mir und dachte ganz fest an Eddie.

Am nächsten Morgen reisten wir ab. An den Tag erinnere ich mich genau, es war Kais Geburtstag. Während wir unsere Sachen packten, entstand eine seltsame Spannung. Etwas lag in der Luft. Dann löste Kai den Knoten: »Ich wünsche mir zum Geburtstag, dass du mit Benno telefonierst.« Das kann doch nicht dein Ernst sein, dachte ich und schaute ihn mit großen Augen an. Als er meinen fragenden Blick sah, fügte er an: »Es ist auch für deinen Frieden wichtig, dass du dieses Kapitel beendest.« Ich war hin- und hergerissen. Ich wollte meinem Bruder den Gefallen tun, bekam aber eine Gänsehaut bei dem Gedanken, Bennos Stimme zu hören. Irgendwie leuchtete mir Kais Argument auch ein. Es wäre bestimmt ein wichtiger Schritt für mich, Benno unmissverständlich zu sagen, dass es für mich vorbei war.

Ich war sehr nervös, als ich den Hörer in die Hand nahm. Ich fühlte mich wie in einem falschen Film, als ich Bennos Stimme hörte. Sie löste bei mir spontan heftige Reaktionen aus, in mir sträubte sich alles. »Lea, ich will dir noch ein einziges Mal in die Augen schauen«, sagte Benno beschwörend. Seine Stimme vibrierte. »Ich will nicht … ich kann nicht, nein …« Ich konnte nur stammeln. Seine Stimme hatte zwar ihre Vertrautheit verloren, doch ihr haftete etwas Magisches an. Eigentlich hatte ich mir vorgenommen, ihm klar zu machen, wie sehr er mich in all den Jahren ausgenutzt und gedemütigt hatte. Doch ich schaffte es nicht. Ich brachte kaum einen Ton hervor. Er ließ mir mit seiner drängenden und zugleich flehenden Stimme auch keinen Raum. »Lass uns verreisen. An einen wunderschönen Ort. Nur wir beide.«

Ich wurde immer hilfloser. Plötzlich ließ ich den Hörer fallen, als hätte mich etwas in die Hand gestochen. Es schüttelte mich, ich empfand tiefen Ekel. Schluchzend schmiss ich mich aufs Bett und zog die Decke über den Kopf.

Kai schälte mich aus der Decke und nahm mich fest in den Arm. Er sprach beruhigend auf mich ein. Es sei alles in Ordnung, sagte er. Er habe Benno gesagt, dass ich am Ende meiner Kräfte sei und er dies akzeptieren müsse. Erst jetzt wurde mir langsam klar, welche Macht dieser Mann über mich hatte.

Janet hatte das Gespräch gespannt verfolgt. Sie beschloss, gemeinsam mit Kai zu Benno nach Deutschland zu fahren. Ich atmete erleichtert auf. Dann rief sie Benno an, um ihm die Ankunftszeit mitzuteilen. Auf einmal veränderte sich ihr Ton. Sie sagte zu Benno, es sei im Sinne des Entwicklungsprozesses notwendig, dass er mich freigebe. Janet hielt mir den Hörer hin. Zögernd nahm ich ihn entgegen. Benno meinte, er wollte sich einfach verabschieden. Er liebe mich unendlich und wünsche mir alles Gute auf meinem weiteren Lebensweg. Ich bedankte mich, wünschte ihm ebenfalls alles Gute und gab Janet das Telefon zurück. Irgendwie fühlte ich mich erleichtert.

In Zürich trennten sich unsere Wege. Nun wurde mir doch etwas mulmig. Janet drückte mich fest an sich. Als ich mich von Kai verabschiedete, schauten wir uns lange an. »Pass gut auf dich auf«, sagte er. Ich fühlte tief, wie sehr wir einander immer noch verbunden waren.

Als ich im Zug saß, atmete ich auf. Etwas war vorbei. Ich hatte es geschafft, dem Spuk ein Ende zu setzen. Ich frohlockte bei dem Gedanken, Janet und Benno besiegt zu haben.

Neue Erfahrungen

Während meines kurzen Aufenthalts in der Schweiz besuchte ich auch meine Freundin Jessica. Ich hatte ihr gegenüber ein schlechtes Gewissen, weil ich die Freundschaft nicht hatte pflegen können, wie ich es mir gewünscht und ihr versprochen hatte.

Vorsichtig schilderte ich ihr ein paar Episoden aus meinem Leben. Jessica hörte mir interessiert zu. Das alles sei ja viel schlimmer, als sie stets befürchtet hätten, gestand sie mir.

Es war eine riesige Erleichterung, mich öffnen und einfach von mir erzählen zu können.

Ähnlich erging es mir mit meiner Cousine Gabi. Sie ist ein paar Jahre älter als ich, und ich hatte sie als Kind regelrecht angehimmelt. Nun begegneten wir uns als Erwachsene wieder und wir fielen uns in die Arme, als seien wir in all den Jahren die besten Freundinnen gewesen. Zwischen uns stimmte es auf Anhieb. Auch ihr erzählte ich von unserem Gruppenleben, klammerte aber meine Beziehung zu Benno aus. Darüber wagte ich nicht zu sprechen. Gabi freute sich, dass ich nun mein Leben selber in die Hand genommen und in Eddie einen lieben Freund gefunden hatte.

Als mich Gabi zum Flughafen brachte, überraschte mich dort Jessica. Sie hätte mich einfach noch einmal sehen müssen, sagte sie. Ich war sehr bewegt. Jessica hatte Tränen in den Augen, als wir uns verabschiedeten. Mit einem übervollen Herzen nahm auch ich Abschied.

Als sich in Belize die Tür des Flugzeugs öffnete und mir die feuchtheiße Luft entgegenströmte, atmete ich tief ein. Endlich zu Hause!

Bei der Immigrationskontrolle wurde ich von einem bulligen Beamten angesprochen. Ob ich die Freundin von Edward sei, fragte er mich. Ich erschrak. Eddie ließ mir ausrichten, dass er sich leicht verspäten würde. Ich war erleichtert.

Auf einem Bänkchen am Ausgang des Flughafens wartete ich geduldig. Nach einer Stunde wurde es mir doch ungemütlich. Die Vorstellung, alleine in Belize City zu sein, machte mir Angst. Benno und Janet hatten uns immer eingeredet, dass die Stadt ein schlimmes Pflaster sei, und als junge weiße Frau dürfte ich auf keinen Fall ohne Begleitung unterwegs sein.

Nach einer weiteren Stunde des Wartens und der bangen Fragen brauste Eddie endlich heran. Mir fiel ein Stein vom Herzen. Eddie erdrückte mich fast bei der Begrüßung. »Ich bin so glücklich, dich wiederzusehen.« Fast zeitgleich sprachen wir beide es aus.

Eddie wollte alle Details meiner Reise wissen. Er konnte es kaum fassen, dass ich zurückgekehrt war. Eddies glänzende Augen rührten mich. »Weißt du, was es bedeutet, dass du wieder nach Belize gekommen bist?«, fragte er mich. Ich nickte. Erst jetzt wurde mir bewusst, wie sehr er Angst um mich gehabt hatte.

Obwohl Eddie beruflich sehr eingespannt war, tat er alles, damit ich mich wohl fühlte und mir nicht verloren vorkam. An einem Nachmittag nahm er sich frei und fuhr mit mir zu Freunden, die tief im Regenwald wohnten. Ich staunte nicht schlecht. Ihre Farm stellte sich als einfache Touristenherberge heraus. Hier lebte eine junge deutsche Frau, mit der Eddie mich bekannt machen wollte.

Ich fühlte mich in der abgeschiedenen Welt auf Anhieb wohl. Die von den beiden belizischen Brüdern José und Lazaro erbauten Gästehäuser thronten mehrheitlich auf Bäumen. Sie führten ein wenig das Leben von Wilden, der Dschungel war ihre Heimat, und es gab weder Strom noch fließendes Wasser. Dafür sprudelte im Küchenhaus, das im Stil der Mayas gebaut war, frisches Quellwasser aus einer Leitung. Gebadet wurde im Flüsschen, das sich zwischen den Häusern hindurchschlängelte und einen kleinen Pool bildete.

Die Deutsche stellte sich als Miriam vor und freute sich, in ihrer Muttersprache reden zu können. Sie war 25 Jahre alt und die Freundin eines der beiden Brüder. Wir mochten uns sofort. Als sie von meinen Lebensumständen erfuhr, lud sie mich ein, bei ihnen zu wohnen. Ich war erst verwundert, nahm die Einladung aber dankbar an. Hier konnte ich mich nützlich machen und war tagsüber nicht allein.

Auf der Martz-Farm lebte auch ein älterer Amerikaner, den alle Onkel Joe nannten. Er war ein begnadeter Geschichtenerzähler. Als er mitbekam, dass ich Erfahrung mit Pferden hatte, durfte ich mich um seinen Esel kümmern. Die beiden Brüder arbeiteten hart, doch sie waren immer für einen Spaß zu haben. Miriam freute sich, dass es eine weitere weibliche Person auf der Farm gab. Wir freundeten uns rasch an.

Verblüfft stellte ich fest, dass die »gewöhnlichen Menschen« gar nicht so blöd waren, wie es Benno oftmals dargestellt hatte. Auch die beiden belizischen Brüder, die mit ihren zotteligen Mähnen aussahen wie Buschmänner, hatten klare Lebensvorstellungen und hohe moralische Ziele. Es war für mich eine Offenbarung, ihre Welt zu entdecken. Das Leben außerhalb unserer Gruppe war gar nicht so dumpf, wie ich geglaubt hatte. Und ich wurde angenommen, wie ich war. Es war wunderbar.

Ich half in der Küche, kümmerte mich um die Gäste, meist waren es ausländische Touristen, versorgte den Esel Budly und begleitete Miriam auf ihren Einkaufstouren. Schon nach kurzer Zeit fühlte ich mich geborgen und wurde Teil der Familie. Eddie kam abends oft zu uns in den Dschungel. Dann stimmte für mich einfach alles. Es ist fast zu schön, um wahr zu sein, sagte ich mir immer wieder. Es beglückte mich jeden Tag aufs Neue, dass ich die Flucht gewagt hatte.

Kurze Zeit nach meiner Rückkehr besuchte uns meine Großmutter. Ich hatte sie in der Schweiz vorwarnen können, dass ich nicht mehr auf der Ranch lebte.

Mit zittrigen Knien wählte ich die Nummer der Ranch. Ich

hatte meiner Großmutter versprochen, sie zu treffen. Beim Gedanken, zur Ranch zu fahren, zog es mir den Magen zusammen. Dabei wusste ich genau, dass mir im Beisein der Großmutter dort nichts passieren konnte. Außerdem waren Benno und Janet in Deutschland.

Eddie fuhr mich mit einem großen Geländefahrzeug der Polizei zur Ranch. Es war ein erhabenes Gefühl, in Begleitung von vier Polizisten vorzufahren. Gleichzeitig klopfte mein Herz bis zum Hals. Als Erstes begegnete ich Matthias und Alice. Zu meiner Überraschung begrüßten sie mich sehr freundlich. Ich war verkrampft, denn ich wusste, dass ich als Feindin galt. Als ich zum Restaurant kam, spürte ich auch das frostige Klima. Andres und meine Großmutter seien bei der Gästeunterkunft, wurde mir bedeutet. Erleichtert machte ich mich auf den Weg.

Ich freute mich vor allem auf das Wiedersehen mit meinem Vater. Wir fielen uns in die Arme. Zum ersten Mal seit unserer Auswanderung konnte ich ihm wieder als Tochter begegnen. Endlich war das belastende Versteckspiel zu Ende.

Andres sagte mir, Lisa sei in der Wäscherei und werde gleich kommen. Ich sah der Begegnung mit gemischten Gefühlen entgegen. Mir war klar, dass meine Mutter meine Flucht als Verrat an der Gruppe empfand. Die Begrüßung fiel dann auch kühl aus, doch sie wahrte die Form, um meine Großmutter nicht zu brüskieren.

Das Gespräch verlief schleppend. Wir konzentrierten uns auf die Großmutter. Lisa gab mir zu verstehen, dass sie unter vier Augen mit mir ein paar Worte wechseln wollte. Wir setzten uns auf die Veranda. Bevor meine Mutter das Wort ergreifen konnte, sagte ich ihr, wie stark ich in all den Jahren unter Benno und dem Gruppendruck gelitten hatte. Und dass ich endlich davon frei sein wollte. Ich machte ihr klar, wie glücklich ich mit Eddie sei und welch ein tiefes Gefühl von Frieden ich nun verspürte.

Lisa hörte mir ungeduldig zu. Ob ich wirklich so naiv sei

und an die wahre Liebe glaube, fragte sie mich. »Die wahre Liebe ist eine Illusion.« Außerdem sei sie von Eddie enttäuscht, weil er mich auf simpelste Art verführt und sie als Freunde hintergangen habe. Ich kochte innerlich. Es hat keinen Sinn, mit ihr darüber zu streiten, dachte ich. Trotzdem machte ich sie darauf aufmerksam, dass sie und Andres doch auch lange Zeit eine tiefe Liebe füreinander empfunden hätten. »Jede Flamme erlischt irgendwann«, sagte sie gleichgültig. Sie könne nicht verstehen, dass ich Benno verlassen habe.

Ich war enttäuscht und niedergeschlagen. Lisa wollte einfach nicht wahrhaben, wie unglücklich ich mit Benno war und wie wenig ich zu ihm passte. Aber es hatte sie auch schon lange nicht mehr interessiert, wer ich eigentlich war und wie es mir ging. Immerhin gestand sie mir, dass sie zwischendurch auch unglücklich gewesen sei. Meine Flucht habe aber die längst fälligen Korrekturen bewirkt. Sie seien nun auf dem richtigen Weg, zumal auch Benno die Lektion kapiert habe. Alles werde nun anders. Ich müsse aber Benno und der Gruppe noch eine Chance geben und zurückkommen.

Ich konnte es nicht mehr hören. Immer die gleiche Leier. Wie konnte sie noch an diesen Wahnsinn glauben?

Als ich mit meiner Großmutter dann im Restaurant ein Eis aß, würdigten mich die meisten Gruppenmitglieder keines Blickes oder schauten demonstrativ weg.

Andres brachte mich später zurück zu Eddies Haus. Während der Fahrt fragte ich ihn, wie er die Situation empfinde. Er wünsche sich einfach, dass ich glücklich werde, sagte er. Auch wenn er mich vermisse. Wir gaben uns die Hand und hielten uns lange fest, ohne etwas zu sagen. Dann fragte ich ihn, ob er ein Problem damit habe, dass Eddie ein Schwarzer sei. Er verneinte. Er hoffe nur, dass ich nicht schwanger und dann von Eddie im Stich gelassen würde.

Kurz vor unserem Ziel hupte hinter uns ein Auto. Es war Eddie. Wir hielten an und stiegen aus. Eddie ging auf Andres zu und streckte ihm die Hand entgegen. Dann schlossen sich die beiden kurz in die Arme. Es war die erste Begegnung zwischen den beiden seit meiner Flucht. Andres war ein wenig gehemmt, doch er gab sich Mühe, Eddie offen zu begegnen.

Eddie und ich verbrachten das Wochenende in Belize City. Wir trafen uns mit seinen Freunden, gingen tanzen und besuchten die Familie seiner Schwester. Überall wurde ich herzlich aufgenommen. Die Offenheit und die Wärme überwältigten mich. Eddie verbarg auch nicht, dass er stolz auf mich war.

Am Sonntagabend steckte er mir ein Notizheft zu. Halte deine Gedanken und Gefühle fest, schreibe sie auf, ermunterte er mich. Eddie schrieb Gedichte und er wusste, dass ich dies bewunderte.

Als ich dann wieder auf der Martz-Farm übernachtete, in meinem Baumhaus mit freier Sicht auf den Mond, fielen mir, überwältigt von der Atmosphäre, einige Gedichtzeilen ein. Ich setzte mich sofort auf und begann zu schreiben. In wenigen Minuten entstand mein erstes Gedicht.

Seitdem drückte ich meine Sorgen und Glücksmomente in Gedichten aus. Zu meinem eigenen Erstaunen tat ich es in Englisch. Es war so befreiend, Gefühle in Worte zu fassen.

Die Brüder Martinez von der Martz-Farm baten mich, mich um Onkel Joe zu kümmern. Sie boten mir 40 belizische Dollar (etwa 20 Euro) pro Tag dafür an. Er war zuckerkrank und ich sollte ihm das Insulin spritzen. Diesbezüglich hatte ich nur Erfahrung mit Pferden, lernte die Applikation bei Onkel Joe aber schnell. Zum ersten Mal in meinem Leben verdiente ich ein bisschen Geld.

Nach gut einem Monat wurde Eddie nach Belmopan, der Hauptstadt von Belize, versetzt. Meine Zeit auf der Martz-Farm war damit ebenfalls vorbei. Der Abschied fiel mir nicht leicht. Der Umzug von Eddies Hausrat stand uns bevor. Als ich zusammen mit einem befreundeten Polizisten das Auto packte, klingelte das Telefon. Ich sprang freudig zum Hörer, denn meistens war es Eddie, der anrief.

Es meldete sich jedoch eine Frauenstimme. Wo ist Edward, fragte die unbekannte Anruferin. Ihr energischer, fordernder Ton beunruhigte mich. Als ich ihr sagte, dass er nicht da sei, beendete sie das Gespräch. Immerhin verabschiedete sie sich recht freundlich.

Als wir in unserem neuen Heim ankamen, spürte ich sofort, dass mit Eddie etwas nicht stimmte. Er wirkte bedrückt. Seine Frau Deborah habe angerufen und sei total ausgerastet. Obwohl sie schon seit zweieinhalb Jahren getrennt lebten, habe sie ihm eine Szene gemacht. Was ich bei ihm mache, habe sie wissen wollen.

Es war eine heikle Angelegenheit und Eddie war nicht wirklich gewillt, mir von seiner Beziehung zu Deborah zu erzählen. Früher hatte er mal angedeutet, dass Deborah bei Konflikten rabiat reagiere und dass dann die Fetzen fliegen. Manchmal habe sie in ihrer Wut seine Kleider zerrissen, Stühle zu Kleinholz verarbeitet oder seine Gedichte verbrannt.

Eddie mied dieses Thema, und ich wollte ihn nicht bedrängen. Allerdings irritierte mich dieser Vorfall.

An einem der nächsten Tage, wir fuhren gerade zu unserem halbleeren Haus, klingelte Eddies Handy. Es war Andres, der sich erkundigte, wie es mir gehe. Als ich mit ihm sprach, mischte sich Eddie ein und ließ Andres fragen, ob ich nicht auf der Ranch übernachten könne. Ich war gar nicht begeistert von dieser Idee und schaute Eddie überrascht an. Mein Vater reagierte ähnlich verblüfft.

Einen Moment schien die Leitung tot. Dann sagte er, dass der Besucherbungalow besetzt sei, sie hätten Gäste. Ich wollte auch lieber allein im fast leeren Haus in Benque übernachten.

Eddie brachte mich schweren Herzens dorthin und fuhr zum Nachtdienst ins entfernte Belmopan. Zum Glück gehörten Herd und Kühlschrank zum Inventar des Hauses, so dass ich mir noch eine Kleinigkeit zubereiten konnte. Ich war so müde vom Schleppen der Möbel, dass ich mich bald aufs Bett legte.

Plötzlich hörte ich vor dem Haus aufgeregte Stimmen. Was war los? Ich war sofort hellwach. Vorsichtig schlich ich ans Fenster und warf einen Blick nach draußen. In der Einfahrt entdeckte ich ein mir fremdes Auto. Ich geriet in Panik und suchte reflexartig ein Versteck. Ich konnte nicht ins Wohnzimmer gehen, denn dieses wurde von außen hell beleuchtet. Dort wäre ich rasch entdeckt worden.

Unter das Bett konnte ich auch nicht, es war zu niedrig. Hastig schaute ich mich um. Ich hörte bereits, wie jemand an der Haustüre rüttelte. Es war nichts da, das mir hätte Schutz bieten können. Wir hatten alles ausgeräumt. Als größeres Möbel gab es nur noch den Wandschrank. Da er Fächer hatte, fand ich darin keinen Platz. In meiner Not öffnete ich die Tür und stellte mich dahinter. Ein schlechteres Versteck hätte ich mir nicht vorstellen können. Aber es gab kein besseres. Kinderstimmen drangen auf einmal an mein Ohr. Sie kamen mir bekannt vor. Eddies Kinder, schoss es mir durch den Kopf. Sie riefen auch schon nach ihrem Vater. Nun war mir klar, dass Eddies Frau Deborah vor der Haustür stand. Und ich ahnte, dass ihr Besuch nichts Gutes verhieß.

Ich hätte mich ohrfeigen können, weil ich vergessen hatte, die Außentür richtig zu verriegeln. Deborah hatte also keine große Mühe, die Tür aufzudrücken.

Die Sekunden schienen zu gefrieren. Ich kam mir lächerlich vor hinter der Tür des Wandschranks. Trotzdem blieb ich wie angewurzelt stehen.

Und schon hörte ich Schritte, die langsam näher kamen. Jetzt entdeckt mich Deborah, war ich überzeugt. Ich spähte durch den Türspalt und sah, wie sie einen Blick in das Zimmer warf. Mein Herz pochte heftig. Doch dann drehte sie sich um und verließ den Raum. Ich atmete erleichtert auf. Nach kurzer Zeit stürmte Eddies Sohn ins Zimmer und schaute sich interessiert um. Er kam auf den Schrank zu und guckte durch den Spalt. Wir standen Aug in Aug, getrennt durch die Schranktür. Ich wusste nicht, ob er mich gesehen hatte. Er ließ sich nichts anmerken und ging aus dem Zimmer. Der Schweiß brach mir aus, die Sekunden dehnten sich zur Ewigkeit. Dann hörte ich wieder Schritte. Das ist Deborah! Augenblicke später tauchte sie auf.

Bevor ich überlegen konnte, wie ich mich am besten aus der ungemütlichen Lage befreien könnte, stand Deborah bereits vor mir. Sie müsse mit mir reden, sagte sie ungehalten. Als sie die Angst in meinen Augen sah, wurde sie sanfter. Sie werde mir nichts tun, beruhigte sie mich. Wir setzten uns auf die Bettkante. Ich fühlte mich hilflos. Die beiden Kinder blieben im Wohnzimmer. Deborah löcherte mich mit Fragen. Seit wann bist du mit Eddie zusammen? Plant ihr eine gemeinsame Zukunft? Plötzlich klingelte das Handy, das mir Eddie dagelassen hatte. Erleichtert nahm ich den Anruf entgegen. Es war Eddie. Er wollte sich nur vergewissern, ob bei mir alles in Ordnung sei. Deborah schaute mich feindselig an. Ich schilderte Eddie knapp die Situation. Lass dich nicht auf eine Diskussion mit ihr ein, beschwor er mich. Verlass sofort das Haus, ich schicke jemanden vorbei, der dich abholt.

Ich atmete auf. Eddie war mein Retter. Als ob er es geahnt hätte, dass ich in Gefahr war. »Gib mir Deborah«, sagte er. Wie in Trance reichte ich ihr das Telefon. Ich hörte, wie Deborah in giftigem Ton sagte, sie wolle endlich wissen, woran sie sei. Nach einem heftigen Wortwechsel brach sie das Gespräch abrupt ab.

Die Kinder warfen einen kurzen Blick ins Zimmer, zogen sich aber rasch wieder zurück. Deborah fragte mich auffällig freundlich, warum ich Eddie beim Umzug helfe. Ich war immer noch von diesem Überfall geschockt. Sie werde sich aus Eddies Leben zurückziehen, wenn sie wisse, dass wir eine gemeinsame Zukunft planten, säuselte sie.

Vorsichtig sagte ich ihr, dass sie mit Eddie darüber reden müsse. Es sei schließlich ihre Angelegenheit.

Da klopfte es an die Tür. Ich sprang auf. Doch Deborah packte mich von hinten an den Haaren und brüllte mich an, dass sie mich nicht gehen lasse. Dann verpasste sie mir eine schallende Ohrfeige. Erschreckt schrie ich auf. Die Person, die mich abholen sollte, versuchte vergeblich, die Tür zu öffnen. Meine Peinigerin hatte sie abgeschlossen und schlug nun wie wild auf mich ein. »Lass mich los«, rief ich und hoffte, der Unbekannte würde die Tür eindrücken. Mein Kopf hämmerte. Dann prasselten weitere Schläge auf mich nieder. Ich hockte mich auf den Boden und hielt die Arme schützend über den Kopf.

Dann hörte ich einen Automotor, das Geräusch wurde immer schwächer. Der lässt mich tatsächlich im Stich, dachte ich. Warum nur? Hatte er Angst vor Deborah? Ich war verzweifelt. Immerhin ließ Deborah von mir ab. Doch als ich hörte, dass sie die Fensterlamellen schloss, verflog meine Hoffnung. Deborah kam erneut auf mich zugeschossen. Sie packte mich wieder an den Haaren und zerrte mich ins hintere Zimmer. Aus ihren Augen sprühte der blanke Hass. Ich wusste, dass ich gegen die rasende Deborah, die kräftiger und größer war als ich, keine Chance hatte. Wenn ich mich wehre, schlägt sie nur noch härter zu. Ich fing den nächsten Schlag ein und schrie vor Schmerzen. Die beiden Kinder fürchteten sich und begannen laut zu weinen. Deborah ließ sich nicht beirren. Sie brüllte mich an, dass ich mit dem falschen Mann zusammen sei, Eddie gehöre ihr. Ob das meine Art sei, mit verheirateten Männern herumzumachen.

Laut schluchzend stammelte ich, Eddie habe mir gesagt, er lebe schon seit zwei Jahren getrennt von ihr. Deborah schaute mich prüfend an. Ach, das hat er dir also erzählt. Sie schwieg für einen Moment und schien zu überlegen.

Ich hörte, wie ein Auto vorfuhr. Ein Mann rief nach mir. Ich erkannte seine Stimme, es war Eddies Stellvertreter. Er rief durch die Tür, es sei Freiheitsberaubung, jemanden gegen seinen Willen festzuhalten. Sie unterhalte sich nur mit mir, sagte sie dem Polizisten durch die verschlossene Tür. In meiner

Verzweiflung schrie ich, dass ich sofort hier raus wolle. Nun gab Deborah auf und öffnete die Tür. Ich stürmte nach draußen und war heilfroh, das Haus verlassen zu können. Eddies Stellvertreter bedeutete mir, in sein Auto zu steigen, wo ein zweiter Polizist saß. Deborah setzte das breiteste Grinsen auf und flötete den beiden Männern zu, es sei doch gar nichts passiert.

Mein ganzer Körper schmerzte. Später holte mich ein Freund von Eddie von der Polizeistation ab und brachte mich zur Martz-Farm.

Wir erreichten die Farm am späten Abend. Alle schienen bereits zu schlafen. Doch dann entdeckte ich ein Kerzenlicht, das langsam auf uns zukam. Es war Miriam. Wie eine große Schwester schloss sie mich in ihre Arme und hieß mich willkommen.

Miriam war bestürzt, als ich ihr den Grund meines nächtlichen Erscheinens erzählte. Sie kochte Tee und wir redeten über den Albtraum bis tief in die Nacht.

Am nächsten Morgen war ich kaum fähig, aufzustehen. Mir ging es hundselend. Als ich einen Blick in den Spiegel warf, erschrak ich. Mein Kopf war übersät mit Blutergüssen, ein Augenlid war geschwollen und der Hals war voller Kratzspuren. Ich fühlte mich, als sei eine Walze über mich gefahren.

Sehnlichst wartete ich auf einen Anruf von Eddie. Die Ungewissheit war mindestens so schmerzhaft wie die Blessuren. Lässt er mich einfach sitzen? Ist der ganze Traum bereits vorbei? Was mache ich bloß allein in Belize?

Stunde um Stunde verging. Von Eddie kein Zeichen. Meine Versuche, ihn zu erreichen, schlugen fehl.

Ich hatte Angst vor der zweiten Nacht. Unruhig warf ich mich hin und her und zermarterte mir den Kopf.

Als am nächsten Morgen das Telefon klingelte, war ich wie elektrisiert. Es war tatsächlich Eddie. Die Leitung war jedoch schlecht, ich verstand ihn kaum. Aber es war wie eine Erlösung, seine Stimme zu hören. Er sei mit seinen Kindern auf einem Ausflug. Welche Erleichterung. Ich war ihm zwar immer noch böse, dass er sich so lange nicht gemeldet hatte, doch nun war wenigstens die schlimmste Befürchtung verflogen. Ich hätte noch tausend Fragen an ihn gehabt, doch wir verstanden uns kaum. Er werde in zwei Tagen zu mir kommen, versprach er.

Ich hatte ausreichend Erfahrung im Aushalten von unerträglichen Situationen. Trotzdem gelang es mir nur schlecht, das Gefühlschaos zu bändigen. Und die Zeit schien stehen zu bleiben. Miriam und die Brüder Martinez redeten mir gut zu. Eddie müsse sich über seine Beziehung zu seiner Familie klar werden und Stellung beziehen, meinten sie. Offenbar hatte Deborah immer noch großen Einfluss auf ihn, vermuteten wir. Ich wollte nicht zusätzlichen Druck auf ihn ausüben, er sollte mit sich selbst ins Reine kommen. Mir war auch klar, dass er als Vater Verpflichtungen hatte. Und es freute mich, dass ihm viel an seinen Kindern lag.

Dennoch fühlte ich mich verletzt, weil er mich nach dem schrecklichen Erlebnis vier Tage warten ließ. Das ist schwach von dir, sagte ich ihm in Gedanken immer wieder. Ich nahm mir aber vor, ihm nicht mit Vorwürfen zuzusetzen.

Als er zwei Tage später wirklich auftauchte, atmete ich auf. Er schloss mich innig in seine Arme. Er liebt mich noch, stellte ich freudig fest.

Wir sprachen lange über die Vorkommnisse. Eddie erzählte mir, dass er inzwischen ein gutes Gespräch mit Deborah gehabt hatte. Es tue ihr leid, dass sie mich geschlagen habe. Sie wolle sich zukünftig nicht mehr in Eddies Leben einmischen. Sie wollte nicht, dass die Kinder unter dem Konflikt leiden.

Ich wurde stutzig und fragte Eddie, warum sie dann vor den Augen der Kinder auf mich losgegangen sei. »Deborah hat mich in Ruhe gelassen, bis ich mich in dich verliebt habe«, versicherte er mir. »Sie wurde auf einmal eifersüchtig und rastete aus.« Sie sei kein schlechter Mensch und habe sich nun wieder im Griff.

Ich traute diesem plötzlichen Frieden nicht recht. Eddie versprach mir, Deborah anzuzeigen, sollte sie nochmals ausfallend werden. Ich wusste nicht, was ich von der Sache halten sollte. Ich klammerte mich an den guten Ausgang, obwohl ich ahnte, dass der Konflikt nicht gelöst war. Eddie sprach nicht gern über seine Probleme. Es bedeutete schon viel, dass er mit mir überhaupt den Ehekonflikt thematisierte. Normalerweise vermied er es mit allen Mitteln, über seine dreizehn Jahre mit Deborah zu reden. Es schien ihn zu schmerzen, dass vieles in seiner Familie schief gelaufen war.

Chaos im Paradies

Auf der Ranch ging alles drunter und drüber, wie mir Norbert in einer Mail berichtete. Ohne den direkten Einfluss von Janet und Benno fanden plötzlich viele den Mut, sich eine eigene Meinung zu bilden. Sibylle und Jochen, die die Führung auf der Ranch übernommen hatten, stellten Janet und Benno ein Ultimatum. Sie müssten beweisen, dass sie fähig seien, die Gruppe im spirituellen Sinn zu führen. Und zwar mit Taten, nicht nur mit Worten. Viele hatten nun das Gefühl, dass sie jahrelang Illusionen aufgesessen seien. Norbert schrieb, er und Daniel hätten sich entschlossen, nach Deutschland zurückzukehren.

Erfreut stellte ich fest, dass nun viele Gruppenmitglieder meine Flucht nicht mehr als Verrat betrachteten. Ich mutierte in ihren Augen von der Feindin zur Heldin. Hoppla, dachte ich, da hatte sich ja einiges getan. Ich war überzeugt, dass die Gruppe nun rasch auseinander fallen würde. Nur zu gern wollte ich wissen, wohin es sie verschlägt und wie sie sich in der Welt da draußen zurechtfinden.

Eddie hatte noch keine Bleibe an seinem neuen Arbeitsort gefunden. Deshalb brachte er mich zu Charly, einem seiner chinesischen Freunde, für ein paar Tage, wie er mir beim Abschied sagte. Ich bezog das kleine, spartanisch eingerichtete Zimmer. Immerhin hatte ich eine Matratze, die auf dem Boden lag, und ein Kissen unter dem Kopf. Mehr brauchte ich für den Moment nicht. Ich hatte Sehnsucht nach Eddie. Seit der Attacke von Deborah hatten wir keinen Moment mehr für uns allein. Ich vermisste ihn. Mir war klar, dass er zuerst seine Familienverhältnisse klären musste und ich viel Geduld brauchte.

Ich hatte gehofft, dass er bald zurückkommen würde. Doch Eddie tauchte nicht auf. Ich konnte beim besten Willen nicht einschlafen. Als ich um zwei Uhr früh ein letztes Mal auf die Uhr schaute, war mir klar, dass ich mit ihm nicht mehr zu rechnen brauchte.

Der nächste Tag begann schlecht. Ich fühlte mich unwohl in diesem fremden Haus. Gegen Mittag hielt ich es nicht mehr aus. Ich musste unbedingt versuchen, Eddie zu erreichen. Sein Mobiltelefon hatte aber keinen Empfang oder es war ausgeschaltet.

Eddies Freund machte sich Sorgen um mich und lud mich zum Essen ein. Ich brachte aber kaum einen Bissen hinunter. Vielleicht würde der Fernseher mich etwas ablenken, sagte er. Doch ich zog mich in mein Zimmer zurück und holte den Schreibblock hervor.

Als ich Eddie am Nachmittag endlich erreichte, erzählte er mir, dass er in Ontario auf seinem Stück Land sei, zusammen mit seiner Frau und den Kindern. Er habe leider nicht verhindern können, dass seine »Crew«, wie er seine Familie nannte, mitkam. Er würde morgen zu mir kommen.

In mir zog sich alles zusammen. Deborah hat also nicht im Sinn, sich zurückzuziehen, wurde mir schlagartig bewusst. Und Eddie nicht die Kraft, sich durchzusetzen.

Meine Befürchtung schien sich zu bewahrheiten. Eddie besuchte seine Familie immer häufiger. Und er lebte bei seiner Frau. Sie hätten getrennte Schlafzimmer, erzählte er mir. Außerdem würden sie sich permanent streiten. Es sei die Hölle, doch er tue es seinen Kindern zuliebe.

Am Abend, als ich wieder allein im heißen, stickigen Zimmer lag, überkam mich das heulende Elend. Es war schrecklich, in dieser fremden Umgebung eingesperrt zu sein und mit niemandem reden zu können. Ich sehnte mich so nach Geborgenheit. Zum ersten Mal dachte ich mit einer gewissen Wehmut an die Ranch und meine ehemaligen Freunde zurück.

Den nächsten Tag verbrachte ich mit Schreiben, Fernsehen und Schlafen. Hauptsache, die Stunden vergingen. Ich traute mich nicht, das Haus zu verlassen. Charly richtete mir aus, dass Eddie gegen zweiundzwanzig Uhr kommen werde. Ich konnte das Wiedersehen kaum erwarten. Immer wieder trat ich auf den Balkon, um Ausschau zu halten. Zweiundzwanzig Uhr war längst vorbei. Ich konnte es nicht fassen. Log Eddie mich an? Ich stand auf der Veranda und die Tränen liefen mir über das Gesicht. Da erschreckte mich eine Stimme von hinten. Es war Eddie. Wir fielen uns in die Arme. Als ich ihm in die Augen sah und das Leuchten darin entdeckte, wurde mein Herz leichter. Dass ich seinetwegen Tränen vergoss, berührte ihn, und er entschuldigte sich für seine Verspätung. Er hielt mich ganz fest und sagte immer wieder, wie sehr er mich liebe.

Eddie schilderte mir seine Auseinandersetzungen mit Deborah. Es war offensichtlich, dass sie ihn nicht kampflos freigeben wollte. Sie legte ihm Steine in den Weg und machte ihm große Vorwürfe wegen der Kinder. Doch Eddie war zuversichtlich, dass er seine familiären Probleme in den Griff bekäme. Die unbefriedigende Wohnsituation und die Einsamkeit machten die Sache für mich aber nicht einfacher. Ich sehnte mich danach, wieder einmal ungestört mit Eddie zusammenzusein. Nur er und ich.

In diesen Tagen erhielt ich einen Anruf von meinem Vater.

Alle auf der Ranch würden sich freuen, wenn ich zu Besuch käme, sagte er. Ich sei herzlich willkommen. Damit hatte ich nicht gerechnet. Eddie bot mir an, mich zur Ranch zu bringen, damit ich mal wieder in vertrauter Umgebung wäre. Er wolle in der Zwischenzeit weiterhin ein Haus für uns in Belmopan suchen.

Der Empfang auf der Ranch war ausgesprochen herzlich. Ich konnte es kaum fassen. Plötzlich trauten sich die Gruppenmitglieder mehr oder weniger, ihr wahres Gesicht zu zeigen. Viele hatten tatsächlich kapiert, dass Benno ein fieses Spiel mit uns getrieben und sich auf unsere Kosten schadlos gehalten hatte. Manche waren richtig wütend auf den Mann, den sie als unfehlbar betrachtet und als ihren geistigen Lehrer verehrt hatten. Viele suchten das Gespräch mit mir.

Linda strahlte mich an. Sie habe gebangt, als Benno mit allen Mitteln versucht habe, mich wieder zurückzuholen, sagte sie. Inständig habe sie gehofft, ich würde stark bleiben und ihn abblitzen lassen. Meine Flucht sei für sie wie eine Erlösung gewesen. Ich hätte ihnen Hoffnung auf einen Neuanfang in ihrem Leben gegeben. Plötzlich hätten sie begonnen, die Freiheit zu entdecken. Dabei fiel mir auf, dass auch ich bis vor kurzem geglaubt hatte, Benno habe für mich und alle Gruppenmitglieder nur das Beste gewollt. Verrückt. Jedenfalls entdeckte ich immer neue Ungereimtheiten und Widersprüche.

Auch meine Mutter wollte mit mir sprechen. Sie hatte sich allerdings noch nicht von ihren Illusionen befreit, sondern sie plante, mit einer kleinen Gruppe zu Benno und Janet nach Deutschland zu reisen. Janet und Benno hätten aus ihren Fehlern gelernt. Alle seien eingeladen, gemeinsam die Vollendung der letzten Phase zu erleben. Die einzige Voraussetzung sei, dass wir Benno verzeihen und ihm seine Fehler vergeben würden.

Das darf doch nicht wahr sein, dachte ich. Ausgerechnet meine Mutter kann sich nicht befreien! Meine Enttäuschung war riesig.

Lisa erklärte mir, sie habe nichts mehr zu verlieren und glaube immer noch daran, dass es möglich sei, den Aufstieg ins Licht zu erreichen. Sie wolle den vielen Jahren in der Aufstiegsgruppe einen Sinn geben. »Das alles kann doch nicht für die Katz gewesen sein«, sagte sie.

Ein paar Tage nach meinem Besuch auf der Ranch reisten meine Mutter und fünf andere Gruppenmitglieder nach Deutschland zu Benno und Janet. Zu dieser Gruppe gesellten sich sogar neue Mitglieder. Benno hatte es also wieder geschafft, ein paar Ergebene um sich zu scharen. Auch Petra war mit nach Deutschland gereist. Das war ein wichtiger Schachzug, denn ihre Eltern waren großzügige Sponsoren. Eigentlich hätte das Geld dazu benutzt werden sollen, die Schulden zu tilgen und die Maya-Ranch zu sichern. Doch Benno ließ die Gruppe in Belize wissen, dass er das Geld brauche, um den neuen Raum zu kreieren.

Das war Benno. Nichts hatte er gelernt. Es gab im Universum nur ihn und seinen spirituellen Raum.

Je mehr sich die beiden Parteien zerstritten, desto öfter suchte das Team auf der Ranch den Kontakt zu mir. Ich wurde unfreiwillig der Gegenpol zu Benno.

Andres sagte sogar, sie würden mir gern eine Stelle auf der Ranch anbieten. Ich könnte wieder die Pferde übernehmen. Sie hätten vor, die Stiftung als Umweltprojekt so aufzubauen, wie sie der Öffentlichkeit ursprünglich vorgestellt worden sei.

Ich wollte mich aber nicht festlegen und zuerst mit Eddie ein neues Heim in Belmopan aufbauen.

Die nächste Überraschung ließ nicht lange auf sich warten. Als Eddie mich wieder von der Ranch abholte, eröffnete er mir, dass wir vorübergehend bei seinem Freund Gary wohnen könnten. Meine Begeisterung hielt sich in Grenzen. Immerhin ließ Eddie mich nicht ganz im Stich, und wir könnten die Freizeit zusammen verbringen, tröstete ich mich. Eddie wurde an seiner neuen Arbeitsstelle sehr gefordert. Ich war oft allein und vertrieb mir die Zeit mit Lesen, Schreiben und Zeichnen.

Eddie gab sich Mühe, so oft wie möglich für mich da zu sein. Er holte mich zum Mittagessen ab oder brachte mir abends meine Lieblingsfrüchte mit. Seine Bemühungen ließen mich die einsamen Momente einigermaßen ertragen. Wenigstens übernachtete er wieder regelmäßig bei mir. Und doch wurde ich von Tag zu Tag unruhiger, denn ich fand keinen Sinn im Alltag und fühlte mich nutzlos. Ich hielt es kaum mehr aus und hatte das Gefühl, mir falle die Decke auf den Kopf. Ich musste etwas tun.

Ich rief auf der Ranch an und fragte, ob sie es ernst meinten mit dem Stellenangebot. Ich solle doch vorbeikommen, war die Antwort.

Ich freute mich riesig auf meine alte Aufgabe und vor allem auf die Pferde. Die Vorstellung, mit dem Bus zur Ranch zu fahren, löste jedoch ein mulmiges Gefühl in mir aus. Ich war einundzwanzig Jahre alt und schrecklich nervös bei dem Gedanken, allein mit dem Bus zu fahren. Benno hätte dies nie zugelassen.

Am nächsten Morgen wachte ich vor lauter Aufregung viel zu früh auf. Die Busfahrt ging gut. Es machte mir nichts aus, den schäbigen öffentlichen Bus zu benutzen. Die Einheimischen musterten mich neugierig.

Auf der Ranch wurde ich von den Gruppenmitgliedern erneut herzlich empfangen. Ich ging sofort zu Sibylle ins Hauptquartier. Sie hatte mit Jochen und Heiner eine Besprechung, ich musste warten. Verloren saß ich im großen Büro und beobachtete den Betrieb. Ich merkte, dass mir inzwischen vieles fremd geworden war. Ich gehörte nicht mehr dazu.

Zwar waren viele Zwänge und Regeln, die Benno aufgestellt hatte, abgeschafft worden, die Gruppenstrukturen und Richtlinien funktionierten aber immer noch nach dem alten Muster.

Als Sibylle endlich einen Moment Zeit für mich hatte, steckten wir meinen Aufgabenbereich ab. Ich sollte vorerst Ordnung in den Pferdestall bringen. Ich war sehr motiviert und freute mich auf die Arbeit. Doch es kam wieder einmal anders. Einige Männer verhielten sich mir gegenüber sehr reserviert. Mir wurde bald klar, dass Eddie der Grund war. Sie konnten nicht akzeptieren, dass ich in einer Beziehung mit einem Schwarzen lebte. Mich betrachteten sie zwar als Heldin, weil ich Janet und Benno die Stirn geboten hatte, doch Eddie war für sie ein Verräter. Ich fand ihre Haltung völlig absurd, aber es war unmöglich, offen darüber zu reden. Die Spannungen waren zu groß. Jochen und Heiner starteten sogar Annäherungsversuche. Ich bedeutete ihnen jedoch unmissverständlich, wem mein Herz gehörte. Sie fühlten sich in ihrem männlichen Stolz gekränkt, weil sie keine Chance gegen einen Einheimischen hatten.

Inzwischen war mein Bruder nach Belize zurückgekommen. Kai hatte fast ein halbes Jahr lang bei Benno und Janet in Deutschland gelebt. Ohne Ranch schien er keine Perspektive zu haben, der Alltag mit Janet wurde eintönig. So sehnte er sich zurück nach Belize und hatte glücklicherweise die Kraft, sich von Janet zu lösen. Ich freute mich, dass er das Tor zur Freiheit einen Spalt weit geöffnet hatte und ich mit ihm über unsere Erfahrungen und Gefühle sprechen konnte.

Eddie rief mich an und teilte mir mit, dass er einen Nachteinsatz in Belize City habe und nicht heimkommen könne. Ich entschied mich, mir die Busfahrt zu ersparen und auf der Ranch zu übernachten.

Nach dem Abendessen unterhielt ich mich mit Linda. Sie erzählte mir, dass nach meiner Flucht die Hölle los gewesen sei. Und dass Benno alles unternommen habe, mich zurückzuholen. Jeder Kontakt mit Kai und meiner Mutter habe nur diesem Zweck gedient. Auch das Gespräch mit meiner Mutter, bei dem sie versucht hatte, mir die Illusion von der wahren Liebe zu nehmen, sei Satz für Satz mit Benno abgesprochen gewesen. Ich war zutiefst verletzt, dass meine Mutter nur das Sprachrohr Bennos war. Wie sehr hatte ich mir gewünscht, sie würde mich wenigstens ein bisschen verstehen.

Ich bekam eine richtige Wut auf diesen Scheißkerl, der skrupellos integrierte und nur auf seine Bedürfnisse achtete.

Mir behagte es auf der Ranch nicht, nachdem ich dann doch ein paar Tage dort verbracht hatte, die Atmosphäre war immer noch angespannt. Ich vermisste den Aufbruch, den Wind der Freiheit. Sibylle und Jochen begegneten mir mit einer gehörigen Portion Misstrauen. Sie schienen machtbesessen zu sein und lockerten das Regime nicht wirklich. Niemand schien sich zu wehren. Es machte auch niemand Anstalten, sich mit der Vergangenheit der Gruppe in den letzten Jahren auseinander zu setzen. Das Leben auf der Ranch ging im alten Trott weiter, allerdings ohne den übersinnlichen Überbau.

Erschwerend für mich war auch, dass man mir die Zuständigkeit für die Pferde wieder entzogen hatte und ich nun den Restaurant- und Küchenbetrieb leiten sollte. Das Führungsteam nörgelte ständig an mir herum, vielleicht lag es daran, dass ich für meine Arbeit 40 belizische Dollars (etwa 20 Euro) pro Tag erhielt, während die anderen weiterhin umsonst arbeiteten.

Ich hielt die Situation nicht lange aus und schmiss den Job kurzerhand hin. Mittlerweile reagierte ich allergisch auf verkniffene Gesichter und übereifrige Gruppenmitglieder. Das brauchte ich nicht mehr. Sie haben immer noch nicht kapiert, was Freiheit bedeutet, stellte ich ernüchtert fest. Solche Beobachtungen stießen mich ab. Ich kehrte der Ranch endgültig den Rücken.

Doch auch Kai verstand die Welt nicht mehr. Ihm missfiel das Gehabe des neuen Führungsteams ebenfalls. Deshalb trug auch er sich mit dem Gedanken, die Ranch zu verlassen. Er träumte von einem eigenen Häuschen, das er sich selbst bauen wollte.

Als ich abends mit dem Bus nach Belmopan fuhr, konnte ich es kaum erwarten, Eddie meine Entscheidung mitzuteilen. Er war erleichtert, dass ich nichts mehr mit der Ranch zu tun haben wollte. Wir werden schon einen neuen Job für dich finden, machte Eddie mir Mut. Die Vorstellung, an einem fremden Ort, in einem fremden Betrieb und mit fremden Menschen zu arbeiten, bereitete mir jedoch Bauchschmerzen. Einmal mehr wurde mir bewusst, dass ich keine Ausbildung hatte.

Vorerst machte ich aber Reisepläne. Meine Großmutter hatte mir Geld zugesteckt. Für deine Zukunft auf eigenen Beinen, hatte sie gesagt. Ich wollte Eddie unbedingt meine Heimat zeigen. Er war begeistert von der Idee, und so buchten wir für den November Flüge in die Schweiz. Ich war überzeugt, dass dies ein wichtiger Schritt für unsere gemeinsame Zukunft sein würde. In meiner Euphorie störte es mich nicht allzu sehr, dass Eddie seiner Frau erklärte, er müsse nach Houston …

Ich war tagsüber auf mich allein gestellt und verbrachte die meiste Zeit in dem kleinen stickigen Raum. Das Haus verließ ich nur, wenn ich die Familie Mena besuchte, die eng mit Eddie befreundet war. Sie wohnte auf einem mondänen Anwesen. Ihre Gastfreundschaft und Herzlichkeit waren überwältigend. Wenn Eddie mich begleitete, fühlte ich mich bei den Menas besonders wohl. Er verzauberte alle mit seiner lockeren und fröhlichen Art.

Heimreise

Als ich mit Eddie über den Wolken Richtung Europa schwebte, war ich überglücklich. Ich freute mich sehr, meinem Geliebten die Schweiz zu zeigen und ihn meinen Verwandten vorzustellen. Es war ein großes Abenteuer für mich. Vor einem Jahr noch hatte ich geglaubt, dass mir diese Erfahrung auf ewig vorenthalten bleiben würde. Nun war ich richtig stolz, dass ich den Ausbruch endgültig geschafft und mir eine Zukunftsperspektive erkämpft hatte.

Auf dem Zürcher Flughafen warteten meine Cousine Gabi und meine Freundin Jessica auf uns. Es war ein überwältigender Empfang. Wir waren hundemüde von der langen Reise. Gabi brachte uns zu unserer Großmutter. Meine Cousine schien Eddie gleich ins Herz geschlossen zu haben, jedenfalls redete sie während der Fahrt ohne Unterlass. Ich war erleichtert, wie selbstverständlich wir aufgenommen wurden.

Auch meine Großmutter begrüßte uns herzlich. Es war wohltuend, nicht mehr angespannt zu sein aus der Furcht heraus, nicht unterscheiden zu können, was richtig und was falsch ist. Ich sah vieles mit ganz neuen Augen.

Das Wetter spielte zwar nicht mit, der November zeigte sein regnerisches und trübes Gesicht. Dafür verwöhnten uns meine Verwandten und Bekannten mit zahlreichen Einladungen. Ich wollte, dass Eddie ein Bild von meiner Heimat bekam. So unternahmen wir trotz des schlechten Wetters Ausflüge ins Tessin, ins Engadin und ins Appenzeller Land. Wir kamen in Gegenden, die auch ich nicht kannte. Eddie machten die Ausflüge großen Spaß, er saß zum ersten Mal in einer Bahn. Die tiefen Temperaturen waren eine neue Erfahrung für ihn. Eis kannte er nur aus dem Gefrierfach. Wir gingen Schlittschuh laufen und vollführten auf der Eisfläche ein Sturzfestival. Es war zu komisch.

Meine Verwandten und Bekannten wollten immer wieder von mir wissen, ob ich mir vorstellen könnte, wieder in der Schweiz zu leben. Nein, antwortete ich entschieden. Ich fühlte mich zu fremd in dieser überorganisierten stressigen Welt.

An meinem 22. Geburtstag lud Gabi uns zum Abendessen in ein australisches Restaurant ein. Ich fühlte mich dort sehr wohl und traute mich, ihr ansatzweise zu schildern, was ich in der Ramtha-Gruppe erlebt hatte. Ich erzählte ihr von meinen Essproblemen, meiner Verzweiflung und meiner belastenden Beziehung zu Benno.

Mir war klar, dass meine impulsive Cousine dies nicht verstehen und mit Wut darauf reagieren würde. Ich wollte aber auch nicht, dass sie Mitleid mit mir empfand. Deshalb verheimlichte ich ihr das wahre Ausmaß der Übergriffe. Trotzdem tat es unglaublich gut, über diese Dinge zu reden. Mir kam es vor, als könne ich so den Fluch und das schreckliche Geheimnis loswerden.

Gabi schüttelte immer wieder den Kopf. Sie hatte geahnt, dass wir zu einer Art Sekte gehörten, doch meine Schilderungen übertrafen ihre schlimmsten Befürchtungen.

Ich lebte mich in der Schweiz von Tag zu Tag besser ein, auch wenn mir vieles zunächst fremd blieb und vor allem hektisch erschien. Allmählich gewöhnte ich mich an den reglementierten Alltag und fand mich einigermaßen zurecht. Ich spürte, dass hier meine Wurzeln lagen.

Trotzdem freute ich mich auf die Rückkehr nach Belize. Ich konnte es kaum erwarten, die gemeinsamen Erlebnisse unseren Freunden mitzuteilen. Ich sah bereits, wie Eddie mit glänzenden Augen von unserer Reise berichtete. Und ich sehnte mich nach Sonne und Wärme.

Der Abschied fiel uns dann doch schwer. Gabi brachte uns zum Flughafen. Als unsere Namen über Lautsprecher ausgerufen wurden, blieb uns keine Zeit mehr für einen langen Abschied und wehmütige Gedanken. Wir rannten zum Gate, wo wir bereits erwartet wurden.

Wir kamen an einem Samstag in Belize an. Eddie wollte den Rest des Wochenendes mit seinen Kindern verbringen. Ich nutzte die Gelegenheit, Kai auf der Insel San Pedro zu besuchen. Er hatte sich entschieden, eine Tauchlehrerausbildung zu absolvieren.

Ich freute mich auf Kai und erzählte ihm von unserem Besuch in der Schweiz. Ihm ging es nicht so gut wie mir. Er tat sich schwer mit der neuen Umgebung. In den ersten Wochen musste er sich sehr einsam und verlassen gefühlt haben. Inzwischen hatte er sich aber auf der Insel einigermaßen eingerichtet.

Zurück in Belmopan verbrachte ich meine Tage wieder in Garys kleinem Zimmer. Eddie stürzte sich in die Arbeit. Er hatte viel zu tun, um die Polizeistation der belizischen Hauptstadt in Ordnung zu halten.

Es dauerte nicht lange, und die Einsamkeit schlich sich wieder von hinten an mich heran. Ich kam mir nutzlos vor. Du musst tapfer sein, redete ich mir ein, doch die Tage wollten einfach nicht vergehen. Und Eddie hatte oft Nachteinsätze. Es war zum Verzweifeln.

Am schlimmsten war es Weihnachten. Eddie hatte seinen Kindern versprochen, Heiligabend mit ihnen zu verbringen. Ich saß allein in dem trostlosen Zimmer. Ich wollte stark sein und fand mich mit der traurigen Situation ab. Zehn Jahre blieb mir ein richtiges Weihnachtsfest versagt, weil es in der Gruppe als weltliches Ritual galt. Und nun war ich frei, aber verlassen in einem fremden Haus.

Am 26. Dezember lud die Familie Mena Eddie und mich überraschend zu einer Weihnachtsfeier ein. Es war wunderbar. Ich genoss die weihnachtliche Atmosphäre. Am großen Christbaum waren sogar richtige Kerzen. Erinnerungen an die Kindheit wurden wach.

Die Familie Mena wurde für mich zu einer Ersatzfamilie. Sie sorgte sich rührend um mich. Eddie fragte Herrn Mena, ob er in seinem Unternehmen nicht einen Job für mich habe. Er wusste, dass ich mich sehr schwer tat, die Zeit zu Hause totzuschlagen.

Herr Mena bot mir tatsächlich eine Stelle als Rezeptionistin im Hauptsitz seiner Firma an. Ich konnte kaum glauben, dass ich für dieses angesehene belizische Familienunternehmen arbeiten durfte.

Nun gehörte ich zum Wood Depot, einer der größten Firmen im Holzhandel. Aufgeregt machte ich mich auf den Weg zum meinem ersten richtigen Arbeitsplatz. Ein neuer Lebensabschnitt begann. Meiner Zukunft in Belize steht nichts mehr im Weg, freute ich mich.

Ich wurde herzlich empfangen und gut eingearbeitet. So verlor ich die anfängliche Nervosität bald. Ich bediente vor allem das Telefon im Headoffice. Ich hatte im Lauf der Jahre einigermaßen Englisch gelernt und mit Eddie eingehend üben können. Nach einiger Zeit übergab mir der Geschäftsleiter auch administrative Aufgaben. Mein Erfolg im großen Betrieb gab mir viel Selbstvertrauen. Endlich konnte ich mich nützlich machen und bewähren.

Die Mitarbeiter waren sehr nett zu mir. So gelang es mir, meine Schüchternheit zu überwinden. Die Komplimente, die mir die Anrufer, Mitarbeiter und Vorgesetzten machten, motivierten mich. Ich war beliebt und blühte richtig auf.

Rückblickend weiß ich, dass dieser Job ein wichtiger Schritt war. Er bestärkte meine Selbstständigkeit und meine innere Stabilität. Ich bekam endlich ein Gefühl für das »richtige« Leben.

Über mein bisheriges Leben dachte ich nicht mehr viel nach. Die Erinnerungen an Benno und das Gruppenleben schmerzten zu sehr. Ich hatte Eddie und war glücklich. Ich liebte ihn über alles – mehr wollte ich im Moment nicht.

Manchmal spürte ich eine diffuse Angst. Eddie erlebte in seinem Beruf gefährliche Momente. Als erfolgreicher Polizist, der sich gegen die Korruption wehrte, hatte er auch viele Feinde. Wenn er riskante Einsätze hatte oder sich verspätete, musste ich gegen meine überbordende Fantasie ankämpfen. Was mache ich, wenn er einmal nicht mehr heimkommt? Ich wäre total verloren gewesen.

Ich genoss den Kontakt mit den vielen Mitarbeitern und Kunden. Zum ersten Mal in meinem Leben lernte ich ständig neue Menschen kennen. Es war toll, auch wenn ich anfänglich etwas schüchtern war.

Ich gewann auch bald neue Freunde. Am meisten fühlte ich mich zu Mirtha hingezogen, sie leitete die Verkaufsabteilung. Sie war eine kleine, quirlige Frau mit ausgeprägtem spanischen Temperament. Sie hatte ein großes Herz und sorgte sich rührend um mich. Ihre offene und ehrliche Art flößte mir rasch Vertrauen ein. Wir verbrachten oft die Mittagspause zusammen und plauderten miteinander. Sie war mir nicht nur eine Freundin, sondern auch wie eine große Schwester, manchmal sogar wie eine Mutter.

Ich arbeitete bereits seit einem halben Jahr beim Wood Depot und es war, als sei ich endlich als Erwachsene auf der Erde angekommen. In dieser Zeit begann mir Eddie Sorgen zu machen. Er schlief immer seltener bei mir und war oft reserviert. Ich war verunsichert und wusste nicht, wie ich seine Zurückhaltung interpretieren sollte. Mir war, als würde er mir ausweichen. Liebte er mich nicht mehr? Ein Gedanke, der mich tief erschreckte. Oder funkte seine Frau gründlich dazwischen?

Ich stellte Eddie am Telefon zur Rede, doch er wich abermals aus. Ich war ratlos. Als er mich nach ein paar Tagen besuchte, verlangte ich Klarheit. Er habe seiner Frau und den Kindern eröffnet, dass er sich scheiden lassen wolle, erklärte er mir. Seine Frau sei einverstanden gewesen, doch die Kinder hätten bitterlich geweint. Ihren herzerweichenden Anblick habe er nicht ertragen und seine Frau um ein Gespräch gebeten. Sie stellte ihm ein Ultimatum. Er könne nicht einen engen Kontakt zu den Kindern pflegen, aber außer Haus bei seiner Geliebten leben, war Deborahs Meinung. Er müsse sich entscheiden. Wenn er die Kinder sehen wolle, müsse er die Beziehung zu mir beenden.

Diese Auseinandersetzung war der Höhepunkt eines schon lange währenden Konflikts, wie ich nun bruchstückhaft von Eddie erfuhr. Er sprach nicht gern über seine Streitereien mit Deborah. Wie ich vermutet hatte, übte Deborah schon seit einer Weile Druck auf ihn aus. Mehrfach hatte sie ihm Hausverbot erteilt. Eddie litt schrecklich, wenn er seine Kinder nicht regelmäßig sehen durfte. So zwang sie ihn im Lauf der Monate in die Knie. Und in einem schwachen Moment knickte Eddie ein und versprach, ihre Forderungen zu erfüllen.

Ich war wie vor den Kopf gestoßen und brach in Tränen aus. Eddie hatte eingewilligt, ohne vorher mit mir zu reden. Jetzt ist alles aus, dachte ich. Es schnürte mir die Kehle zu.

Eddie wollte mich trösten. Er beteuerte mir, er werde mich oft besuchen. Schließlich liebe er mich noch immer und wolle die Beziehung zu mir nicht abbrechen. Außerdem sei es nur eine vorübergehende Lösung. Seine Worte beruhigten mich nicht. Ich hatte ja heute schon kaum mehr etwas von ihm. Ich wusste, dass dies keine Lösung war. Eddie behauptete zwar, er habe im Sinne seiner Kinder und auch in meinem Interesse gehandelt, schließlich sei Deborah auch für mich eine Gefahr. Ich schaute Eddie ungläubig an. Das ist doch nicht dein Ernst, dachte ich, das darf doch nicht wahr sein.

Er wollte mich aufmuntern, doch ich war zutiefst verletzt. Soll nun alles vorbei sein? Von einem Moment auf den anderen? Ich konnte es nicht glauben und fiel in ein tiefes Loch. Meine Zukunft hatte doch gerade erst begonnen.

Die Vorstellung, dass er wieder mit seiner Frau unter einem Dach wohnte und womöglich das Schlafzimmer mit ihr teilte, gab mir einen Stich ins Herz. Wenn ich Glück habe, kommt er mich alle vierzehn Tage für eine Stunde besuchen. Und ich warte jeweils dreizehn Tage und dreiundzwanzig Stunden auf den nächsten Besuch. Das würde ich nicht aushalten. Ich verstand Eddie nicht. Er machte sich etwas vor. Er hatte nicht die Kraft, sich durchzusetzen. Gleichzeitig wollte er mich nicht verlieren. Wie stellt er sich denn das vor, fragte ich mich. Ich konnte nicht mehr auf Eddie zählen und musste selbst eine Entscheidung treffen. Die Fakten sprachen für sich, ich hatte keine Wahl. Um mich nicht selbst zu quälen, musste ich einen radikalen Schnitt machen.

Tagsüber hielt ich den Schmerz einigermaßen aus. Ich war beschäftigt und hatte liebe Leute um mich. Aber abends fiel mich das ganze Elend an.

Ich wollte stark sein, doch es gelang mir nicht recht. Am liebsten wäre ich weggerannt. Weit weg. Und hätte mich dabei in Luft aufgelöst. Dann wäre es aus und vorbei gewesen. Ich wollte Eddie gegenüber keine Schwäche zeigen, doch es gelang mir schlecht. Ohne ihn machte das Leben für mich keinen Sinn mehr.

Eddie spürte meine Verzweiflung. Er flehte mich an, nicht unüberlegt zu handeln. Das würde er nicht verkraften. Seine dunklen Augen machten mich traurig. Ich entschloss mich, mir nicht das Leben zu nehmen. Das wollte ich ihm nicht antun, ich liebte ihn doch so.

Eddie sollte nicht darunter leiden müssen, dass ich am Boden zerstört war. Wenn es jemand verantworten müsste, dann Benno, überlegte ich. Würde ich mir etwas antun, wäre es ein Sieg für den Dreckskerl. Lea, reiß dich zusammen, redete ich mir zu. Und plötzlich spürte ich neue Kraft. Es war zwar nur ein Hauch von Energie, aber immerhin. Sie reichte, um gegen die Todessehnsucht anzukämpfen.

Dann siegte doch die Verzweiflung. Oder war es die Hoffnung? Vielleicht auch der Trotz. Ich gebe nicht so rasch auf, entschloss ich mich. Das kommt nicht in Frage. Eddie liebt mich doch immer noch.

In einem langen Gespräch erklärte ich ihm, dass ich versuchen wollte, die Beziehung auf Distanz zu leben und auf ihn zu warten. Eine innere Stimme sagte mir zwar, dass das kaum funktionieren könne, doch ich wollte es wagen.

Sein Versprechen, er werde mich oft besuchen, tröstete mich denn auch und gab mir wieder ein wenig Hoffnung. Ich wollte an unsere Liebe glauben.

Aber ich wurde schnell enttäuscht. Eddie kam so gut wie nie. Er rief auch kaum noch an. Die Vorstellung, dass er unweit in seinem Büro saß und abends zu seiner Familie nach Belize City fuhr, machte mich fertig. Manchmal schaute ich sehnsüchtig aus dem Fenster und sah, wie er mit dem Auto am Wood Depot vorbeifuhr. Jedes Mal gab es mir einen Stich ins Herz. Warum kann er nicht mal eine Stunde länger in Belmopan bleiben und mich besuchen? Haben Deborah und er sich etwa wieder gefunden? Die Bilder, die meine Fantasie produzierte, taten schrecklich weh.

Meine Enttäuschung wuchs von Tag zu Tag. Gleichzeitig verlor ich die Illusionen.

An den Abenden saß ich deprimiert am Tisch und wartete auf einen Anruf von ihm. Ich hielt es kaum aus, die Zeit wollte nicht verstreichen. So setzte ich mich an den Computer und begann zu schreiben. Bereits nach den ersten Seiten spürte ich, dass es mir gut tat. Nicht nur verging die Zeit schneller, auch die Last auf meiner Seele wurde leichter. Beim Schreiben spürte ich mich wieder. Auf der Wanderung in die Vergangenheit fand ich zu mir zurück. Die Gedanken an die früheren Erlebnisse taten mir gut, auch wenn sie teilweise schmerzlich waren. Ich kam richtig ins Fieber und schrieb oft bis weit nach Mitternacht.

Zum Glück hatte ich seit meinem Besuch in der Schweiz wieder Kontakt mit meiner Patin und meiner Cousine. Ich schrieb ihnen viele E-Mails und schüttete ihnen mein Herz aus. Ich fragte die beiden auch um Rat.

Das war in dieser Zeit besonders wichtig. Intuitiv wusste ich, dass mich das Warten auf Eddie kaputtmachte. Und dass ich verloren hatte. Da entstand langsam der Gedanke, ob es nicht vielleicht besser wäre, in die Schweiz zurückzukehren.

Irgendwann teilte ich diese Idee meiner Patin in einer Mail mit. Sie bestärkte mich sofort darin. Sie würde mich unterstützen, schrieb sie und dafür sorgen, dass ich eine gute Schule besuchen könnte.

So schrieb ich auch Gabi davon. Meine Cousine rief mich postwendend an. Ich könnte bei ihr wohnen, bot sie mir an. Sie würde sich riesig freuen, wenn ich bei ihr einziehen würde.

Nun fochten zwei Kräfte in mir einen schrecklichen Kampf aus. Die Vernunft sagte mir, dass es für mich eine große Chance wäre, noch einmal neu ins Leben zu starten. Dort den Faden wieder aufzunehmen, wo der große Bruch passiert war.

Doch die Gefühle rebellierten. Ich gehörte doch zu Eddie, Belize war meine Heimat.

Dann ging alles erstaunlich schnell. Mich hielt nichts mehr dort. Ich wollte nur noch vorwärts schauen. Alles abschütteln. Der Blick auf eine neue Zukunft gab mir die Energie dazu.

Eddie wollte es nicht begreifen. Damit hatte er nicht gerechnet. Er hatte insgeheim immer noch gehofft, dass wir uns früher oder später wieder finden würden, sagte er. Als er meine Entschlossenheit bemerkte, akzeptierte er allmählich auch meine Entscheidung. Er sah auch, dass es mir bedeutend besser ging, seitdem ich mich entschieden hatte.

Die Menas und das ganze Wood Depot bedauerten sehr, dass ich die Firma und Belize verlassen wollte.

Vor meiner Abreise besuchte ich Kai auf seiner Insel. Stundenlang sprachen wir über die Erlebnisse in der Ramtha-Guppe, über Benno, Janet und unsere Eltern. Die Nähe, die ich zu meinem Bruder fand, machte mich glücklich. Die Diskussionen gaben mir neue Einsichten in die verhängnisvollen Zusammenhänge in unserer Gruppe.

Danach verbrachte ich noch ein Wochenende mit Eddie in Belize City. Es war unser Abschied. Wir machten es uns nicht leicht. Er verdrängte die Erkenntnis, dass unsere Beziehung vorbei war. Für ihn bestanden keine Zweifel, dass ich wieder zu ihm zurückkehren würde. Doch für mich war die Zeit unserer Beziehung abgelaufen. Ich musste mich ständig zusammenreißen, um nicht in Tränen auszubrechen. Trotzdem gingen wir aus wie früher, als ob nichts geschehen sei. Wir besuchten unser Lieblingslokal und danach »unseren« Club.

Ich verbrachte die letzte Nacht in Belize auf der Ranch. Wer hätte das gedacht! Der Kreis schloss sich. Ich wollte Abschied nehmen von meinem Vater. Eddie brachte mich zu ihm. Während der Fahrt sprachen wir kaum ein Wort. Die bedrückende Atmosphäre erstickte mich fast. Es gab kein Zurück. Nun war es endgültig.

Dann hieß es, Abschied zu nehmen. Ich konnte meine Tränen nicht mehr zurückhalten. Auch Eddie weinte. Damit hatte ich nicht gerechnet. Mein großer, starker Eddie hielt mich fest im Arm und schluchzte. Ich war überwältigt. Es war ein schöner, inniger Moment der Liebe. Ein herzzerreißender, aber guter Abschluss einer tiefen Beziehung. Ich werde dich nie vergessen, schwor ich ihm in Gedanken. Du warst zum richtigen Zeitpunkt für mich da, hast mich aus meinem Gefängnis befreit und mich in einer wichtigen Lebensphase an die Hand genommen und begleitet. Wer weiß, was ohne dich mit mir passiert wäre. Ich konnte ihm nicht böse sein.

Als er ins Auto stieg und den Motor startete, musste ich mich zusammenreißen, um ihm nicht hinterherzurennen. Dann war er weg. Mein Vater kam und legte seinen Arm um meine Schultern.

Sibylle, Jochen und der Rest des Teams begegneten mir freundlich. Sie waren froh, dass es mit Eddie vorbei war. Sie hatten offenbar immer noch nicht recht verwunden, dass ich Benno und die Gruppe verlassen hatte und zu einem Einheimischen gezogen war. Das war eine persönliche Kränkung, die trotz der Spaltung der Ramtha-Familie tief saß.

Das kümmerte mich alles nicht sonderlich. Für mich war nur wichtig, dass ich noch einmal mit meinem Vater zusammen sein konnte. Außerdem war ich so aufgeregt wegen der bevorstehenden Reise, dass ich nicht groß wahrnahm, was um mich herum passierte. Mein Vater war sehr traurig. Er konnte nicht recht glauben, dass ich morgen abreisen und wir uns nur noch selten sehen würden. Wir unterhielten uns vor allem über meine berufliche Zukunft. Er machte mir Mut und zeigte sich überzeugt, dass ich meinen Weg finden werde.

Am nächsten Morgen fuhr mich Andres nach Belize City zur Bushaltestelle.

Meine Reise war ein kleines Abenteuer. Aus finanziellen Gründen reiste ich von Belize mit dem Bus nach Cancún, Mexico. Nach einem elfstündigen Flug kam ich in München an, wo ich eine Fahrkarte nach Winterthur löste. Die Zeit reichte gerade noch, meine Cousine anzurufen und ihr die Ankunftszeit mitzuteilen. Als ich endlich aufatmen konnte, schaute ich mir die Fahrkarte genauer an. Ich war irritiert. Sie enthielt eine Schiffsfahrt über den Bodensee. Der Schaffner beruhigte mich aber und erklärte, dass auf dieser Route die Schiffsfahrt inbegriffen sei. Ich konnte es kaum glauben. Obwohl ich hundemüde war, genoss ich an diesem milden Sommerabend die Fahrt über den Bodensee.

Wird Gabi es geschafft haben, fragte ich mich, als der Zug in den Bahnhof von Winterthur einfuhr. Die Antwort erhielt ich von ihren beiden Hunden, die sich auf mich stürzten und freudig begrüßten.

Ich konnte es kaum fassen: Ich war in der Schweiz angekommen. Ich sagte mir immer wieder: Hey Lea, du bist in der Schweiz. Du hast es geschafft! Hier wartet ein neues Leben auf dich. Mein ganzes Hab und Gut lag in einem Koffer und einer Tasche, mein Vermögen betrug 200 Franken.

Ich nahm Gabis Haus mit neuen Augen wahr. Diesmal kam ich als Bewohnerin. Ich bin ein Glückspilz, sagte ich mir immer wieder. Gabi tat alles für mein Wohl. Ich hatte ein Zimmer unter dem Dach. Auf Anhieb fühlte ich mich geborgen darin. Ich durfte es mir einrichten mit Gegenständen und Möbeln aus dem Haus.

Mein Glücksgefühl machte mir sofort klar, dass ich die richtige Entscheidung getroffen hatte. Ich war überzeugt, endlich im wahren Leben angekommen zu sein. Wir saßen im kleinen Garten und stießen auf meine Heimkehr an. Ich musste erzählen, was ich in den letzten Wochen erlebt und was die überraschende Wende ausgelöst hatte. Dabei kam ein wenig Wehmut auf, und die Erinnerungen an Eddie schmerzten dann.

Dennoch hatte ich mich nach der Trennung von Eddie recht gut gefangen und war neugierig auf das Leben in der Schweiz. Oft fühlte ich mich wie eine Außerirdische. Vieles war mir fremd, und ich wusste nicht, wie ich mich orientieren sollte.

Gabi war meine Rettung. Sie war für mich da und gab sich alle Mühe, damit meine Landung in der alten neuen Heimat so sanft wie möglich verlief.

Jedenfalls bewies sie viel Mut. Sie konnte ja nicht ahnen, was ihr mit mir bevorstehen würde. Ob ich eventuell Schäden davongetragen hatte.

Die gemeinsamen Spaziergänge mit ihren beiden Hunden waren sehr hilfreich für mich. In langen Gesprächen lernten wir uns intensiv kennen und gewannen rasch Vertrauen. Ich erzählte ihr Einzelheiten aus der Ramtha-Gruppe, und sie erzählte von sich. Anfänglich äußerte ich mich vorsichtig, doch bald konnte ich Gabi mein Herz ausschütten. Je mehr ich ihr erzählte, desto ungläubiger wurde sie. Sie konnte es nicht fassen, was ich alles mitgemacht hatte.

Wenn ich aber allein in meinem Zimmer saß, überfiel mich oft eine innere Unruhe. Die Vergangenheit holte mich immer wieder ein. Die Trennung von Eddie hatte Spuren hinterlassen, die Sehnsucht riss mich manchmal fast fort. Du musst vorwärts schauen, dein Leben in die eigenen Hände nehmen, beschwor ich mich in solchen Momenten. Ich wollte auch so rasch als möglich unabhängig werden und nicht auf die finanzielle Unterstützung von Gabi und meinen Verwandten angewiesen sein.

Zunächst musste ich aber die behördlichen Dinge regeln. Mein Onkel erstellte eine Checkliste: Einwohnerkontrolle, Krankenkasse, Rentenversicherung, Sozialamt, Steueramt, Arbeitsvermittlungsamt und so weiter und so fort. Ich hatte keine Ahnung, was mich auf den Ämtern erwartete. Die Formulare trieben mir den Schweiß auf die Stirn. Zum Glück unterstützte mich mein Onkel.

Allerdings war schon die Fahrt zu ihm ein Abenteuer. Ich hatte in Gabis Keller das Fahrrad meines Großvaters entdeckt und erkundete damit die Umgebung. Damit fühlte ich mich eigenartigerweise sicherer als zu Fuß. Die Menschen kamen mir dann nicht so nah. Jedoch empfand ich den Verkehr als bedrohlich. Ich wusste nicht, wie ich Spuren wechseln und Kreuzungen überqueren sollte. Und wenn mich ein Lkw überholte, zitterten mir die Arme.

Ein Albtraum waren für mich die großen Kaufhäuser. Deren Angebot erschlug mich. Ich bekam Schweißausbrüche und wurde so konfus, dass ich nicht mehr wusste, was ich eigentlich kaufen wollte. Anfangs trieb es mich schnell wieder nach draußen an die Luft. Und so verließ ich die Geschäfte oft mit leeren Händen.

Auch das Überangebot in den Lebensmittelläden irritierte mich. Ich konnte mich kaum für ein Produkt entscheiden.

Zudem hatte ich auch kein rechtes Verhältnis zum Geld. Das führte zwar nicht dazu, dass ich in Kaufrausch verfiel, eher im Gegenteil: Ich tat mich schwer, es auszugeben. Vieles erschien mir überflüssig. Ebenso neue Kleider zu kaufen. Wenn ich mich dann endlich durchringen konnte, kamen mir die Sachen irgendwie fremd vor.

Auch Nahverkehrsmittel suchte ich zu meiden. Vielleicht hatte es mit meinen Orientierungsschwierigkeiten zu tun. Ich ging lieber zu Fuß, als dass ich die Straßenbahn benutzt hätte.

Ich erlebte Zürich in der ersten Zeit als bedrohlich, obwohl die Zürcher ihre Stadt als gemütlich empfinden. Die großen Kreuzungen und der aggressive Verkehr machten mich nervös. Jeder drängelte. Die Leute wirkten gestresst, drängten zielstrebig vorwärts, oft mit verbiestertem Gesicht. Wenn ich mit Freunden unterwegs war, musste ich mich sputen, um ihrem schnellen Schritt folgen zu können.

Am schlimmsten war es in der Hauptverkehrszeit am Hauptbahnhof. Das Gewusel der Tausenden von Passanten machte mich nervös. Ich wunderte mich immer wieder, dass nicht mehr Leute zusammenprallten. Deshalb war ich jedes Mal froh, wenn ich den hektischen Slalomlauf unbeschadet überstanden hatte und wieder frei atmen konnte.

Ich erinnere mich noch gut, wie ich das erste Mal dem Automaten ein Zugticket entlocken wollte. Woher sollte ich wissen, was ein Touchscreen ist? Als ich es endlich kapiert hatte und staunend auf dem Bildschirm herumtatschte, gelangte ich dennoch an keine Fahrkarte. Ich traute mich aber nicht, jemanden zu fragen.

Der Alltag war anfangs ein einziger Hindernislauf. Vor allem die Behörden waren mir ein Gräuel. Schon die vielen Abkürzungen. AHV, BVG, RAV … Und all die Formulare. Zahlungsanweisungen per Bank und Post wollten gelernt sein. Ich wusste ja gar nicht, wie das alles funktionierte. Mir fiel auf, wo überall unsere Daten registriert werden. Da ich den Drang hatte, mich rasch zu integrieren, versuchte ich so konzentriert wie möglich alles zu erledigen. Ohne Gabi wäre ich dennoch aufgeschmissen gewesen. Zumindest hatte ich in Belize gelernt, im Internet zu surfen. So musste ich mich nicht auch noch in der virtuellen Welt zurechtfinden.

Als ich beispielsweise einen Abholschein von der Post im Briefkasten hatte, wusste ich nicht, was ich damit machen sollte. Das Leben in der Schweiz empfand ich als unglaublich reglementiert und kompliziert. Manchmal sehnte ich mich in solchen Situationen zurück in den Dschungel. Dort konnte ich mich auf die zentralen Dinge des Lebens verlassen und war nicht ständig gefordert und abgelenkt von Belangen, die lediglich der Organisation des Alltags dienten.

Eine wichtige Hilfe war mir auch meine Patin, zumal sie in der Familienforschung und -beratung tätig ist. Sie überwies mich an einen Berufsberater, der meine kognitiven Fähigkeiten testete. Das Resultat machte mich total glücklich. Mit meinen intellektuellen Fähigkeiten liege ich im Durchschnitt gleichaltriger Schweizer. Damit hatte ich nicht gerechnet. Er empfahl mir, eine Handelsschule zu absolvieren. Meine sprachliche Begabung würde mir helfen, die schulischen Defizite auszugleichen.

Von einer früheren Bekannten meiner Mutter erfuhr ich dann durch Zufall von dem Sektenexperten Hugo Stamm. Sie gab mir den Rat, mich mit meiner Geschichte an ihn zu wenden.

Doch ich reagierte zunächst skeptisch. Von einem Experten hatte ich das Bild, dass er nichts aus eigener Erfahrung weiß. Und ich wollte mich zum Thema Sektenerfahrung von niemandem belehren lassen.

Häufig wurde ich nun von Glücksgefühlen überwältigt. Die neue Freiheit fühlte sich so köstlich an.

Bald wagte ich den nächsten Schritt. Ich durchstöberte die Stellenanzeigen in den Zeitungen. Ein Inserat weckte meine Neugier. Das australische Restaurant, in das Gabi Eddie und mich bei unserem Besuch eingeladen hatte, suchte eine Servicekraft. Das wärs! Am ehesten traute ich mir die Arbeit im Gastgewerbe zu.

Aufgeregt zeigte ich Gabi die Anzeige. Sie fand die Idee gut, mich dort zu bewerben. Ich war vor dem Vorstellungsgespräch total nervös. Meine Cousine sprach mir Mut zu und empfahl mir, ich sollte mich möglichst natürlich geben. Ihre Zuversicht tat mir gut. Ihre Worte klangen auch in mir nach, als ich mich zu Fuß auf den Weg zu dem Restaurant machte. Als Referenz hatte ich ein Arbeitszeugnis unserer Stiftung und ein sehr gutes Zeugnis von den Menas für meinen Einsatz im Wood Depot vorzuweisen.

Tatsächlich wurde ich zu einem Probeabend eingeladen. Ich hätte die Welt umarmen können. Voll Stolz rannte ich nach Hause. Ich war nervös, als ich mich bewähren musste. Doch es klappte und ich erhielt den Job.

Am Anfang tat ich mich schwer im Service. Ich hatte das Gefühl, die Arbeit nicht professionell genug zu meistern. Den Ansprüchen, die ich an mich stellte, wurde ich ohnehin nicht gerecht. Aber ich biss mich durch. Und schon nach wenigen Tagen ging mir alles besser von der Hand. Das gab mir Vertrauen. Außerdem nahm mich das tolle Team wohlwollend auf und unterstützte mich. Ich schätzte den Kontakt zu den Gästen und bekam bald auch Komplimente. Das machte mir weiter Mut. Allmählich gewann ich Routine und Sicherheit. Ein weiterer wichtiger Schritt in die neue Freiheit war gelungen.

Jeden Tag setzte ich mich an den Computer und schrieb Mails nach Belize. Meinem Vater, meinem Bruder, Eddie und den Mitarbeitern des Wood Depots berichtete ich von meinen Erlebnissen in der Schweiz. Eddie ging mir nicht aus dem Kopf, er nahm noch viel Raum ein in meinem Herzen. Wenn ich allein war, überkam mich oft eine große Sehnsucht.

Mein Verstand sagte mir jedoch, dass ich mich von ihm lösen musste. Du musst lernen, selbstständig zu werden, redete ich mir zu. Seit ich dreizehn war, hatte ich immer einen Mann an meiner Seite.

Meine Freundin Jessica mailte mir ein Interview mit Hugo Stamm, das in einer Frauenzeitschrift veröffentlicht worden war. Von seinen Aussagen fühlte ich mich sofort angesprochen. Sie bestätigten meine Erfahrungen. Ich beschloss, Kontakt zu ihm aufzunehmen.

Als ich Hugo Stamm dann gegenübersaß, wusste ich nicht mehr so recht, was ich eigentlich von ihm wollte. Klar war mir nur, dass ich gegen den Wahnsinn, den ich neun Jahre lang erduldet hatte, etwas unternehmen musste. Ich wollte von ihm wissen, welche Möglichkeiten es dazu gab. Und ob er ein Chance sah, meine Geschichte zu veröffentlichen. Ich hoffte, damit auch andere aufrütteln oder warnen zu können.

Die Gespräche mit Hugo Stamm wurden wichtig für mich. Er machte mir Mut, mich intensiv mit meiner Vergangenheit zu befassen. Erst jetzt wurde mir so richtig bewusst, dass ich meine Jugend in einer Sekte verbrachte hatte. Dass die Ramtha-Gruppe nichts anderes als eine »gewöhnliche« Sekte war! Es war befreiend, die Zusammenhänge zu verstehen. Nun wusste ich endgültig, dass ich Opfer einer psychologischen Manipulation gewesen war und keinen Grund für Schuldgefühle hatte.

Vor allem eine Erkenntnis warf mich fast um: Es spielt keine große Rolle, wie das Heilskonzept einer Gruppe beschaffen ist, die Bewusstseinskontrolle findet unabhängig davon auf tiefenpsychologischen Ebenen statt. Das war ein Schlag für mich. Bei allem Leiden hatte ich immer irgendwie geglaubt, dass die spirituelle Suche Sinn gemacht und meine Persönlichkeitsentwicklung gefördert hatte. Nun wurde mir auch diese Illusion genommen. Doch bald spürte ich, dass diese Erkenntnis etwas Heilsames hatte.

Wirklich schlimm war die Einsicht, dass ich missbraucht worden war. Das fiel mir nun wie Schuppen von den Augen.

Es gab keinen Grund mehr, irgendetwas zu beschönigen oder zu rechtfertigen. Ich musste mich der bitteren Realität stellen. Klar, ich redete mir auch jetzt noch ein, dass ich in der Ramtha-Gruppe und auf der Ranch viele schöne Dinge erlebt hatte. Mit meinen Pferden, den Rehen, dem Wildkätzchen Leela und dem Waschbären Zorro verbanden mich erfreuliche Erinnerungen. Doch all das wog die Erfahrungen in der Gruppe bei weitem nicht auf. Ich fragte mich, wie ich den Wahnsinn so lange ertragen hatte.

Erst jetzt wagte ich, die wichtigen Fragen zu stellen: Warum wurden wir Kinder nicht geschützt? Weshalb hat sich niemand für uns eingesetzt? Warum haben die Erwachsenen das Abhängigkeitssystem nicht durchschaut? Es war doch alles so offensichtlich. Keines der vielen Versprechen wurde auch nur ansatzweise erfüllt.

Meine neuen Freunde wollten natürlich wissen, woher ich kam und was ich bisher gemacht hatte. Das waren schwierige Momente. Mein Drang, mich zu öffnen und den Freunden meine Herkunft offen zu legen, war größer als die Angst, nicht verstanden zu werden. Ich hatte das Versteckspiel gründlich satt und wollte schonungslos zu mir und meiner Vergangenheit stehen. Ich zitterte innerlich, wenn ich von meinem Leben in der Ramtha-Gruppe erzählte. Deshalb tastete ich mich vorsichtig vor und beobachtete meine Gesprächspartner. Ich war in solchen Momenten sehr verletzlich und hatte Angst, mein Gegenüber könnte sich lustig über mich machen. Doch meine Bedenken waren unbegründet. Ich hatte die richtigen Bekannten ausgewählt. Alle reagierten sehr einfühlsam und zeigten Verständnis für meine Situation. Ich ging auch nicht in die Details und klammerte die schlimmsten Erfahrungen aus.

Mein Bekanntenkreis wuchs rasch, und ich war bei den Gästen an meinem Arbeitsplatz beliebt. Das gab mir das Gefühl, endlich zur »normalen Welt« zu gehören. Ich war keine Fremde mehr, keine Außenseiterin.

Viel zu meiner Stabilität trug auch die Berufsausbildung bei. Bereits Ende 2003 meldete ich mich für die Handelsfachschule an, die im Sommer 2004 beginnen sollte. Meine größte Sorge galt dem Französischunterricht. Meine Mitschüler hatten in diesem Fach mindestens drei Jahre Vorsprung. Meine Patin schenkte mir zum Geburtstag einen Französischkurs. Nach zwölf Jahren stand meine erste Unterrichtsstunde an. Ich schwankte zwischen Nervosität und Vorfreude, als ich mich am ersten Abend auf den Weg machte.

Ich fand mich im Kreis erwachsener Personen, die älter waren als ich. Und schon bald stellten sich die ersten Erfolgserlebnisse ein. Das gab mir neues Selbstvertrauen.

Im Frühjahr begann der dreimonatige Vorkurs, der mir den Einstieg in die Fachschule ermöglichen sollte. Ich wollte alles geben, um eine gute Ausbildung zu bekommen. Es war für mich ein Traum, einen Beruf zu erlernen. Meine Motivation war riesig, ich wollte die fehlenden Schuljahre endlich wettmachen.

Die familiäre Atmosphäre in der kleinen Klasse half mir, die Nervosität zu überwinden. Ich konnte es kaum glauben: Da saß ich tatsächlich in einem richtigen Klassenzimmer und bereitete mich auf die Berufsausbildung vor. Dies war für mich ein weiterer Etappensieg.

Die größte Klippe musste ich zu Beginn meistern. Die Lehrerin forderte uns auf, uns der Klasse vorzustellen und unseren Werdegang zu erzählen. Für mich war es einmal mehr ein Balanceakt. Ich habe neun Jahre in Belize gelebt, sagte ich, und sei zwecks Ausbildung zurück in die Schweiz gekommen. Ich hoffte, nicht allzu viele Fragen beantworten zu müssen. Wie ich denn gelebt und welche Schule ich dort besuchte habe, wollten meine Mitschüler wissen. Ich gab ausweichende Antworten und sagte, ich hätte Hausunterricht erhalten.

Schon nach wenigen Tagen sah ich, dass ich mithalten und meine schulischen Defizite mit Einsatz wettmachen konnte. Das gab mir Mut. Außerdem machte mir das Lernen großen Spaß.

Begegnung mit der Vergangenheit

Eigentlich konnte ich mit mir und der Welt rundum zufrieden sein. Dennoch saß tief in mir eine große Wut, dass mein Peiniger ungeschoren davonkommen sollte. Er gar weiter seine irrsinnigen Spiele trieb. In mir reifte der Gedanke, auch den letzten Schritt auf meinem langen Weg der Befreiung zu wagen und Strafanzeige gegen Benno zu erstatten.

Da gab es allerdings eine Schwierigkeit, die mir Kopfzerbrechen bereitete. Die Strafverfolgungsbehörden würden sich nicht nur mit Benno beschäftigen, sondern auch meine Eltern ins Visier nehmen. Sie hatten den Missbrauch geduldet und sich damit ebenfalls strafbar gemacht.

Wochen rang ich mit einer Entscheidung. Sollte ich Benno verschonen, um meine Eltern zu schützen? Die Vorstellung, dass dieser Mensch sein Leben unbehelligt weiterführen konnte, ließ mir keine Ruhe mehr.

Mein Bruder Kai reagierte zuerst ungläubig, als ich ihm von meiner geplanten Strafanzeige berichtete. Er hatte wie mein Vater die Tendenz, die Vergangenheit ruhen zu lassen und nicht allzu tief in den Wunden herumzustochern. Das könnte ich den Eltern nicht antun, schrieb er mir. Er hatte vor allem Angst um unseren Vater, der sich mittlerweile von der Stiftung gelöst hatte und nicht mehr auf der Ranch lebte. Andres brauchte alle Energie, um sich als Architekt in Belize eine neue Existenz aufzubauen.

Kai und ich hatten eine lange Auseinandersetzung deshalb. Mit der Zeit gelang es mir, ihm meine Beweggründe klar zu machen. Und er zeigte Einsicht. Der rege Kontakt hat uns wieder nah zueinander gebracht. Er ist inzwischen mit einer jungen Belizerin zusammen und arbeitet für ein Feriendorf als Supervisor.

Meine unnachgiebige Haltung hatte auch mit meiner Mutter zu tun. Sie besuchte mich zweimal in der Schweiz, doch die Begegnung war jedes Mal eine Tortur für mich. Ich war verkrampft und wusste nicht, was ich ihr erzählen sollte. Sie verlor kaum ein Wort über die Vergangenheit, den Missbrauch, meine Depressionen, die Bulimie, meine Flucht. Wenn ich sie mit den Fakten konfrontieren wollte, wich sie aus und wechselte das Thema.

Sie versuchte, gelöst und locker zu wirken, als sei sie mit sich vollkommen im Reinen. So unterhielten wir uns über Belangloses, schlenderten durch Einkaufszentren oder saßen in Cafés. Ich wusste oft nicht, was ich mit meiner Mutter anfangen sollte. Sie wollte auch nicht hören, dass es mir in der »neuen Welt« gut ging. Viel besser als früher. Immerhin wusste ich nun, dass ich von ihr nichts zu erwarten hatte. Zumindest solange sie im Bann von Benno stand, blieb sie für mich als Mutter unerreichbar.

Die Treffen mit Lisa zerrten an meiner Kraft. Ich brauchte jeweils einige Tage, um mich von ihrem Besuch zu erholen. Ich sah aber auch keinen Grund mehr, Rücksicht auf meine

Mutter zu nehmen. Vielmehr hoffte ich, ihr mit einer Strafanzeige gegen Benno die Augen zu öffnen.

Bei meinem Vater sah die Sache anders aus. Er distanzierte sich nach meiner Flucht von Benno. Zwar verdrängte er vieles, doch er gab sich Mühe, eine neue Beziehung zu mir aufzubauen und mich zu unterstützen.

Und er setzte sich mit mir und meinen Problemen auseinander. Er erkannte mit der Zeit, dass vieles sehr schief gelaufen war. Und dass er mitverantwortlich dafür ist, was Kai und mir widerfahren war. Ich spürte auch, dass er sich große Vorwürfe machte. Vor allem aber gab er mir das Gefühl, dass er wieder mein Vater war und ich seine Tochter. Das war schon sehr viel.

Vorläufig musste ich mich dennoch damit abfinden, dass ich weiterhin nicht auf meine engste Familie bauen konnte. Ich habe mich zwar in all den Jahren daran gewöhnt, für mich selbst verantwortlich zu sein und nicht auf die Hilfe meiner Eltern hoffen zu können, das Bedürfnis nach Geborgenheit in der Familie ist jedoch nicht kleiner geworden. Im Gegenteil: Durch die Entbehrungen in der Jugend ist der Wunsch nach dem Urzustand, den ich in der Kindheit erleben durfte, noch größer geworden.

Trotzdem habe ich die Hoffnung, dass die Familie dereinst wieder einmal zu viert am Tisch sitzt und offen Bilanz über die unrühmlichen Kapitel der Familiengeschichte zieht, nicht ganz verloren. Es wird wohl noch viele Jahre dauern, bis sich mein geheimer Wunsch erfüllt, aber ich werde dafür kämpfen.

Nachwort von Hugo Stamm

Als Lea Laasner mich anruft, fällt mir auf, dass ihr Schweizerdeutsch mit hochdeutschen Begriffen durchsetzt ist. Sie kommt schnell zur Sache, erzählt, dass sie in der Ramtha-Gruppe gelebt hat und fragt mich, ob ich von dieser Gruppe vielleicht schon einmal gehört habe. Ich muss scharf nachdenken. Ramtha ist mir ein Begriff, doch es ist viele Jahre her, seit ich mit diesem Geistwesen konfrontiert worden war.

Während sie weiterhin behutsam Sätze formuliert, kreisen meine Gedanken um Ramtha. Dann erinnere ich mich an ein Telefongespräch vor etwa elf Jahren. Eine Frau hatte mich angerufen und mich beschworen, etwas dagegen zu unternehmen, dass ihre beiden Söhne zusammen mit ihrer Schwester und deren Familie einem Guru nach Portugal folgten.

»Ich erinnere mich an Ihre Tante und weiß nun, wer Sie sind«, sage ich zu ihr. Leas Erleichterung ist durch das Telefon zu spüren. Ich öffne meinen Archivschrank und hole das Ramtha-Dossier hervor. Notizen, die ich vor elf Jahren geschrieben hatte. Hier finde ich Spuren von Lea.

Tausend Fragen schießen mir durch den Kopf. Wie hat sie das Leben in der Sekte verkraftet? Wie überlebt ein Mädchen, ein Teenager die Indoktrination und Isolation? Auffällig an Lea ist aber nur die kontrollierte Ausdrucksweise. Kein Ausbruch, kein Kraftausdruck, kaum Emotionen bei der Schilderung der unvorstellbaren Ereignisse.

Vorsichtig umschreibt sie ihre Erfahrungen. Der Wahnsinn war für sie Normalität. Dabei ist sie vollkommen frei von Selbstmitleid.

Ich bin gespannt auf die erste Begegnung. Wie verhält sich eine junge Frau, die jahrelang gegen ihren Willen in einer Kultgruppe gefangen war? Wie bewegt sie sich jetzt in der

Welt, die für sie weitgehend fremdes Territorium ist, das sie bis vor kurzem als das Reich des Bösen betrachtete?

Niemand übersteht zehn Jahre Gehirnwäsche unbeschadet, bin ich überzeugt. Erst recht nicht, wenn sexuelle Übergriffe im Spiel sind.

Lea ist leicht verunsichert, aber überhaupt nicht eingeschüchtert, als wir uns treffen. Mit offenem Blick schaut sie mich an. Ihre Bewegungen sind so kontrolliert wie ihre Sprache. Sie wirkt ganz normal.

Vorsichtig tasten wir uns vor. Sie erzählt von ihrer Arbeit im Restaurant, der großzügigen Unterstützung ihrer Verwandten. Und bald spricht sie über ihren Wunsch, eine Berufsausbildung nachzuholen. Ich bin überrascht. Sie hat sich tatsächlich in wenigen Wochen in der neuen Welt zurechtgefunden und sich ein breites Umfeld aufgebaut, das sehr tragfähig erscheint.

Allmählich lenke ich das Gespräch auf ihre Eltern. Immer wieder betont sie, das Leben in der Kultgruppe sei nicht nur die Hölle gewesen, sie habe auch schöne Erlebnisse gehabt und wichtige Erfahrungen gemacht. Diese Signale scheinen an mich gerichtet zu sein. Als hätte Lea Angst, ich würde die Ramtha-Familie und alle Gruppenmitglieder nur negativ sehen.

Ich kann keine Rachegefühle ausmachen. Lea wirkt auch dann sehr kontrolliert, wenn sie Episoden erzählt, die mir eine Gänsehaut über den Rücken jagen. Sie nimmt sogar ihre Eltern in Schutz, zeigt viel Verständnis für deren Situation. Diese seien auch Opfer der Manipulation geworden.

Lea lässt sich nicht beirren.

Dann kommt sie plötzlich zur Sache: »Ich möchte etwas gegen den Guru und sein Medium unternehmen. Niemand soll erleiden, was ich erduldet habe. Dafür will ich kämpfen.«

Ich atme erleichtert auf. Durch die Fassade dringen die ersten Gefühle. Das passt besser ins Bild einer jungen Frau, die sich in all den Jahren nicht hatte unterkriegen lassen und den Mut zur Flucht bewies.

Tief in Lea rebelliert es, doch sie lässt sich kaum etwas anmerken. Sie hatte jahrelang gelernt, ihre Gefühle zu kontrollieren, wie mir bald auffällt. Spontane Emotionen durften in der Gruppe nicht gezeigt werden, hätten zu viel Sprengkraft gehabt. Gebetsmühlenartig war ihr eingetrichtert worden, dass jeder für sein Schicksal selbst verantwortlich ist. Und dass man nicht urteilen dürfe. Du allein bist der Urheber deines Universums. Das hatte sie verinnerlicht. Opfer gibt es nicht, nur Täter. So lautete die Maxime der Gruppe.

Und noch etwas: Schuldige gibt es praktisch nicht. Lea urteilt nicht, sie beschreibt nur. So, wie sie es in der Gruppe gelernt hat.

Nun weiß ich, was sie von mir erwartet. Ich soll ihr helfen, ihre Lebensgeschichte als Buch zu veröffentlichen.

Es beginnt eine spannende, intensive Zusammenarbeit. Die Begegnungen mit Lea sind bewegend. Ich erhalte immer tiefer Einblick in ihre Leidensgeschichte und ihre psychische Befindlichkeit. Sie entwickelt einen unbändigenden Drang, den Problemen auf den Grund zu gehen. Im Lauf der Monate kämpft sie sich durch die psychischen Verstrickungen und erkennt die raffinierten Methoden der Indoktrination. Obwohl der Prozess der Erkenntnis schmerzlich ist, arbeitet sie sich unbeirrt durch dieses Dickicht.

Die Erinnerungen an die sexuellen Übergriffe treiben Lea regelmäßig das Blut ins Gesicht. Erst jetzt wird ihr so richtig bewusst, wie krank die Welt ist, in der sie gefangen war. Und was sie alles erleiden musste. Langsam rückt sie die Dinge wieder an den rechten Platz. Mir wird bald klar, dass sich ihre moralischen Koordinaten verschoben hatten. Schließlich hatte das göttliche Geistwesen Ramtha die sexuelle Verbindung mit Benno abgesegnet.

Am schlimmsten sind die Schuldgefühle. Damit hatte Benno sie gefügig gemacht und an sich gekettet. Der Guru war ein Meister darin, alles auf andere abzuschieben. Als Zeugen seines krankhaften Weltbildes ließ er die göttlichen Wesen der höheren geistigen Hierarchien auffahren. Als unfehlbare Autoritäten.

Als Kind und Jugendliche hatte Lea keine Chance, sich gegen die subtile Beeinflussung zu wehren. Das Gefühl des eigenen Versagens wucherte bei ihr wie Unkraut. Und trotzdem gelang es ihr auf fast wundersame Weise, einen Rest an geistiger Autonomie zu bewahren.

Selbst nach ihrer Flucht und der Rückkehr in die Schweiz führten die Schuldgefühle ein Eigenleben. Sie hinderten Lea lange Zeit daran, Gefühle wie Empörung oder Wut zuzulassen. Je mehr sich Lea jedoch von den Schuldgefühlen befreit und sich als Opfer sieht, desto stärker wird ihr Wunsch, Benno zur Rechenschaft zu ziehen.

Mit Genugtuung stelle ich fest, dass Lea geistig sehr agil und psychisch unglaublich stark ist. Staunend beobachte ich, wie schnell sie sich in der neuen Umgebung zurechtfindet. Sie steuert konsequent ihre Ziele an und setzt die hohen Erwartungen an sich selbst erfolgreich um. Als müsste sie die verlorenen Jahre in wenigen Monaten nachholen.

Die Freude über die Freiheit und die Zukunftsperspektive setzen bei ihr ungeahnte Kräfte frei. Trotz des fehlenden Schulabschlusses und der Arbeitsbelastung schreibt sie gute Noten.

Als sich dann doch kleine Gemütsverstimmungen bemerkbar machen, beruhige ich sie. »Es braucht Phasen der Melancholie. Um ganz zu genesen, musst du um die verlorene Jugend und die Familie trauern.«

So wächst mein Vertrauen in Leas psychische Kräfte weiter. Sie straft all meine Erfahrungen und Theorien über die Wiedereingliederung von Sektenaussteigern Lügen. Eine wie sie ist mir noch nicht begegnet, doch ich nehme das Phänomen dankbar zur Kenntnis. Keine Regel ohne wundersame Ausnahme.

Es sind viele Dinge, die bei Lea speziell sind und sie vor dem Absturz geschützt haben. Ausschlaggebend war sicher, dass sie sich nie ganz in den Strudel des Sektensyndroms hat ziehen lassen. Sie war als Kind in die Gruppe geraten und hatte keine Sehnsucht nach dem absoluten Heil. Sie war nie Täterin, sondern stets Opfer, auch wenn sie es selber nicht realisierte. Ihr blieb die Scham weitgehend erspart, von einem Scharlatan geblendet und verführt worden zu sein. Sie hatte ihre Seele nicht verkauft und ist sich nicht untreu geworden.

Noch wichtiger: Lea hat sich nie selbst getäuscht. Sie schafft es nicht, sich zu belügen. Obwohl sie an die spirituellen Konzepte und den geistigen Aufstieg in die höheren Sphären geglaubt hatte, konnte sie die übersinnlichen Phänomene nicht wahrnehmen. Sie bemühte sich nach Kräften und litt unter ihrer »Unfähigkeit«, das universelle Licht zu sehen oder einen Blick in die andere Realität zu erhaschen. Sie litt zwar darunter, bewahrte dafür aber ihren Realitätssinn.

Obwohl die Verlockung groß war, ließ sie sich nicht von der Sehnsucht mitreißen und von Einbildungen blenden. Wenn sie etwas nicht spürte, dann war da auch nichts. Lieber nahm sie in Kauf, sich als unzulänglich zu betrachten und das Selbstwertgefühl zu verlieren. Was sie damals nicht wusste: Die Selbstkasteiung rettete sie vor dem totalen Absturz.

Sie blieb also immer in Verbindung mit ihrem Selbst und spaltete nur wenige Persönlichkeitsanteile ab. Mit dem Preis allerdings, dass sie in all den Jahren litt, während der Rest der Gruppe oft in Euphorie schwelgte. Lea hat die seelischen Konflikte nicht verdrängt, sondern war permanent mit ihnen konfrontiert. Damit verhinderte sie, wie die anderen Gruppenmitglieder in die Scheinwelt abzurutschen und sich eine Parallelidentität aufzubauen.

Trotzdem ist es erstaunlich, dass Lea den sexuellen Missbrauch ohne traumatische Prägung überstanden hat. Die Hauptursache ist wohl in den besonderen Umständen dieser einseitigen Beziehung begründet. Lea hatte schon als Kind den Wunsch, schnell erwachsen zu werden. Benno und Janet helfen mir dabei, glaubte sie. Sie fühlte sich geschmeichelt, vom Meister auserwählt zu werden. Die Anerkennung der gesamten Gruppe tat ihr gut. Es war fast die einzige Nahrung für ihr Selbstwertgefühl. Deshalb genoss sie teilweise die Privilegien. Sex war der Preis, den sie dafür bezahlte.

Außerdem glaubte sie, Benno liebe sie wirklich. Das verpflichtete. Und sie redete sich ein, den Meister auf ihre Weise auch zu lieben. Wenn nur der Ekel nicht gewesen wäre. Schlimmer noch: Sie suchte die Ursachen ihrer Abneigung bei sich. Das war gleichzeitig ihr »Glück«. Der Weltschmerz hielt sich dadurch in Grenzen. Es war für sie einfacher, an sich zu leiden als an der Wirklichkeit. Sie sah die schreiende Ungerechtigkeit nicht im vollen Ausmaß und empfand sich lange Zeit nicht als Opfer. Das Hauptproblem sah sie jahrelang in ihrer Unfähigkeit, sich auf Benno einlassen zu können.

Eng damit verknüpft war der Umstand, dass sie keine allzu starke moralische Scham entwickelte. Sie erkannte die isolierte Welt, in der sie lebte, nicht als krank. Die Sexualität war ein wichtiger Faktor der geistigen Entwicklung. Sie fühlte sich zwar elend und unglücklich, konnte aber als Jugendliche die Ursache dafür nicht ausmachen. Sie hatte die verqueren Normen früh verinnerlicht und als »normal« betrachtet. Deshalb empfand sie kein ausgeprägtes Unrechtsbewusstsein. Das schützte sie vor allzu starken seelischen Verletzungen.

Da sie sich einen gesunden Kern bewahrt hatte, reagierte sie mit psychosomatischen Symptomen. Mit Bulimie und depressiven Verstimmungen. Sie litt zwar unter den Widersprüchen, Lügen, Ungerechtigkeiten und der Unterdrückung, verlor aber nie ganz den Bezug zur Realität und vor allem nicht die Sehnsucht nach Freiheit. Diese sorgte dafür, dass sie sich in Einheimische verlieben und eine Beziehung zur Außenwelt aufbauen konnte.

Dabei half ihr auch ihre Kämpfernatur. Lea hat eine untrügliche Intuition, auch wenn ihre Schuldgefühle oft dazwischenfunken.

Erst jetzt schien ihr so richtig bewusst zu werden, was Benno, Janet und die Gruppe mit ihr angestellt hatten. Sie kann sich zwar auf ein starkes Umfeld stützen, doch den Schmerz über die verlorene Jugend und den Verlust der Familie muss sie selber tragen. Nach dem spektakulären Ausbruch aus der Gruppe und dem fulminanten Neustart im eigentlichen Leben, holte sie von Zeit zu Zeit die Vergangenheit ein. Die Melancholie hielt aber nie lang an. Der spannende, anforderungsreiche Alltag führte sie rasch wieder in die Gegenwart zurück. Schließlich musste sie das Leben nachholen.

Danke

Ich muss unbedingt einen Dank loswerden. Ohne die Hilfe von Freunden und Verwandten hätte ich die Flucht aus der Ramtha-Gruppe nicht geschafft. Deshalb sei allen gedankt, die mir geholfen haben, in der Schweiz Fuß zu fassen, die Berufsausbildung in Angriff zu nehmen und dieses Buch zu schreiben. Sie haben mir zu einem zweiten Leben verholfen.

Die erste Anerkennung gehört Edward Broaster, genannt Eddie. Ohne ihn hätte ich die Flucht von der Ranch nicht gewagt, ohne ihn wäre ich in Belize verloren gewesen.

Besonders dankbar bin ich meiner Cousine Gabriela Laasner, die mich spontan in ihrem Haus aufgenommen und mich in allen Belangen großartig unterstützt hat. Eine unschätzbare Hilfe war mir auch meine Patin Marie Schäfer-Altiparmakian.

Namentlich erwähnen möchte ich meine Tante und meinen Onkel, Diane und Karl Laasner, die sich sehr für mich eingesetzt haben. Mein Dank gilt auch meiner Freundin Jacqueline Rüegger und ihrem Mann Simon. Eine große Hilfe war mir mein Rechtsanwalt Dr. André Clerc.

Eine unschätzbare Stütze war mir mein Freund Gianluca De Lusi.

Danken möchte ich auch Hugo Stamm für seine immense Arbeit und Unterstützung. Ohne ihn wäre dieses Buch nicht zustande gekommen. Das Ringen um den Text hat meinen Heilungsprozess stark beschleunigt.

Lea Saskia Laasner